集人文社科之思 刊专业学术之声

刊　　名：社会学刊
主办单位：复旦大学社会学系
主　　编：刘　欣
副 主 编：李　煜　胡安宁

JOURNAL OF SOCIOLOGICAL STUDIES (No.1)

编辑委员会（以姓氏拼音顺序）

蔡　勇　陈绯念　陈光金　陈向明　成伯清　戴慧思
顾东辉　关信平　桂　勇　何雪松　胡安宁　胡　荣
雷　洪　李路路　李培林　李友梅　李　煜　梁　鸿
林聚任　刘　欣　毛　丹　潘天舒　彭希哲　钱振超
孙时进　田毅鹏　王　丰　王桂新　王　宁　王天夫
文　军　吴维平　谢寿光　闫云翔　张　静　张文宏
张　翼　周晓虹　周　怡

编辑部
黄荣贵　田　丰　李　雪　吴　菲

投稿邮箱
shxk@fudan.edu.cn

联系电话
+86-21-65648471

第1期

集刊序列号：PIJ-2018-255
中国集刊网：http://www.jikan.com.cn/
集刊投约稿平台：http://iedol.ssap.com.cn/

**第1期**

# Journal of Sociological Studies (No.1)


主编／刘　欣

副主编／李　煜　胡安宁

本期特邀执行主编／周　怡



社会科学文献出版社
SOCIAL SCIENCES ACADEMIC PRESS (CHINA)

# 发刊词

时隔90年，命运多舛的《社会学刊》以集刊的形式再次与读者见面了。

1928年10月，时任复旦大学社会学系教授孙本文，与吴泽霖、吴景超等一起，创办《社会学刊》（季刊）作为东南社会学会会刊，并任主编。1929年出版了第1卷，到抗战爆发中断，出版至第5卷第3期。1948年复刊后出版了合刊第6卷，之后停刊。2015年，复旦大学社会学系建系90周年之际，筹划《社会学刊》复刊，几经努力，深知获刊号任重道远，遂决定暂以集刊形式复出半年刊，待获得一定声誉后，再扩展为季刊或双月刊。

《社会学刊》的旨趣在于，追求社会真知，崇尚学术创新；注重本土经验，具有全球视野。

《社会学刊》秉持“百花齐放、百家争鸣”的原则，致力于为海内外不同志趣的社会学者，提供一个探索社会真知的展示平台。但凡逻辑缜密、据实而论的社会学成果，无问宏观或微观议题，无问理论或经验研究，也无问质性或量化方法，概以广纳百家的境界相待。《社会学刊》的天职在于探索真理。论辩以近真知，切磋以明学理，是为探究之目的。

《社会学刊》注重刊发有学理创新、方法适当的研究成果。学术长河川流不息，在于理论和方法的不断创新又不断被超越。学理创新是灵魂，正所谓“朝闻道，夕死可矣”；因果机制，虽非理解社会现象关系的全部学理，但是，“找到一个原因，胜过当上波斯人的国王”。严密的逻辑、适当的方法、可靠的资料是现代社会科学理论和知识的支柱，使之得以不断积累并自我修正，使真知不再诉诸神灵启示或强权的裁决，因而，成为学者独立、理性、自由思考的坚强后盾。

《社会学刊》鼓励把本土经验转变为普遍性概念和理论的研究。不同社会、不同时代的社会学者，都有自己的特色议题，宛如“每条河流都有自己的方向”。基于本土经验为世界学术共同体贡献思想、理论和知识，是社会学者的使命——无疑也是中国社会学者的使命。当代中国的社会学者，处身独特的大转型时代，可谓生逢其时。这个时代，激发着社会学者的理论创新灵感，予以仰取俯拾皆有议题和素材的幸运。《社会学刊》翘首企盼着社会学者基于中国经验的新思想、新观点。

《社会学刊》倡导有全球视野的跨文化比较研究。对人类社会现象和过程的探究，社会学不但关注共同性及其形成机制，同样关注异质性及其形成机制。而这样的探究是通过比较进行的——无论跨社会跨文化的比较，还是同一社会不同历史时期的比较、同一现象不同情境下的比较。比较，而有解释，而知中国是否独特，而知可否洋为中用、中为西用。比较，而得以走出白马非马的怪圈，而得以站在世界文明的层次来理论化本土经验，而得以在世界学术共同体中享有关于本土社会和其他社会的话语权。

《社会学刊》致力于跻身引领性的社会学学术期刊，为推进中国社会学研究的进一步繁荣，为世界社会学学术共同体的发展，做出贡献。《社会学刊》是中文期刊，却不仅仅是中国社会学者的期刊。它是中国的，更是世界的。我们相信，曾经命运多舛的《社会学刊》，将以顽强的生命力日益茁壮！

2017 年 10 月，著名社会学家金耀基先生来沪举办个人书法展，应主编邀请，为本刊题写了刊名，谨致谢忱。

《社会学刊》主编　刘　欣

2018 年 4 月 8 日

社會学刊
Journal of Sociological Studies

第1期
2018年6月出版

《社会学刊》第 1 期
第 1 ~ 14 页
© SSAP, 2018

# 本期引言：文化社会学的二三事

周 怡
复旦大学社会学系

以“文化社会学”专题研究作为《社会学刊》创刊辑，心中甚是欣喜。这是因为自 20 世纪 80 年代末中国社会学恢复重建以来，国内社会学界在热衷于经济、社会、政治结构的大宏观叙事的同时，曾经长期忽略文化的重要作用，更忽略文化社会学的学科建设。根本原因既在于“知识陌生”，又在于文化研究所走的科际整合抑或学科杂盘路线，为其植入社会学领域增加了诸多不确定性因素，还在于恢复重建时的社会学，正面临改革初期社会结构大转型的国势，经济转型带动的社会结构变迁远胜于文化变迁。这一切都使得极富强烈问题意识的中国社会学者顷刻“一窝蜂”式致力于对中国社会重大宏观议题的研究，而把文化当作一个相对微观、次要的“缓不济急”的社会方面，不加重视甚或排斥。

直到改革开放整整 40 年过去，随着经济新常态的出现，由改革引发的急剧社会转型渐进稳态，文化对结构变迁的推动抑或掣肘逐渐从后台彰显到前台、由无形变为有形。尤其在中国特色社会主义进入新时代的今天，在国家意识形态倡导“文化自信”的“强国梦”背景下，国内社会学者才开始对文化的精义有所关注。越来越多的研究者意识到，闭锁文化之门无异于放弃颇有学术价值的国际对话及其中国优势。原因有以下三点。（1）三四十年的研究积累表明，真正可以拿来与西方社会学理论进行对话的中国经验、中国故事（如关系社会等）恰恰是文化的事实，抑或属于镶嵌文化的社会结构特质（如嵌入单位制中的集体主义文化，镶嵌在社会治理中的威权文化等）。（2）三四十年过去，宏观经济转型的后效早已辐射和渗透到微观的百姓日常生活的细枝末节，作为一种生活方式、行为模式、共享价值体系乃至一种独特的国家发展模式而昭示着中国本土文化的在场。（3）文化乃制度之母，中国历来的政治制度得自根的自主（钱穆，1994）。自古以来，与众不同的中国发展道路，皆因文化使然，亦因此表征了文化。比如，早在公元前3世纪的春秋战国时期我们就成功发展了统一且强有力的中央集权政府；早在2000多年前我们就孜孜以求破除门第之见，推行公正选贤的官员聘用制度。我们几千年来都执着于通过礼法刑纪来治理广袤的社会疆域及管理生活在其中的民众，而在历代救亡图存的运动中我们找寻到适合中国国情的发展道路，用40年的改革和努力推进中国特色社会主义进入新时代。毫无疑问，中国的国家建构能力是古今中外其他任何一种文明都无法复制的，它植根在自身的历史与文化中。那么，文化显然应该是社会学研究不可规避的重要社会事实。继2017年成立中国社会学会文化社会学专业委员会后，今天我们又在这里，于复旦大学《社会学刊》创发之际，以专题形式抒发文化社会学己见，除了欣喜也多少肩负着学科“启蒙”的责任。

## 一　美国的文化转向

历史总带有某些惊人的或诡异的巧合。20世纪80年代，就在中国社会学恢复重建，开启对社会结构转型进行宏大叙事的时刻，西方社会学的发展却出现了有目共睹的文化转向。因为越来越多的学者意识到文化正以内在或外在的、本土或全球化的方式塑造世界文本及其各具特色的社会结构秩序。至今同样40年过去了，在中国文化社会学处在起步的初蒙阶段，西方尤其是美国学界的文化社会学已经成功完成文化转向。那么，要弄懂什么是美国的文化转向，首先要明白何为文化社会学。其实，在学科知识谱系中，但凡以社会学视角和方法对文化现象进行的分析研究（如对文化产业、价值理念、社会意识形态等的社会学研究），或以文化视角（文化理论）对社会结构现象所做的分析研究（如对社会分层、权力结构、制度环境及经济现象等做文化视角的解释），统统归属为文化社会学学科的研究范畴。两种不同的研究进路，在揭示社会现象内在的因果关系时，前者多半视文化为因变量，考察物质的、客观结构的社会事实对文化现象的掣肘和影响；后者则将文化当作自变量，强调符码、语境、文本、仪式、评价、文化过程等对社会结构要素的支配或操控作用，强调文化的自主性。美国20世纪80年代的文化转向意指从前者迈向后者，即由“sociology of culture”转变为“cultural sociology”，这个转向显然提升了文化的重要性。

文化转向促进了美国文化社会学的繁荣。近些年在美国社会学会（ASA）下设有的十几个专业委员会中，文化社会学专业委员会及其年会论坛已经成为最大的一个分会。不少社会学领军人物（如 Jeffery Alexander, Michele Lamont, Paul Dimaggio, Robert Wuthnow, Ann Swidler, Viviana Zelizer 等）用他们独特的文化进路，分别对公共领域（Alexander，2003，2006）、阶级阶层（Lamont，1992，2000，2012）、组织和市场（Dimaggio，1981，2002；Dimaggio and Powell，2004）、宗教信仰（Wuthnow，1992，1994）、社会行动（Swidler，1986，2002）以及经济行为（Zelizer，1979；Chan，2009）等这样的社会结构现象做了极富社会学意义的文化诠释。由此标示的文化转向不仅挑战了西方社会学传统内涵上较为稳定的结构解释优势，也为文化社会学学科开启了若干光鲜亮丽的主题及其流派。

以杰弗里·亚历山大（Jeffery Alexander）为代表的耶鲁文化社会学，秉承了晚期涂尔干的理论传统，他们援用神圣-世俗意义的二元符码、仪式中的集体表征、社会团结中的道德以及图腾的符号象征等涂尔干的文化思想，以公共领域、文化创伤、社会表演、符像意识等为议题，探讨了美国的社会秩序、政治事件、环境污染以及消费实践。他们提出并发展了耶鲁学派的“强文化范式”（strong program）或称“强文化纲领”。该纲领强调文化具有社会结构之外相对独立的自主性，作为自变量的文化要素会对社会结构的方方面面产生极为重要的影响，其中，“深描”构成文化研究揭示社会生活意义的最主要的经验方法（周怡，2004，2015）。他们近期的有关符像转向的研究，进一步深化了强文化纲领的主张。那些一向被当作人内在系统的社会生活意义，在该研究中被赋予具体的视觉感受到的物质性，即研究强调了“意义的物质感”（material feeling of meaning）。

哈佛大学的米歇尔·拉蒙（Michele Lamont）同样是国际社会学领域践行文化转向的重要代表人物之一。她的三部著作——《货币、道德和态度：法国和美国中上层阶级的文化》（1992）、《工人的尊严：道德、种族边界、阶级和移民》（2000）以及《专业人士如何思考：学术评价的奇特世界》（2009）以三种不同类型的象征边界（symbolic boundary）关注了阶级、阶层差异。将群体分割的象征边界区分为道德边界（对忠诚、工作职责、利他等的评价）、社会经济边界（对他人财富、权力和职业地位的评价）和文化边界（对教育、品味和高雅艺术的评价）之后，拉蒙的主要研究发现是，无论是中产上层（Lamont，1992），还是工人阶级（Lamont，2000），或是专业技术人员（Lamont，2009），道德边界都是他们最为器重、最为明确的群体分割标准。如果说象征边界出自人主观的评价系统，属于文化的解释范畴，那么通过文化因素去区分社会群体，构成拉蒙乃至哈佛文化社会学派的主题关照。哈佛学派在新近刊发的《何者缺席：文化过程与不平等的因果路径》（2014）一文中明确指出，以往的社会不平等或社会分层研究忽略了人们建构意义和共享分类系统的文化过程，其中文化过程被该研究操作化为身份化（种族化和污名化）和理性化（标准化和评价）两个分析维度。在理论沿革上，如果前三部著作多半传承（验证或对话）布尔迪厄的文化分层模型，那么，近期的这篇有关“文化过程”的论述则明显表现出拉蒙对“文化工具箱”（Swidler，1986）理论立场的采纳：文化并非体现为一套对行动者行动目标产生终极影响的价值观，而是一个为行动过程提供策略的“工具箱”，抑或一套“评价模式库”（Lamont and Thevence，2000；Lamont，2012）。“评价”是拉蒙始终看重的文化分析维度。而方法上，拉蒙并没有将文化这一较为内在、主观的东西停留在抽象或悬置层面；相反，她能够时常运用经验资料的比较，鲜活呈现具有社会学意义的文化理据。

普林斯顿大学被誉为文化社会学的重镇之一，是因为那里出现过像罗伯特·伍斯诺、保罗·迪马乔、维维安娜·泽利泽和保罗·威利斯（Paul Willis）等那样颇有建树的文化社会学家。他们各自在其兴趣领域实实在在开启并推动了文化社会学的发展。伍斯诺除了对文化社会学的概念、理论流派和新方向提出系统的基本框架之外（如《文化分析》，Wuthnow，1984），他的经验研究聚焦在共同体的文化变迁（Wuthnow，1991，1992）上，特别关注从国家－社会视角探讨宗教团体议题（Wuthnow，1994）。迪马乔作为新制度主义、组织社会学的主要代表人物，他擅长研究非营利的文化生产组织（如艺术博物馆、波士顿交响乐团、21 世纪的电影等，Dimaggio，1981）以及高雅文化、大众文化和艺术参与（Dimaggio，1992；Dimaggio and Powell，2004）。他的研究通过历史比较分析探索镶嵌组织中的制度变迁与文化实践，并对布尔迪厄所及的“客观化文化资本”（objective cultural capital）做了尚好的经验验证（也包括 Richard A. Peterson 等的若干音乐研究）。泽利泽尽管是著名的经济社会学家，但她注重经济现象的文化意义和道德考量（Zelizer，1979，1985，1994，2005，2010），也是美国著名的文化社会学家之一。她在《给无价的孩子定价：儿童社会价值的变化》（1985）研究中，通过考察美国社会儿童价值观念的转变过程，发现孩子的价值最终体现为情感道义上的“无价性”，即文化意义在价值判断中起决定性作用。而她的《亲密关系的购买》（2005）一书则在马克·格兰诺维特（Mark Granovetter）的嵌入理论（1973）以及哈里森·怀特（Harrison White，2002）和罗纳德·博特（Ronald Burt，1992）的社会网络分析基础上，提出以往的关系研究仅看到关系的结构要素，忽略了具体的关系内容，所谓关系内容即指关系本身所反映的人们习以为常的文化要素。这些文化要素始终与结构要素形影相随，如同浪漫爱总与货币交织一样，文化与结构互依而存在。威利斯在聚焦于教育的经典著作《学做工》（1977）中指出，工人阶级的孩子得到工人阶级职位是出自他们自己的选择，他们反抗学校教育的本质原因是其内化了传统的性别分工、体力－脑力劳动分工的社会价值观念。因而阶级再生产本质上是文化的再生产。

如此等等，美国学界的文化转向明显充斥在一流大学、一流学科的讲坛上，也在一流学者的诸多著述中。必须承认，他们领军并建构起的文化社会学，为姗姗来迟的中国文化社会学开启了一条“启蒙”的学术捷径。

## 二　可能的发展瓶颈①

返回中国的现实。在学术全球化背景下中国的文化社会学缺席太久，忽略抑或轻蔑、懵懂抑或迷茫都曾一一“在线”。这种长期的忽略使得刚起步的中国文化社会学面临三大可能的发展瓶颈。

一是学界存在不少关于文化社会学的知识盲点或知识陌生。“不仅对什么是文化、什么是文化社会学等概念知之甚少”，而且一些“研究本身就属于文化社会学范畴却因‘不懂’而被误读”（周怡，2011：1）。正因如此，过去三四十年的中国社会学总站在文化社会学门外，缺乏随潮而动的文化转向以及就此领域的国际对话能力。但值得注意的是，历史上中国社会学者并非对文化熟视无睹。早年老一辈的社会学家都曾关怀中国文化的研究，如潘光旦教育思想中的“位育”、费孝通中西文化对照中的“差序格局”、林耀华《金翼》研究中的“家族制度”、吴泽霖《社会约制》中的本土观察等。今天的许多社会学者亦不乏讨论本土的“关系”文化、儒家的“孝道”与“国是家”的价值理念以及社会思潮，研讨过中国的民间宗教、宗祠文化、婚丧嫁娶的仪式、广场舞等文化现象，甚至也有用文化资本、文化过程去解读社会分层结构的作品。但这些文化“在场”的研究成果一方面显得非常分散，缺少适度的整合；另一方面研究者本身并没有认为自己的研究属于文化社会学；更重要的一方面还表现在，提及文化大多数社会学研究者会认为它是抽象、主观、不太具体而无法量化的概念，要么总想在传统的本土文化中寻找文化价值，要么就是将文化分析完全等同于对目前文化工业、文化产品的研究，再或者干脆让社会学研究疏离文化、避而不谈文化。这样一种没

① 参见周怡《文化的“在”与“不在”：寻找文化社会学在中国社会学学科中的位置》，《中国社会科学报》2017年12月27日。

有意识到的文化“在场”，反映出社会学界存在大量的对文化、文化社会学的知识陌生，亟待从学科意义上做适度的引导和整合。

二是原本带有交叉学科特点的文化研究，对社会学介入文化分析形成一定的障碍。学术以知识的分工为基础，但文化本身像是一张复杂的网，交织了诸多不同学科、不同民族可以互为基础、互为渗透的位置。人类学最早用民族志的丰富田野采撷宣称它对文化研究的霸主地位。19 世纪五六十年代兴盛于英国伯明翰学派的有关工人生活方式的诸多作品，至今堪称文化研究的经典范本；19 世纪 80 年代西方文化转向背景中诞生的文化社会学习作与中国本土化倡导下的“国学热”形成了不同路径的文化教研之取舍。文化研究曾经声称自己是走一条反学科化的整合道路。的确，就充斥图书市场的众多文化研究作品来看，支离破碎的各部分知识似在打破学术壁垒，看不出它们能够被归属于哪门学科或哪个体系，也不见得能形成一个融合的新知识系统，因为不规整、不规范而零散的铺叙成了文化研究的重大缺陷或败笔。而中国的国学研究大多侧重于国学文本的释义、解读和争论，走头脑风暴路线的文章比比皆是，很少有现实“接地气”的实证经验研究。面对这样一番交叉学科碰撞下的碎片以及中西方文化研究的规则差异，初创期的中国文化社会学任务相当艰巨。需要注重社会学的研究视角和方法，严谨规范地用兼容性、贯通性去实践中西方及各学科交叉知识的融合，找准属于自己的社会学取向的文化进路。

三是方法上面临科学实证主义取向的挑战。如果说前两个发展瓶颈是回答文化社会学的“在”还是“不在”之问题的话，第三个困境则为“在场”的文化社会学能否为“实”、能否“精确”的问题。一直以来，相比结构分析注重规律的因果解释而言，文化分析侧重意义的解释。因为文化社会学相信，是行动的意义建构了社会，构筑了人类的物质世界及其需求。意义的解释借助于与扎根理论相对应的“深描”，这是由人类学传导给文化社会学的主打研究方法。也就是说，文化社会学更多使用质性研究方法，而非使用坚信科学价值的定量研究方法。相比量化研究重视技术操作规范来说，质性研究大多更偏资料呈现过程中的理论提升，因而以质性研究见长的文化社会学经常被喻为理论上的高手，故事（资料）夹杂理论构成其独特的写作分析风格。上述两点表明：方法上，如果量化代表“精确”，那么文化社会学对“意义”的质性分析可能就意味着某些不精确的“任意性”；写作分析上，如果故事（资料）代表“实”，理论代表抽象的“虚”，那么文化社会学的研究就容易游离在虚与实之间。如何拿捏好或突破这两个方面，需要学界同人为此付出加倍的努力和心血。姑且期待，中国文化社会学能够在较短时间内从“不在场”到“在场”，从“务虚”逐步走向“务实”，在社会学领域中找到自己合适位置的同时，为中国人的“文化自信”添砖加瓦。

## 三　专题文章导语

选择怎样的论文作为创刊号作品？我们的原则是在中外学科发展出现落差的情况下起点要高。中国的文化社会学需要使用既有的、前沿的文化方法和理论，去描述与研讨中国经验，这样才能有望在短时间内达到世界领先的研究水平，由此凸显中国学界的后发优势和“文化自信”。遴选出的习作都出自年轻学者之手，他们受过或正在接受规范的文化社会学训练。本刊专题区分为三部分，分别为4篇经验研究、2篇理论综述和2篇译介。8篇文章都紧紧围绕文化社会学议题展开。

第一部分为经验研究，4篇文章从中国不同的田野收集资料，且以不同的文化理论视角，针对医生收红包、教育出路、优生优秀的评价以及广场舞现象进行了定性研究分析。郭巍蓉的研究涉及市场经济条件下国内公立医院的医生“收红包”现象。该现象本身应该是牵扯经济利益交换的医患关系研究，属于经济社会学抑或结构关系研究的范畴。但该研究至少在三个方面显示了鲜明的文化社会学立场：(1) 运用薇薇安娜·泽利泽的“关系运作”“关系标记”文化理论框架做出类型化区分，探究医生对不同关系类型在收礼决定上的差异；(2) 如何产生差异取决于医生对自己与患者关系的认定，即收礼意义的道德考量；(3) 最终收或不收“红包”、接受什么样的礼物，其背后的支援体同样被作者归结为文化，包括现存的规范文化、威权文化、血亲关系文化和市场价值文化。郑雅君一直关注教育不平等问题。她的这篇题为“名校大学生出路分化”的研究，就学校－工作转换过程中的不平等做了良好的文化解释。结合 Swidler 的“文化工具箱”和韦伯的“文化驱动”理论，作者建构了“文化－行动二元路径”下的四类型分析模型。通过对国内两所名校大学生的深度访谈，她分析了不同家庭背景的学生获得毕业出路的不同机制。该研究发现，不同家庭背景的毕业生树立行动目标的意识和运用文化工具组织策略的能力具有明显差距，价值信念对学生的职业选择行为起重要作用。相对来说家庭背景处于弱势的学生，由于家庭资源欠缺，社会化过程积累的稳定心态与主流期待存在差距，其职业选择更多受到学校文化价值环境和同辈群体文化的影响。组稿巧遇某些耦合算是一桩幸事。前述郭巍蓉、郑雅君的研究田野分别为医院和学校，这里李思宇和邱济芳合作的文章则通过分析这两个独立的田野研究材料，研究了医院和学校中的制度化择优过程，即讨论“优生”“优秀”评价的生产过程。他们的研究清楚表明：(1) 中国的教育制度和生育制度，使得处于高考备考和孕妇生产两个特殊时间段的人，对量化工具格外依赖；(2) 在中国优生优育和素质教育的政策背景下，制度中的专家对量化工具的不同使用方式和阐释方式将影响政策落实和制度文化的形成；再次，制度文化反过来对量化工具的效力起限制作用；(3) 作者强调，量化评价产生的数字经过阐释，将个体的特点客体化，而这一过程产生的意义影响着制度参与者的行动。显然，这项研究援引了哈佛拉蒙教授器重的“评估”和“过程”分析的文化理路。最后一篇研究撰文出自于佳煖之手。相比前三篇针对社会结构现象做文化社会学的理论诠释来说，这是一篇针对广场舞这一特有的中国文化现象进行的经验分析。于佳煖在其积累的两三年田野调查经验基础上，就不同类型广场舞团体通过怎样的途径实现共同体凝聚这一研究问题，从涂尔干学派重视的“仪式”“象征边界”理论出发加以说明：将不同的广场舞团队看作一个个具有差异的类仪式群体之后，“群内边界”即群体内部成员所感知到的内部角色分化或等级差异，对团队凝聚力的形成及发展起重要的影响作用。这一发现挑战了以往“群际边界”强化“我群”与“他群”之分的结构解释。

第二部分为理论综述或理论评介，由2篇文章组成，它们同是偏向政治文化理论的社会学综述。李皓玥和其导师 Ronald Jacobs 合作的研究述评，紧紧围绕社会学核心议题之一的公共领域展开。但他们的笔锋仅触及文化社会学视域下公共领域的研究文献。以哈贝马斯的公共领域理论为基础，作者具体考察了文化社会学对当代公共领域和公共话语研究的参与及其理论创新，重点综述和探讨了公众交流在公共领域的呈现、公共议题与多元主体的建构、媒体组织及其形式对公共话语的影响以及新娱乐领域中的媒体政治。结合中国公共领域的文化社会学研究，作者认为中国经验及其文化实践有可能提供超越现有西方传统公共领域理论羁绊的重要作用。另一篇由周睿睿写就的关于德国、欧盟文化政策的分析述评，同样在政治文化范畴里给我们以文化社会学某些别样的启示。文章致力于以德国当代文化政策转型和欧盟叙事构建的新模式为契机，探讨国家文化政策对社会和政治的影响。传统社会理论认为，政治共同体的成功在于它能够通过动员建构起社会成员共享的身份或价值认同。但这篇文章却从既有文化政策及历史资料的梳理中发现，德国和欧盟并没有任何可以验证传统理论假设的叙事文本。相反，20世纪70年代末的新文化政策所带来的由被动向主动的转型，致使公民个体率先以行动者身份出现，再经由他们的文化活动，积极参与了社会空间的构建。而且如今这种新变化已从社会微观和中观层面不断向上渗透，开始在宏观层面上获得积极的政治表达。作者的分析还试图说明，德国在欧盟的统领作用抑或地位，并不仅仅依赖于其经济实力的领先，在本质上它是一个由文化过渡到政治实力的范例。

第三部分为译介，我们精选了两篇新近颇具前瞻性又不失主流社会学关怀的文化社会学论著。一篇题为《何者缺席：文化过程与不平等的因果路径》的研究，由现任美国社会学会会长、哈佛大学社会学系讲座教授米歇尔·拉蒙及其同事联合撰写，2014年发表于美国杂志《社会－经济评论》。作者在综述社会过程导致的物质不平等、象征不平等和地域不平等之后明确指出，既有的关于不平等的类型分析忽略了重要的文化过程。文化过程具体包括身份化和合理化两部分，其核心特点在于主体间性的意义建构。其中，身份化被操作为种族化与污名化；而合理化则由标准化与评价加以测量。将文化过程加入分析后，他们的研究为理解当今社会过程如何产生社会不平等提供了一个补充性的也是较为完整的框架。另一篇译文题目为《关系账户：一种文化的方法》，是普林斯顿大学 Frederick Wherry 教授写于 2016 年的研究作品。这是一篇从文化视角透视社会经济现象的文化社会学力作。具体表现在，Wherry 教授从杰弗里·亚历山大的社会表演理论视角拓展了薇薇安娜·泽利泽提出的关系账户理论。将“关系账户定义为个人和家庭用来组织、评估和记录财务活动的一整套文化和社会过程”（Wherry，2016：23）之后，作者发现关系账户具有三个不同层面：（1）在上层，可辨识符码和结构化意义系统形塑了个体行动过程中选项与非选项的集聚决策态，以及个人或家庭对该决策态的感受，嵌入符码中的道德考量将影响个人决策态的样式；（2）在中层，一些富有意义的规范仪式会改变账户记录实践的优先顺序；（3）在下层，参与到关系运作的不同主体，彼此的关系意义会在运作过程中展演出来，使得交易富有意义。其中，第三方会对关系的展演进行仲裁。最后，作者用两个关系账户的实例——奢侈交易和高额债务，进一步阐释了上述发现。

总之，真诚期待作为《社会学刊》创刊号的这期文化社会学专题能够获得学界同人的关注，姑且作为一次抛砖引玉，让我们有条不紊地为推动中国社会学及文化社会学学科的建设尽绵薄之力。

## 参考文献

钱穆，1994，《中国文化史导论》，北京：商务印书馆。

周怡，2004，《解读社会：文化与结构的路径》，北京：社会科学文献出版社。

周怡，2008，《强范式与弱范式：文化社会学的双视角》，《社会学研究》第 6 期。

周怡，2011，“中译本导言”，载杰弗里·亚历山大著《社会生活的意义：一种文化社会学的思考》，北京大学出版社。

周怡，2015，《表演和符像：再读杰弗里·亚历山大的文化强范式》，《文化研究》第23辑。

Alexander, Jeffrey C. 2003. *The Meanings of Social Life: A Cultural Sociology.* Oxford University Press.

Alexander, Jeffrey C. 2004. "Cultural Pragmatics: Social Performance between Ritual and Strategy." *Sociological Theory* 22: 527 - 573.

Alexander, Jeffrey C. 2006. *Civil Sphere.* Oxford University Press.

Alexander, Jeffrey C. 2008a. "Iconic Experience in Art and Life: Surface/ Depth Beginning with Giacometti's Standing Woman." *Theory, Culture & Society* 25 (5): 1 - 19.

Alexander, Jeffrey C. 2008b. "Iconic Consciousness: The Material Feeling of Meaning." *Environment and Planning D: Society and Space* 26: 782 - 794.

Alexander, Jeffrey C. 2010. "The Celebrity-Icon." *Cultural Sociology* 4 (3): 323 - 336.

Alexander, Jeffrey C. 2011. *Performance and Power.* Boston: Polity Press.

Burt, Ronald S. 1992. *Structural Holes: The Social Structure of Competition.* Cambridge: Harvard University Press.

Chan, Cheris Shun-ching. 2009. "Invigorating the Content in Social Embeddedness: An Ethnography of Life Insurance Transaction in China." *American Journal of Sociology* 115 (3): 712 - 754.

Douglas, Marry. 1966. *Purity and Danger: An Analysis of Concepts of Pollution and Taboo.* London: Routledge & Keengan Paul.

Dimaggio, Paul. 2002. "Market Structure, the Creative Process, and Popular Culture: Toward an Organizational Reinterpretation of Mass-Culture Theory," in *Cultural Sociology, edited by* Spillman, pp. 149 - 151.

Dimaggio, Paul, and Watler W. Powell. 2004. "The Iron Cage Revisited: Institutional Isomorphism and Collective Rationality in Organization Fields." In *The New Economic Sociology: A Reader*, edited by Dobbin, Frank, pp. 111 - 134. Princeton and Oxford: Princeton University Press.

Dimaggio, Paul. 1981. "Cultural Entrepreneurship in Nineteenth-Century Boston. Part 1: The Creating of an Organizational Base for High Culture in America." *Media, Culture, and Society* 4: 33 - 50.

Dimaggio, Paul. 1992. "Cultural Boundaries and Structural Change: the Extension of the High Culture Model to Theater, Opera, and the Dance, 1900 - 1940." In *Cultivating Differences: Symbolic Boundaries and the Making of Inequality*, edited by Michele Lamont and Marcel Fournier. Chicago and London: University of Chicago Press.

Granovetter, Mark. 1973. "The Strength of Weak Ties." *American Journal of Sociology* 73: 1360 - 1384.

Hu, Anning, and Fenggang Yang. 2014. "Trajectories of Folk Religion in Deregulated Taiwan: An Age-Period-Cohort Analysis." *Chinese Sociological Review* 46 (3): 80 - 100.

Lamont, Michele. 1992. *Money, Morals and Manners: The Culture of the French and the*

*American Upper-Middle Class.* Chicago: University of Chicago Press.

Lamont, Michele, and Marcel Fournier. 1992. *Cultivating Differences: Symbolic Boundaries and the Making of Inequality.* Chicago and London: University of Chicago Press.

Lamont, Michele. 2000. *The Dignity of Working Men: Morality and the Boundaries of Race, Class and Immigration.* Cambridge: Harvard University Press.

Lamont, Michele, and Laurent Thevence. 2000. *Rethinking Comparative Cultural Society: Repertories of Evaluation in France and the United States.* Cambridge: Cambridge University Press.

Lamont, Michele. 2012. "Toward a Comparative Sociology of Valuation and Evaluation." *Annual Review of Sociology* 38: 201 - 221.

Lamont, Michele, Stefan Beljean, and Matthew Clair. 2014. "What is Missing? Culture Processes and Causal Pathways to Inequality." *Socio-Economic Review* 12 (3): 573 - 608.

Peterson, Richard A., and Albert Simkus. 1992. "How Musical Tastes Mark Occupational Status Groups." In *Cultivating Differences: Symbolic Boundaries and the Making of Inequality*, edited by Michele Lamont and Marcel Fournier, pp. 152 - 186. Chicago and London: The University of Chicago Press.

Peterson, Richard A., and Roger M. Kern. 1996. "Changing Highbrow Taste: From Snob to Omnivore." *American Sociological Review* 61: 900 - 907.

Swidler, Ann. 1986. "Culture in Action: Symbols and Strategies." *American Sociological Review* 51: 273 - 286.

Swidler, Ann. 2002. "Cultural Power and Social Movement." In *Cultural Sociology*, edited by Spillman, pp. 311 - 324. Malden, Mass: Blackwell Publishers.

Wherry, Frederck F. 2016. "Relational Accounting: A Cultaural Approach." *American Journal of Cultural Sociology* 4 (2): 131 - 156.

Willis, Paul. 1977. *Learning to Labor: How Working Class Kids Get Working Class Jobs.* New York: Columbia University Press.

White, Harrison C. 2002. *Markets from Networks: Socioeconomic Models of Production.* Princeton, N. J.: Princeton University Press.

Wuthnow, Robert. 1984. *Cultural Analysis.* London: Routledge & Kegan Paul.

Wuthnow, Robert. 1991. "Acts of Compassion: Caring Others and Helping Ourselves Mation, the Enlightenment, and European Socialism." In *Cultural Sociology*, edited by Spillman, pp. 329 - 341.

Wuthnow, Robert. 1992. "Communities of Discourse: Ideology and Social Structure in the Refor Culture." . In *Theory of Culture*, edited by Richard Munch and Neil J. Smelser, pp. 145 - 173.

Wuthnow, Robert. 1994. "Religion and Economic Life." In *the Handbook of Economic Sociology*, edited by Neil J. Semelser and Richard Swedberg, pp. 620 - 646. New York: Russeli Sage Foundation.

Yi, Lin. 2014. "Modernity, Mobility, and Dilemma: The Making of Tibetan Cultural Citizenship through an English Training Program." *Journal of Chinese Political Science* 19: 387-403.

Zelizer, Viviana A. 1979. *Morals and Markets: The Development of Life Insurance in the United States.* New York: Columbia University Press.

Zelizer, Viviana A. 1985. *Pricing the Priceless Child: The Changing Social Value of Children.* Princeton, N. J.: Princeton University Press.

Zelizer, Viviana A. 1994. *The Social Meaning of Money, Pin Money, Paychecks, Poor Relief, and Other Currencies.* UK: Princeton University Press.

Zelizer, Viviana A. 2005. *The Purchase of Intimacy.* Princeton, N. J.: Princeton University Press.

Zelizer, Viviana A. 2010. *Economic Lives: How Culture Shapes the Economy.* Princeton, N. J.: Princeton University Press.

《社会学刊》第1期
第15~55页
© SSAP，2018

# 收谁的红包？

## ——关于医患间非正式“交易”的文化社会学解读*

郭巍蓉

美国埃默里大学社会学系

**摘　要**：对于公立医院中屡禁不止的“红包”现象，目前的研究一般采取理性选择和结构功能主义的视角来解释，缺少对文化和道德的关注。本文运用薇薇安娜·泽利泽的“关系运作”框架，探究医生为何决定（不）收礼，以及他们如何正当化自己的决定。根据对上海市及南京市6家公立医院的30名医生的访谈，本文辨识出了四种医患间非正式“交易”的类型：权宜之计、面子与权力、公平交易、“报”。研究发现，除了医患间的关系强度之外，医生对交易的整体道德考量也决定了医生是否收礼。其道德考量关注交易的对象是谁、如何交易、出于什么目的，以及会带来什么影响。道德考量则受到特定文化观念的影响，包括权威文化、市场文化和家本位文化。

**关键词**：红包　关系运作　关系标记　社会资本

## 一　引言

在当前中国，医生“收红包”的现象蔚然成风。对于这一通常被视作

* 本文为中国社会科学基金重大项目：“现代社会信任模式和机制研究”（11&ZD149）的阶段性成果之一。感谢复旦大学社会学系周怡教授为本文提供的诸多宝贵建议。

“医疗腐败”的现象，国内现有研究一般采取理性选择和结构功能主义的视角来进行分析。持理性选择观点的学者认为，当收红包的收益（经济和精神收益）大于成本（经济和社会损失，如吊销医师执照、职业声望降低等）时，医生就会倾向于收下红包（管怀鎏，2006；徐鹏，2006）。在持结构功能主义观点的学者看来，医生收红包是一种在国家行政权力强制压低劳动力定价的情况下的收入补偿策略，产生于医疗制度逐渐市场化的变迁过程中（黄毅，2004；黄荣贵等，2014；姚泽麟，2017）。这样的解释事实上无法说明医生“收礼”决定上的差异，因为按照结构功能主义的逻辑，处于相同制度设计和社会结构中的每一位医生是“必然”会收红包的。但实际情况却是有些医生逢红包必收，有些医生在某些情况下收红包，有些医生坚决拒绝收红包。虽然理性选择论似乎能从医生个体层面回答这个问题，但依旧无法解释为何医生在相同处境下（其成本－收益计算结果相同）会做出不同的收礼决定。

事实上，以上两种视角代表着两种解释人类经济行动的路径：“过度社会化”解释和“低度社会化”解释（Granovetter，1985；Coleman，1988）。这些解释的问题在于，它们都没有关注医生本身是怎么想的，医生的能动性要么被忽略，要么变得空洞无物只剩理性计算。在为什么医生决定与患者进行非正式“交易”① 的问题上，我们需要知道医生如何定义自己与患者的关系，医生对这些交易赋予了什么意义，医生如何阐释和正当化自己收礼及不收礼的行为。简言之，在目前的研究中，文化和互动的视角是欠缺的。而这一视角恰恰最适用于分析模糊、不确定的市场（Levin，2008；Bandelj，2012），如公立医疗市场，这一处于市场化改革进程中但本质上依旧由国家牢牢把控的市场（黄荣贵等，2014）。本文将从文化社会学的视角解读公立医院医生的收礼决定，并试图回答在通常被认为具有公益性而处于经济活动领域之外的医疗领域，医患之间会发生怎样独特的非正式交易。

本文将分为以下几个部分：继第一部分提出研究问题之后，第二部分将

① “非正式”指的是这并不是一种惯常的、符合正式规范的做法；“交易”在这里泛指所有医患之间的交换，因为并不特指经济交易，所以交易带有引号。

梳理有关人类如何做出经济行动的理论解释，提出本文的分析框架及研究问题；第三部分将介绍文章的研究方法；第四部分将对医疗体制的改革与变迁做简要概括，为医患间非正式交易的出现提供一个社会背景；第五、第六部分将构建一个医患间非正式交易的类型学框架，并结合访谈资料深入阐释在不同的交易类型中，医生为何以及如何决定收礼或不收礼；最后一部分则对全文进行总结与讨论。

## 二　文献回顾与分析框架

### （一）范式转变：从实质主义到关系主义

有关人类如何做出经济行动与决策的研究，大致可以被归入两大阵营：实质主义（substantialism）阵营和关系主义（relationalism）阵营。其中，实质主义采取的常见形式是方法论个体主义（如理性选择论和博弈论）、整体论和结构主义。在此视角看来，个体、社群、社会等“实体”即使与其他实体互动，其自身的独立性依旧保持不变，它们甚至被认为是行动发生唯一的源泉（Emirbayer，1997）。例如，被布迪厄称作“主观主义的想象人类学”的“理性行动者”理论，假定了一个永远用理性做决定、偏好恒定、毫无惰性的理性行动者。这种行动者表面上充满能动性，事实上也是被机械决定的，即被“理性的明证性和‘理性计算’的逻辑必然性”所决定（布迪厄，[1980] 2014：64～65）。理性选择论被公认的最大的问题，就是它把任何符合逻辑（不管是出于本能、情感还是策略）、合理的东西通通归为理性选择的结果（赵鼎新，2012：68）。

与实质主义阵营相对的是关系主义阵营。该派认为，事物本身不能独立存在，而是存在于与其他事物的关系中。个体与其嵌入其中的交互情境是不可分离的。正如要描述演奏音乐、玩游戏、谈判、对话等行动，单独把行动者抽离出来描述就解构了这种动态活动（Emirbayer，1997）。与实质主义相比，关系主义尤其强调行动的嵌入性、动态性和开放性特征。查尔斯·蒂利

（Charles Tilly）也提出了本体论层面上的“关系实在论”（relational realism），主张社会纽带和各种互动构成了社会生活的核心（蒂利，2014）。关系主义的典型代表理论是马克·格兰诺维特（Mark Granovetter）的“嵌入性”（embeddedness）理论。他指出，人类经济行动是嵌入在社会关系之中的，既不“过度社会化”（如帕森斯假定的行动者）又不“低度社会化”（如经济学家假定的理性人）（Granovetter，1985）。“嵌入性”概念由“弱关系的强度”（the strength of weak ties）命题而来，该命题认为，在市场经济条件下，当人们用个人网络找工作时，运用弱关系比运用强关系更能使人与工作岗位进行有效匹配。这一“弱关系”模型可以有效沟通宏观与微观，将个人互动网络与更宏观的社会结构联系起来（Granovetter，1973，1974）。

### （二）嵌入性：从格兰诺维特到波兰尼

Krippner和Alvarez（2007）进一步区分出两种嵌入性，分别是“格兰诺维特式”（Granovetterian）嵌入性和“波兰尼式”（Polanyian）嵌入性（本文中简称为格式嵌入和波式嵌入）。社会网络研究和组织研究追随的即是格式嵌入的传统。它们将个人间或组织间的社会网当作一个影响个人或组织经济表现和决策的自变量（如Lin and Dumin，1986；Burt，1992；Bian，1997；Uzzi，1999）。事实上，这些研究与理性行动者理论是相匹配的，而不是像它们所宣称的那样，超越了理性选择论（Bandelj，2012）。网络分析者将“社会网络”定义为一个由一定数量的个体（节点）组成的结构，这些个体之间由不同的关系相连（诺克、杨松，2012：16）。虽然近年来网络分析蓬勃发展，所处理的社会互动形式越来越多样，使用的模型越来越复杂，但网络分析者眼中的互动内容却颇为贫乏，且对于各式各样的关系内容是如何联结的仍认识不足。Pachucki和Breiger（2010：206）指出，网络分析者无法说明嵌入在关系中的社会意义——人们通过社会意义来理解和建构他们的世界，也无法很好地说明在这些关系中流动的物质、资源和观念。格兰诺维特自己也曾指出，如果只关注社会关系的强度（形式），那么就会忽略关系中的“内容”、社会关系与层级结构间的关系、消极社会关系、关系强度的连续性、网络结构的历时性等重要问题（Granovetter，1973：1378）。

格兰诺维特式嵌入背后假定了经济和社会是两个相互独立的领域，而波兰尼式嵌入则不然，它认为经济不是自成一派的自律体，而是嵌入在整个社会当中的。人类的经济活动同时受到经济制度（如货币制度）或非经济制度（如宗教或政府）的影响（波兰尼，[1957] 2014）。波式嵌入的研究传统带动了对人类经济行动的文化解读，其中以薇薇安娜·泽利泽（Viviana Zelizer）的一系列研究最为突出。泽利泽将分析的目标从“嵌入性关系”（embedding relations）转向了“互构性关系”（constitutive relations）（Zelizer，2012），也就是说，泽利泽不是先看见了经济活动然后去分析影响它的社会关系（即社会关系“嵌入”在经济活动中），而是先看见了持续变动的人际关系，然后去分析经济领域对它的影响（即私人领域和经济领域的“互构”过程）（Levin，2008）。

泽利泽始终着眼于研究经济生活中的非经济因素。她对美国人寿保险的研究描绘了人的生命（神圣之物）是如何变得可以用金钱（世俗之物）计算的过程（Zelizer，[1979] 2006）。她对儿童价值的研究，则展示了美国19世纪70年代到20世纪30年代，儿童的价值从“有用的童工”（经济上有用）到“神圣的孩子”（经济上无用但感情上无价）再回到“有用的‘家庭主孩’”（在私人领域即家庭中有用）的复杂变迁（Zelizer，[1985] 1994）。泽利泽在《亲密关系的购买》（2005）中更是指出了私人领域（亲密关系）与经济领域不是两个相互独立、相互敌对的世界，而是彼此相互联系、相互构建的。不同于古典经济学的观点，事实上民众在日常生活中是把亲密关系与经济活动混合在一起的，他们积极地参与、建构、协商并形成了“相互联系的多样化生活领域”。这正体现了波兰尼式嵌入性的主张：看上去中性且非人化的市场、交换、交易关系、交易媒介等并不是本身就在那里的东西，而是需要运用各种文化实践来使之成为可能。在此意义上，所谓的客观之物（如市场、货币）其实是凝固了的文化。

### （三）关系标记、关系运作与本文分析框架

泽利泽以人寿保险、儿童价值、亲密关系为例向我们展现了一条独特的

文化的经济社会学路径。与古典经济学不同，在泽利泽看来，并不存在什么作为单纯的交换工具的理性化、平均化、单一化的金钱（这是现代世界的某种意识形态），金钱实际上向来就是人们用来划定与他人界限、确定与他人关系（反过来又会影响这种关系）的富含意义的文化物品（Zelizer，1989，1994，1996）。她所谓的“关系标记”（relational earmarking）指的就是这样一个过程：人们会用金钱对几乎所有类型的社会互动（如夫妻间、朋友间、同事间的互动）进行标记，使得一种互动类型中的金钱实践不同于另一种互动类型，金钱因而变得多样化并富有社会意义（Zelizer，1994：18）。例如，建立某种社会关系的这样一种社会互动，标记了某类特殊的金钱，如求偶支出、子女养育费等；管理亲密关系，标记了给亲戚朋友的金钱性礼物或贷款、给性伴侣的报酬等；过渡仪式则标记了为婚礼、葬礼等仪式付出的礼物和费用（Zelizer，1994：24）。至于人们是如何将一类被标记的金钱与另一类分开的，泽利泽展示了人们所使用的一系列技巧：限制金钱的使用、调整分配的模式、创造仪式、改变其物理外表、将特定的钱存放在特定的位置、赋予特定数量以特殊意义等（Zelizer，1994：29）。

泽利泽指出，关系标记不仅限于人们对金钱的使用，还可以应用到其他事物上，也就是任何可进行社会交换的事物都能够被标记。Wherry（2016）将关系标记这一概念运用到人们日常的算账（accounting）实践中，揭示了人们认为哪些预算决策是合适的、道德的，而哪些决策被视作不合适、不道德，甚至是不予考虑的这样一个标记过程。在此意义上，“关系标记”同样可以用来解释医患间的“非正式交易”。例如，想要与医生建立短期工具性关系的这样一种互动，标记了“红包”这一特殊的金钱性礼物；与医生建立长期互惠关系的互动，则标记了未来的承诺、帮助等非金钱性礼物。正如黄光国（Hwang，1987）的“面子与人情”模型所展示的那样，资源分配者在面对求助者的资源请求时，会先考虑自己与求助者的关系，根据关系的不同采取不同的交换规则：求助者与资源提供者之间若是工具性关系，那么他们的交换遵循公平原则；若是情感性关系，则遵循需要原则；若是混合性关系，则遵循人情原则。

泽利泽在2012年的一篇开创性文章中将“关系标记”进一步发展成了经济社会学中的一个全新概念工具——“关系运作”（relational work）。“关系运作”指涉这样一个社会过程：对于每种特定类别的社会关系来说，人们都会树立一条边界，通过命名和实践的方式标记这一边界，建立一套在这条边界内运作的独特理解，将特定形式的经济交易视作对这一社会关系来说是合适的，禁止其他被视作不合适的交易，并在这一关系内采用特定的媒介来计算和帮助经济交易（Zelizer，2012：146）。泽利泽指出，经济活动包含四个要素，分别是：（1）独特的社会关系；（2）一整套围绕经济交易的互动与实践（如补偿、赠礼、贿赂等）；（3）交易媒介（如金钱、礼物、时间、帮助等）；（4）共同协商的意义及道德考量（即对交易所涉及的关系、媒介和实践的动态化协商与调整）。“关系运作”指的就是对有意义的关系、媒介、实践的联结和匹配过程。因此，经济活动的实际特点会显著随交易者关系、媒介和实践特点的变动而改变，这种改变反过来会重新划出不同关系之间的界限（Zelizer，2012：151）。

简而言之，在泽利泽看来，个体行动者在社会互动中会为各种不同的社会关系树立边界、标明边界，并规定与此相符的经济活动。若经济活动与所标定的关系不符，那么这一活动就会被认为是不合适（“越界”），甚至不道德的。例如，就患者寻求医生提供资源而进行某种交易来说，患者与医生的关系可能决定了怎样的送礼实践是合适的：医生的亲友给医生“红包”是不合适的，且破坏了情分；陌生人想无偿或以“人情”为砝码从医生这里获得稀缺资源（如紧张的床位）也是不合适且不可能的。而医生对“红包”本身的理解也会随着医患双方的关系类型而发生改变，如陌生人的红包会被理解为贿赂，熟人的红包会被理解为感谢，地位高于医生的人（且无法拒绝）的红包会被理解为命令，等等。

综上，根据上述“关系运作”的框架，我们可以推测医生之所以决定（不）收礼，可能包括以下因素。

一是医患间的关系类型有差异。某种特定的社会关系更有利于促发医患间的非正式交易，而某种社会关系则会阻碍这种交易。

二是医患间的交易互动与实践有差异。根据患者不同的送礼实践（包括何时送礼、怎样送礼、送礼的目的是什么等），有的交易会被医生理解为“贿赂”，有的则会被理解为“公平交易”或“应该做的事”。对应这些不同的理解，医生会采取相应的交换规则。

三是交易媒介不同。患者送的礼是金钱性礼物，还是非金钱性礼物，都可能影响医生对交易的解读，从而影响交易的结果。

四是医患双方对彼此的关系、媒介和实践的意义进行协商、争论与改变。虽然大多数情况下医生拥有更强的协商权力（因为总是患者有求于医生而不是相反），但患者在某些情况下（如通过一个有影响力的中间人来命令医生）可以比医生有更强的协商权力，更改红包的含义，从而使医生收下红包。

五是医生在不同情况下对相应交易的道德考量可能存在差异。同样是红包，在某种情况下它被认为是道德上有问题的，而在另一种情况下则被判断为道德上中性甚至是好的，这可能促使医生拒绝前者而收下后者。

以上五点构成了本文的研究问题：“关系运作”的动态过程如何影响医生的交易决策？本研究的目的即试图运用泽利泽的“关系运作”框架来探究医生如何理解与患者的关系以及礼物的含义，这种理解又是怎样影响他们是否收礼的决定的。对这些问题的研究也揭示了“中国特色”的人情办事原则及其运作机制。

## 三　研究方法

本文采用了访谈和实地观察的方法来收集数据。调查在上海市4家公立医院以及南京市2家公立医院中进行，其中包括1家一级医院（社区医院）、1家二级医院、4家三级医院（大型综合性医院）。笔者于2015年1月至2016年5月共访谈了30名医生，每次访谈时间为1～1.5小时，访谈地点包括医生办公室和咖啡店（受访者的具体信息见表1）。受访者以外科（副）主任医师为主，约占总受访人数的2/3，之所以如此选择受访者是因为级别高、有资历的外科医生更有可能成为患者送礼以寻求帮助的对象。内科医生或职称较低的医生则占到了1/3。除了对医生的访谈，笔者还在医院内部进行了实地观察，观察地点包括门诊办公室、住院病房和医院举办的公益健康讲座，并同时对其中的患者及其家属进行了非正式访谈，以对所收集到的数据进行交叉检验。

由于本文侧重医生这一方（而非医患双方）的视角，由他们所展现的事实可能与实际情况有偏差，但是本文的重点在于展示医生对于交换过程的阐释，以及这样的阐释如何影响医生做出是否与患者进行交易的决定，因此本文只深入分析对医生的访谈。① 患者可能会带来另一种视角，描绘患者眼中的医患交易将成为下一个值得探索的议题。

**表1　受访者的基本信息统计**

单位：人

| | 上海 | 南京 |
|---|---|---|
| 性别： | | |
| 女性 | 3 | 6 |
| 男性 | 7 | 14 |
| 年龄： | | |
| 20～29岁 | 0 | 2 |
| 30～39岁 | 2 | 3 |
| 40岁及以上 | 8 | 15 |
| 级别/职称： | | |
| 住院医师 | 0 | 2 |
| 主治医师 | 5 | 2 |
| （副）主任医师/（副）教授 | 5 | 16 |
| 所属科室： | | |
| 内科 | 4 | 8 |
| 外科 | 6 | 12 |
| 所属医院级别： | | |
| 一级/二级 | 2 | 0 |
| 三级 | 8 | 20 |
| 总计 | 10 | 20 |

① 由患者所提供的信息将作为事实描述融入本文，但不做专门分析。

## 四　中国的医疗体制改革

要理解公立医院中独特的医患互动模式，就需要我们对中国的医疗体制和医疗改革有所了解。1985年到2008年，中国医疗体制经历了从“全民医保”瓦解到开启医疗改革的变化。自1985年国务院批转卫生部的《关于卫生工作改革若干政策问题的报告》从而正式开启医疗体制改革以来，政府对医疗领域的投入逐年减少，造成了双重“自负盈亏”的问题。一方面，对公立医院来说，其医疗服务费依旧维持着几十年前的低水平，而来自政府的财政拨款却仅占医院总收入的7%左右。医院90%的收入则来自医疗服务和药品销售（见姚泽麟，2017）。另一方面，对患者来说，他们再也享受不到像“全民医保”时期那样的低价医疗，大部分情况下需要自费看病。因病返贫、有病不治的现象开始大量地出现，其中以城市和农村地区的贫困群体尤甚。患病居民因经济困难而放弃治疗的比例在2003年时就已高达18.7%（顾昕，2005）。着重“推进公立医院改革”的新医改便在这样严峻的情况下于2009年登上历史舞台。然而，在不增加对公立医疗的投入却要求公立医院回归“公益性”的情况下，这场改革注定是困难重重的。直到2010年，中国卫生总费用仍只占到GDP的4.98%（中华人民共和国卫生部，2012），低于世界卫生组织（WHO）的5%的最低标准，公立医院“自负盈亏”的状况并未从根本上得到改变（郭巍蓉，2014：91~92）。

“自负盈亏”意味着医院需要自己赚取利润，医生需要完成医院下达的业绩指标，而“开大处方”、过度检查、过度医疗等是完成指标、提高医生个人和医院总收入的最便捷方式。这些增加的成本却都是由患者来埋单的。由此，医患间的冲突逐年增加，医生在民众中的声望大幅下滑，而许多医学生毕业后也不再愿意从事医疗工作。据中国医师协会的统计，2010年“医闹”在全国范围内发生了17243起，比5年前多了将近7000起（Zeng et al.，2013）。而2005~2015年十年间有470万医学生毕业，医生总数却只增加了75万，显示出了极高的医学生流失率（Lien et al.，

2016）。

我们再来看一看医生的收入情况。公立医院医生的月工资一般由三部分组成：政府规定的标准基本工资、医院下发的绩效奖金以及各式各样的“灰色收入”。其中，基本工资包含岗位工资和薪级工资，后者与医生的学历和工龄成正比（具体工资算法见姚泽麟，2017：176）。举例来说，刚毕业的住院医师，按照最低一级的标准，其基本工资在3000元左右。而工龄在15年以上的（副）主任医师，其基本工资也最多不会超过10000元（孙秋梦，2014）。事实上，医生的大部分收入来自医院所发的奖金。奖金的数量取决于医生做了多少台手术以及进行了多少医疗检查和治疗，也就是取决于医生为医院与所在科室创造了多少收益。此外，由于医生的工资被国家行政力量控制而无法市场化，有些医生便会通过“非正式”渠道获取额外收入，以补偿他们低于市场价的工资。这些非正式渠道包括“走穴”①、“回扣”（药品回扣和器械耗材回扣）以及“红包”。虽然各地都有规定禁止医生收取患者的红包，② 而“走穴”也处于政策上的模糊地带且被大多数医院所禁止，但在实际情况中，这些获取灰色收入的做法在医生中依旧十分流行。

## 五　医患间非正式交易的类型

前文已指出，经济活动，或者包含经济元素的活动，包含以下四个要素：（1）独特的社会关系；（2）交易媒介；（3）一整套围绕交易的互动与实践；（4）共同协商的意义及道德考量（即对交易所涉及的关系、媒介和实践的动态化协商与调整）。“关系运作”指的就是对有意义的关系、媒介和实践进行联结和匹配的动态过程（Zelizer，2012）。其中，独特的社会关

① 指医生给所在医院以外的病人做手术（通常在周六、日），平均一台手术主刀医生可获得5000元以上的报酬。

② 例如，国家卫生计生委办公厅在2014年出台通知，敦促医疗机构和住院患者之间签署《医患双方不收和不送“红包”协议书》，以约束医生收礼和患者送礼的行为。

系可以用关系的强度（形式）和性质（内容）辨别出来；交易媒介可以是金钱、物品或非物质性的东西等；围绕交易的互动与实践则是指有关交易进行的时间、场所、规则和惯常做法等；协商的意义则是交易双方赋予以上三者的意义，包括他们对交易的道德考量、对交易的冲突定义的调试和协商等。本文将以“独特的社会关系”和“交易媒介”为两个维度，划分出医患交易的可能类型。之所以以这两者为划分维度，是考虑到围绕交易的互动与实践以及协商的意义，是会随着社会关系和交易媒介的改变而发生改变的[①]（Zelizer，2012）。

有关独特的社会关系，已有大量文献探讨了社会关系对诸如找工作（Granovetter，1974；Lin & Dumin，1986；Bian，1997）、升职（Burt，1992）、健康（Song & Lin，2009；Umberson et al.，2010）、人力资本（Coleman，1988）、移民（Portes & Sensenbrenner，1993；Lu et al.，2013）等个人生活机会的影响。社会关系的强度是测量的重要变量。结合已有文献可知，在个人层面，弱关系有助于传递信息，强关系有助于施加影响，从而帮助个人实现获取资源的目的。从集体层面来说，在闭合的社会关系结构中，当网络中的人彼此间是强关系时，这样的社会关系在大多数情况下有利于通过建立社会规范、增加社会支持来帮助个人获得成功（如孩子取得更高的学业成就），并约束越轨行为。而当社会关系结构是开放的而非闭合的时候，个人可以通过成为“结构洞”来获取其他人得不到的资源。因此，关系强度（强/弱）或关系结构（闭合/开放）影响、调节着个人的资源获取。

① 其中，协商的意义会随这两者的变化而发生改变是毋庸置疑的，赋予交易以意义总是发生在交易建立之后以及交易进行过程之中。而关于围绕交易的互动与实践在公立医院是否固定而不发生改变的问题，虽然交易发生的场所、规则和惯常做法在特定场景下（如在证券市场进行股票交易、在商场进行服务购买）是固定的，但正如前文所指出的，固定的行动剧本更多地出现在成熟、确定的市场。在如公立医院这样的模糊的“准市场”内，交易的互动与实践较少遵循固定剧本，而是会随着交易者之间独特的社会关系、交易媒介、双方各自的考量而发生开放式的变化。有鉴于此，本文将以“独特的社会关系”和“交易媒介”为两个维度来划分人际交易的可能类型，以凸显交易在不同情况下的变化。

然而，正如前文所指出的，社会关系光有“形式”是不够的。每种独特的社会关系都有其丰富的“内容”，也有指导人们如何根据不同关系进行行动的规则。并且，不同关系之间的内容和规则不是割裂或对立的，而是连续的。陈纯菁（Chan，2009）在对中国人寿保险的研究中指出，当人寿保险刚进入中国市场，且那时的销售代理的经济利益表现得不那么明显的时候，保险交易更多地发生在销售人员与其强关系之间。这是因为强关系中的信任、情感性特质使得交易更难以被拒绝。当保险市场进一步成熟，而销售代理的谋利意图变得越来越明显之时，此时若再与强关系交易便会违反强关系之间应有的行动原则，对关系造成损害，因而比起强关系，兼具信任与工具性特质的弱关系更容易促成交易。陈纯菁的研究说明了内在于社会关系的“内容”本身就可以对人的经济行动产生影响，关系的“内容”定义了哪些经济交易是合适的，哪些是不合适的。本文仍会沿用“强关系”“弱关系”这样的术语来描述医患之间的关系，但本文是在强调其“内容”的含义基础上采用这些术语的。其中，强关系由伦理性－情感性原则来定义，其特质包括强信任、强情感、强非对称性义务，弱关系由工具性－金钱性原则定义，其特质包括强对称性义务和强计算性（Chan，2009：718）。此外，在中国，人们倾向于对和自己没有“关系”的“外人”采取一视同仁、公事公办的无差异原则。因此，要得到和自己没有关系的人的青睐，人们就必须使用各种技巧和策略来“拉关系”（杨美慧，2009；黄光国，2013）。有鉴于此，本文将社会关系这一维度的取值设为强关系、弱关系和无关系（分别对应关系中情感性、工具性和无差别性的特质），来考察医患之间的关系不同时交易发生的变化。

有关经济活动中的交易媒介，在很长一段时间内，金钱都被视作现代社会最重要的交易媒介。因具有同质性、非人化、可分割性和流动性的特征，金钱成为用于经济交易的最佳工具，甚至引导着现代社会的理性化进程（西美尔，［1900］2007；韦伯，［1922］2010）。金钱被认为拥有“化质为量”（将所有自然价值或使用价值转换成交换价值）的强大拉平力量，从而腐蚀了独特、有差异的个人和社会价值（如荣誉、良心）（马克思，［1867］

2004；西美尔，［1896］2010）。泽利泽认为以上主张代表着一种主流的功利主义“市场金钱”（market money）观，她指出，除此以外还存在许多“特殊金钱”（special monies）（Zelizer，1989）。人们事实上会在日常生活实践中赋予金钱以各种象征、道德意义（而非仅仅是经济意义），并把来源不同的金钱区分开来（这意味着金钱是异质性的，此处的一块钱不等于彼处的一块钱）。例如，通过非正式渠道（如提供性服务）获得的钱会被挥霍掉，而通过正式渠道（如在便利店打工）赚得的钱则会被小心地存起来，即使以后者这种方式赚到的钱可能没有前者多（Douglas，1967；泽利泽，2005）。在中国，红包同样有市场金钱和特殊金钱这两种含义。作为市场金钱的红包是工具性的，主要用在“托人办事”上，且红包的大小与事情的难办程度成正比。而作为特殊金钱的红包却与前者完全不同，尤其是在各种仪式场合（如婚礼、满月酒）赠送的红包，它承担着加强情感联系的表达性作用。此时，红包的大小与给予者和接受者之间关系的亲密程度成正比，即关系越好给的红包越大（杨美慧，2009）。两种红包遵循的是两种截然不同的逻辑，我们可以将前者称为“市场红包”，将后者称为“仪式红包”。

除了市场金钱和特殊金钱的区别之外，经济活动（或包含经济元素的活动）的交易媒介还存在“商品”与“礼物”的区分（Carrier，1991）。两者的区别在于：商品是可让与的私人财产，它与交换双方是可分离的；礼物却拥有不可异化性，它与交换双方不可分离，因为礼物本身代表着送礼者和收礼者的身份（莫斯，［1924］2016）。这是根据交易媒介本身的性质来区分的，但商品和礼物的区分并不意味着商品是功利性的，而礼物就是非功利性的，也不意味着前者涉及理性的市场交换而后者不涉及。事实上，这样的误解背后隐含理性行动者假设。马塞尔·莫斯（Marcel Mauss）反对的正是这一观点，在他看来，经济行动向来是一种富含社会意义的复杂行动，而所谓“理性行动者”观念出现得非常晚近，而且在现实中也不可能实现（莫斯，［1924］2016：120~127）。

患者送给医生的东西可以视作一种“礼物”，但正如莫斯所指出的那样，名为“礼物”并不代表它不含有送礼者的“谋利”意图，甚至谋利意图可能很明显。加之在中国人们又习惯于送金钱性的礼物，而不会有西方人那样的道德顾虑，[①] 这就使礼物在中国的含义变得更为复杂。综上，鉴于礼物作为交易媒介的复杂性，本文将考察送金钱性礼物和非金钱性礼物在影响医生是否收礼上的区别。

根据医患间关系性质和交易媒介划分出的医患交易类型见表2。其中，医患间为强关系、交易媒介为金钱性礼物的医患交易是不存在的。这样的“交易”常见于仪式性场合而非医疗领域，送礼者通过赠送“仪式红包”来维持或增强与接受者之间的情感联系，以期接受者未来的回馈。医患间为弱关系、交易媒介为非金钱性礼物（包括没有礼物）的情况则不能被视作“交易”，因为此时医生向患者提供的不是稀缺性医疗资源或就诊便利，而通常是医疗信息，例如有什么样的症状应该去找哪个科的医生，哪个医生适合看这种病，哪个医生在这方面是专家，等等。那些与医生是弱关系的人（如朋友的朋友、亲戚的同事等）如果怀疑自己生病，通常会第一时间咨询一下认识的医生，但不需要给医生送礼，因为这些对医生来说只是举手之劳。

文章接下来的部分将详细讨论其余四种非正式交易，医生在这几种交易中会做出不同的收礼决定，从中我们能看到微观的“关系运作”过程。需要注意的是，如此分类是为了举出典型情况便于分析，现实情况会与之有所偏离和变异。

**表2　医患间非正式交易的类型**

| | 无关系 | 弱关系 | 强关系 |
|---|---|---|---|
| 金钱性礼物 | 权宜之计 | 公平交易 | 无(仪式场合) |
| 非金钱性礼物 | 面子和权力 | 无(信息交换) | “报” |

① 即认为送钱给他人，尤其是至亲的人，是非常不合适的。例如，很少有父母在圣诞节时送孩子钱，这被认为是伤感情的。

## 六　医生为什么（不）收礼?

### （一）权宜之计：“送不送红包和手术质量完全没关系”

当患者与医生没有关系（此前并不认识），且患者送给医生的礼物是金钱性礼物（即红包）时，医患之间的非正式交易类型是“权宜之计”类型。从字面意思来看，“权宜之计”是为了应付某种情况而暂时采取的办法，这种办法一般都比较简单粗暴，因而可能是不合适的。这一交易类型常见于患者需要动外科手术的场合。患者送红包主要是出于害怕手术风险和迫于社会风气，红包的数额从1000元到5000元不等。

对送礼者来说，送礼的时机很重要。患者家属一般会选在手术前给医生送礼，因为当患者或其家属认为手术风险很大（包括手术本身的风险或者因患者本身的体质而可能带来的风险），不能因为顾虑这些钱而承担可能失去亲人的风险时，他们就会通过送礼来给医生施加压力，期待医生接受由礼物而带来的义务。有的受访医生就提到，当他们向患者家属说明手术风险并要求签字时，许多患者会将此视为“塞红包”的信号，给他们送红包。然而，这样的礼物只会给医生造成心理压力，而不是人情压力。医生要么不会收，要么收了也不对患者有所优待（即与其他患者一视同仁地对待）。

医生之所以不会收患者的红包，首先是因为医生和患者之间除医治与被医治的关系外没有其他任何关系，而对处于个人社交圈外围的陌生人，中国人向来采取公事公办的态度。患者自己也知道如此。在笔者访谈的患者中，有这样一名特殊的患者，她自己是护理专科毕业（毕业于南京市著名S医院），早年参加上山下乡做过赤脚医生，1992年以后开始从事针灸、刮痧等理疗工作。患上甲状腺瘤之后，她于2010~2016年多次来南京求诊。按理说多年的从医经验应该让她在就诊时比别人更游刃有余，但她仍因为“不认识人”遭遇了各种困难。

S 医院实际上是我的母校，我 2013 年到那儿（S 医院）去看，挂了个专家号。我 13（2013）年去的，到现在（2015 年 8 月）什么通知都没有。当时医生就把我写到住院的［等待］名单上去，电话什么的都留了，但一直到现在都没有通知我去住院。我也没有那么多钱去“找人”（指托关系）。我是到哪个医院都两眼漆黑（指不认识人），我怎么去找人啊？我以前［在 S 医院］的同学都退休了，都 70 多岁人了，帮不上忙。再这么等下去不是办法，就去了［没 S 医院有名的］G 医院，然后就排上［病床］了。和我住在一起的一个老太太就讲，你怎么能不送红包呢？我说我首先不认识人，而且没这个经济能力。你说怎么送？送给谁？（外省患者，70 岁，南京）

医生不收这类患者红包的第二点理由是医患之间没有任何社会连带，也没有双方共同认识的第三方做担保，因而医患双方无法建立起信任关系（这对完成“交易”来说至关重要），医生不相信患者在送了礼之后不会“倒打一耙”控诉医生收钱却治不好病。这在患者的手术存活率较小的情况下更是如此。这就形成了一个一方一定要送、一方坚决不收的局面：一方面，手术风险越高，患者就越不安，就一定要给医生红包；另一方面，手术失败的概率越大，医生就越不可能收患者的红包，因为收红包就意味着要承担手术失败的责任。正如医生所反复强调的那样，收红包完全是“给自己惹麻烦”。

我从来不收红包，病人家属送了图自己安心，反而害得我们很不安心、很紧张。……收红包有风险，万一手术失败了，病人家属来闹，说医生还收了红包，医生就完了。一般医生都不敢收红包的。当然，不排除那些医德很差的人收病人的红包。……我希望病人不要给红包，真的很烦、很没必要。有没有红包和医生做手术的质量完全没有关系，医生绝对不会因为病人不送红包就不好好看病。（麻醉科医师，22 年工龄，上海）①

① 为保护受访者隐私，笔者对引文后显示的部分客观信息有所改动。

这种手术前的红包此时被医生视作工具性红包，或者说“市场红包”，红包充斥着患者赤裸裸的交易目的和要求。这种红包是很多的：“比如中晚期的肿瘤切除手术，风险比较大，就有一半以上的患者［家属］在手术前一定要给我们红包。”（肛肠外科医师，12 年工龄，南京）“患者送红包有的时候会提出无理要求，［要是收了他的红包］你满不满足他？本来通知他要出院了，他说不，他还要待在这里或者还要什么，你拿人家手软，你帮不帮他？”（脑外科医师，35 年工龄，南京）对于医生来说，纵使有外部的法规严禁他们收取患者的红包，他们也有自己内部的职业伦理来规范他们的行为。大多数医生是恪守这一套内部伦理的，他们倾向于认为这一内部伦理比外部法规和社会舆论更具有约束性，甚至构成了他们对医生职业的认同基础（郭巍蓉，2014）。例如在经典希波克拉底誓言中，尽全力救死扶伤、对病人一视同仁是作为一个医生的核心守则，因此在医生看来，收下工具性红包而无法一视同仁地对待患者是违反其职业伦理和道德的。有医德的医生（在医生中是大多数）一般会这么处理患者的红包：

> 第一，［首要原则是］坚决不能要。第二，在实在推不掉的情况下先收下来转交给护士长，在手术后再还给他，或者直接打到他的医疗卡里。这样做的好处就是病人心里安定了，也不会那么尴尬。（肛肠外科医师，12 年工龄，南京）

患者家属在手术前给医生送红包，除了因为上述由手术风险带来的心理恐惧，还因为送红包已经是所有人默认的“社会规范”了，大家都这么做，自己也不得不跟着这么做。在他们看来，医生可能不会因红包而特别优待他们的亲人，但不送红包会使医生把他们“撂在一边”，享受不到正常的待遇。

此时的红包，不再是之前的市场红包，而是一种规范红包，或者说“仪式红包”，也就是由于社会规范或习俗而不得不给的红包。彼得·什托姆普卡（Piotr Sztompka）指出，信任功能的替代品以三种形态出现。第一种是作为个体的计谋被设计出来的，以应对在交易中由于缺乏信任而带来的不确定性和风险。第二种是相比个体计谋更模式化、应用更广的策略，它产生于前述的个体计谋在社会中变得典型化且被广泛传播之时。第三，这种模式化策略可能进一步获得规范的认可，从而变为某种既定的行为准则（什托姆普卡，2005：155），即第三种形态。根据这一观点，仪式红包即属于第二种形态，它已经成为社会中被默认的模式化策略，甚至正逐渐变成一种行为准则。然而，这种红包还是会被医生拒绝的，因为仪式红包的含义在公立医院的语境中发生了变化，变得不再有加强情感联系的意义（如在婚礼场合送红包），反而表达了对医生的不信任。医生感到自己的工作受到了这种红包的贬低，所以他们才要一遍遍强调送不送红包和手术质量完全没关系。有的受访医生甚至认为正是患者毫无原则的送礼行为——虽然他们是在遵守某种不成文的规定——败坏了社会道德。“我自己做过医生，所以我知道医生其实是不想要红包的，我觉得这种送礼风气的始作俑者就是病人自己。我反正是不会送的”，一名退休前曾是皮肤科医生的患者（65 岁，南京）这么说道。于是，医生通过拒绝红包，得以与那些被他们视作社会道德破坏者的患者划清了界限。

对患者来说，无论是送市场红包，还是送规范红包，都是一种虽不恰当但可以立即上手做出的“权宜之计”。对医生来说，先收红包、手术后再还红包也是他们应对患者的“权宜之计”。如果说患者家属在手术前没有送礼，那么手术后他们就更不可能送礼了。[①] 手术后即使送礼，送的也是非金钱性礼物，如锦旗、食品或土特产等，是为了表达对医生的感激之情。医生也更倾向于接受手术后的表达性礼物，而拒绝手术前的市场红包和仪式红包。在他们看来，手术后的礼物是对他们的辛苦付出的一种犒劳和补偿，而且患者愿意在术后送礼给自己就说明他们认可并感激自己的技术和努力，因此医生是很乐意收下的。

① 此结论仅在“权宜之计”类型中成立，而在“公平交易”类型中，患者通常在术后给医生送礼，形式表现为由中间人转交红包，或者亲自登门拜访送红包（或其他较为贵重的礼物）。

那么，既然医生有这么大概率会拒绝红包，有些患者家属又是如何成功送出红包的呢？这就需要中间人的搭桥。一个在医院里没有“关系”的人（A），会通过中间人（B）来找医生（C）帮忙。A一般是从其他地方来上海/南京求医的人，B一般是医院护工、保安或其他后勤人员。B其实与医生也只是点头之交，但是因为A人生地不熟，既不认识医生，又不认识可能会认识医生的人，医院护工或后勤人员便成了最可接近的中间人。在住院部访谈的几个患者指出，医院护工及其他工作人员比起医生，更有可能主动向患者及其家属索取红包。护工作为与患者及其家属直接打交道时间最长的人，自认为手握一些“权力”，可以明目张胆地向患者家属索要红包（否则就故意不好好照顾病人），甚至自认为可以充当联系起外省患者与医生的中间人角色。根据对医生的访谈，通常情况下，B实际上才是收患者红包的那个人，而不是医生。B通常会拿着A的钱来请医生吃饭。但是医生一般情况下并不会去赴中间人B的宴，因为B和自己仅仅是点头之交，医生没有义务为了B而去帮A的忙。

综上，在“权宜之计”类型的非正式交易中，医生倾向于拒绝患者送的红包。由于医患之间没有长期联系，这样的交易对双方来说都是充满猜忌且不可持续的：患者的红包本身充满着对医生的不信任，医生也不相信患者不会在自己收下红包后“反咬一口”。我们可以看到，医生对待红包的方式正显示了金钱作为交易媒介并非是客观、同质性和可分割的。事实上，医生并不认为只要是患者送的红包都是一样的，因为可以补偿自己较低的工资而不加差别地收下。与之相反，他们将患者送的红包区分为市场红包和仪式红包，并用不同的理由拒绝了这两种红包：拒绝前者是由于风险和职业伦理，拒绝后者是由于这种红包对他们的关系来说不合适，而且败坏了社会风气。因而，红包在医生那里是异质性且不可分割的，医生通过判断自己与患者的关系对红包进行了标记。此外，在这一类型的交易中，医生和患者之间是没有中间人的，确切说是没有有影响力的中间人的。而对于公立医院内处于敏感地带的非正式交易来说，与医生此前未建立关系的患者若是想成功送出红包的话，就需要克服上文提到的信任问题。这个问题在后文所描述的几种类型的交易中得到了解决。图1描绘了“权宜之计”交易的过程和结果。

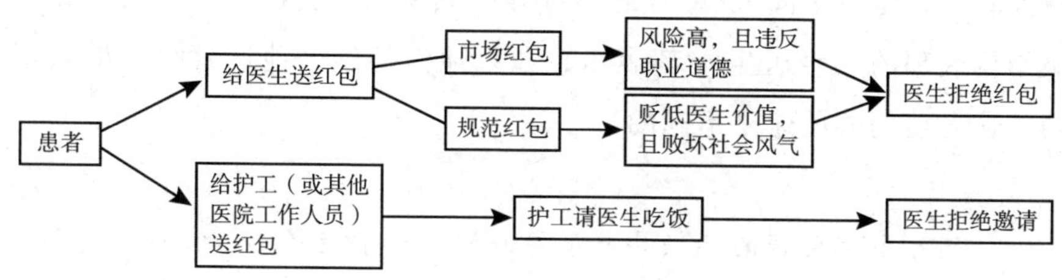


**图1 “权宜之计”交易的过程和结果**

### （二）面子与权力：“这是人情社会的规则”

有意思的是，从访谈中发现，虽然医生在谈到红包的时候都倾向于对其做负面的道德判断，认为收红包属于地下的、不光彩的“腐败”行为，但是除了在上述“权宜之计”类型中他们会以这一理由拒绝红包，在其他场合他们依旧会收下红包或同意交易。医生收礼决定上的变异，事实上反映了其背后的文化的作用。在“面子与权力”的交易类型中，起作用的就是权威文化。“面子与权力”乍看之下与“权宜之计”有相似之处，两者都是患者（求助者）和医生（资源拥有者）之间属于陌生人关系的场合。但是，“面子与权力”类型区别于“权宜之计”类型的最重要的一点是，医生在“面子与权力”类型中是无法拒绝与患者进行交易的。医生之所以无法拒绝，是因为他们受到上级权威的影响。

翟学伟（2012：55）指出，“权威”是中国人社会行为取向中的首要因素，权威包括对身份、地位和等级的确定。在“权宜之计”类型中，患者的地位被医生确定为是低于自己的，这些患者要么是从外省前来求医、“两眼一抹黑”的人，要么是“上头没人”的本地患者（因而这两者只能接近与他们自己地位相近的中间人，如医院护工和保安）。而在“面子与权力”类型中，患者的地位普遍高于医生。这些患者首先会找到一个具有影响力的中间人，通常是医生的上级领导，如科室主任或院长；然后中间人利用自己的权威给相应的医生下达“命令”。在这种情况下，医生不得不遵从上级权威而答应给那个患者“开后门”。从受访者倾向于使用“服侍领导”这一说法就能看出医生与中间人/患者的不对等权威关系。受访医生（尤其是处于等级结构底部的年轻医生）都表示，如果他们拒绝，他们就会得罪自己的上司，这对他们的前途是不利的。

> 领导当然要帮的，领导要服侍好的，这个绝对要。官员也要帮，肯定的。这你［医生］没办法的。……其实医生真的是不喜欢吃饭［应酬］，浪费时间。有的时候实在没办法推辞不掉，［因为］有的时候不是你一个人去，还有其他人陪，有更高［地位的人在］，不得不去的，那也只能去了。毕竟你不可能活在真空里。活在社会里面，一定的人际关系、社会圈子是肯定需要的。（内科医师，20年工龄，上海）

在“面子与权力”类型的交易中，患者一般是政府官员或者公司经理，他们会有意地与院长或主任医师交朋友，比如公司组织出游的时候请医生一家去玩、公司给员工发福利的时候也给医生送福利、动用自己的资源给予医生及其家属在诸如教育和金融等方面的便利等（这些例子都来自受访者）。作为交换，医生也会在医疗健康问题上给予他们最及时的帮助，比如健康咨询、提前挂号、安排床位、安排单人病房等。这样一来二去，两者就建立了工具性友谊。这一工具性友谊类似于黄光国的“面子与人情”模型中的“混合性”关系，即个人想要通过人情与面子手段来影响其他人的一种关系（Hwang，1987）。这种手段可以奏效是因为，有着混合性关系的双方各自的社会网会有一定程度的交集，资源拥有者若想维护自己的“人缘”和“面子”，他就不能断然拒绝求助者的请求。而且他也可以期待对方的“工具性”回报，因为对方也有维护自己圈内声誉的需要（Hwang，1987：952－953）。

在这种情况下，患者（A）所结交的主任医师或院长（B）就承担了中间人角色，他们会帮患者找到医术最好的下属医生（C）来给患者看病。B可能会请下属吃饭作为对下属的回报。但有些时候，B只需给C打个电话就可以让C自觉地接受A的请求。事实上，科室主任一般都有那么几个“长期交往”的处于企业或政府高层的“朋友”，比如受访的一名脑外科主任（35年工龄，南京）说自己认识好多这样的人，其中有一个是外省某市的公安局局长，他们家包括局长和他妻子、儿子都长期找这位主任看病。局长和他妻子做的好几个高难度的“大修复”都是他帮忙安排的。即使多年后局长去世了，他的儿子仍旧和主任维持着联系，经常找他帮忙，同时也给他送去很多礼物。

> 局长去世没多少年，他的儿子——估计是做生意的——就开着很高级的轿车，送来了好多高级的海鲜，有新鲜的、冷冻的，好多，冰箱里都塞不下。

事实上，A和B之间“以权谋私”（指患者以较高的社会地位而衍生出来的权力来与医生交换稀缺的医疗资源）的交易，比起“权宜之计”中的交易，更容易被视作一种性质更严重的腐败行为。如果交易曝光，那么很有可能引起社会大众的道德反感，受到舆论谴责，甚至导致交易者失去原有的权力。这在政府官员身上更为常见。比如，掌握权力的高官以低于市场价的价格购入地产、利用关系让自己的子女上更好的学校，或者与诸多大企业勾结获取非法收入——所有这些都是会导致官员“下台”的危险行为。在此意义上，“面子与权力”的交易类型区别于“权宜之计”类型，后者是一种受到负面评价但被默认的社会规范，前者却是一种社会禁忌。因而在这种情况下，交换双方通常会以各种手段来掩饰交换的社会禁忌性质。Rossman（2014）辨识出了三种掩盖交换的禁忌性质的策略：第一种策略（Bundling）是把合法的与不合法的多种交换捆绑在一起从而掩人耳目；第二种策略（Brokerage）是找一个第三方来承担交换的责任与风险；第三种策略（Gift exchange）则是将交换掩饰成表达性的礼物交换，利用礼物交换的延时还礼的性质，使得实际的交换变得不易察觉。在“面子与权力”类型的交易中，有权力的患者和他找到的中间人之间也会心照不宣地采取这三种策略。根据对医生和患者的访谈，对应 Rossman（2014）所说的第一种策略包括患者以会诊的名义请医生去外地游览，全程交通和食宿费用由患者全包。第二种策略包括医生（通常是院长或科室主任）找到自己的下属来给患者以“特殊照顾”，而作为下属的医生被捆绑为“一根绳上的蚂蚱”来承担交易暴露的风险（本节开头描述的就是这种情况）。第三种策略则包括患者在事后隔一段时间去医生家登门拜访，送上高级的礼物，但通常不会送红包。而所有的这些关系运作过程，都会被医生正当化为“人情社会的规则”。一名受访的主任医师（烧伤整形外科，24年工龄，上海）就直言不讳地说道：“实话告诉你，那些整天把送礼妖魔化的新闻记者、政府官员［等有权力的人］，反而比谁送［礼给］医生都送得勤，他们比谁都懂这个人情社会的规则，都想和医生搞好关系。”

可以看到，在这一类型的非正式交易中，几乎不存在即时性的金钱性礼物。因为这样的礼物太过于明目张胆，会直接暴露其交易的本质。明目张胆地以权谋私交易之所以会受到道德谴责，是因为在大多数组织机构（如医院、公司、政府）以科层制形式组织起来的如今，组织中的工作人员并不拥有相关的生产资料，他们也不被允许占有其职位（韦伯，［1922］2010）。因此，挪用其位置上的而不是自己所拥有的资源来为自己谋利益既违背了科层制原则，又挑战了作为其基础的法理型权威。不同于以自我利益为主要驱动力的竞争性市场领域，公权力组织应该是“以权为公”，为公众而不是自己谋福利，因此在非市场化、具有公权或公益性质的领域内进行带有市场性质的交易是不被公众所允许的。

面对来自患者（A）和中间人（B）的双重压力，医生（C）只能被动地接受来自上面的请求，因为拒绝交易的坏处要远远大于接受交易的好处。对C来说，这种医患交易是一种权威型的社会交换，其特点是短期、不对称、单向（纵向）。他们认为这是“没办法的”，是“人情社会的规则”，更多的是在表达一种无奈的情绪。而作为中间人的医生（B）称进行此类交易是遵循“人情社会的规则”，则更多的是在掩饰和正当化实则“非法”的交易。只有在下节所描述的交易类型中，医生交换的不再是权力，而是技术，这才让他们得以卸下进行交易的心理包袱。① 图2展示了“面子与权力”交易的过程和结果。

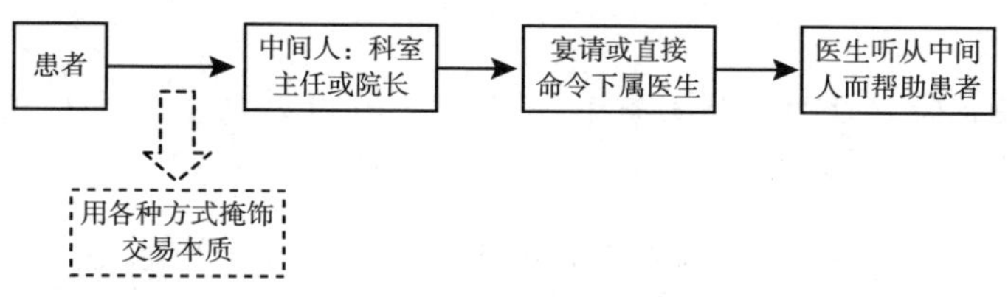


**图2 “面子与权力”交易的过程和结果**

### （三）公平交易：“红包体现了医生的价值”

医生对红包的评价在“公平交易”类型中又一次发生了改变。如果说“权宜之计”类型中的红包受到医生负面的道德评价，而“面子与权力”类型中的红包（或具有红包性质的交换物）具有社会禁忌性质，那么“公平交易”中的红包则转变成了体现医生市场价值的“应得之物”。对这一转变过程起作用的不再是上述的权威文化，而是市场化改革以来在各行各业中产生的一种利益导向的市场文化。在市场化过程中，人力资本的重要性相对于物质资本、政治资本的重要性大幅上升，且人力资本还处在不断升值的过程中，所有人都期待更高的人力资本投入会为他们带来更高的市场回报率（Wright，1984；倪志伟，2002）。医生正是一个具有较高人力资本的专业技术群体，但由于公立医疗行业的特殊性，他们的人力资本只获得了较低的回报（郭巍蓉、王正芬，2015）。几乎在所有与医生的访谈中都能感受到医生对此的不满，尤其是在他们将医疗行业与其他市场化行业做比较的时候。因此，医生会在常规工作之外运用自己的人力资本（专业知识和技术）来为自己提高回报，而由此得到的红包正体现了他们的人力资本被低估的那部分价值。此时，他们将与患者的交换视为“公平交易”。

① C的心理包袱在于，即使对自己没什么好处他们也不得不帮上司的忙，而B的心理包袱在于他们需要费尽心思来掩饰那种不正当的交易。

然而，不是所有患者都可以与医生进行“公平交易”。换句话说，红包并不是患者想送就能送得出去的：

关系特别铁的、特别好的，那么就不用红包了。然后呢，再隔几层，比如亲戚、朋友、同学、同事之间相互‘介绍’的，像这种是医生收红包最多的。[没有关系的] 陌生人也不大会送红包，送了我们也不会收。”（心胸外科医师，18 年工龄，南京）

由于收红包尚属于“不合法”的创收行为，医生收红包会承担一定风险，因此这种交易大多只能在有人介绍的情况下进行，以防止有人单方面终止交易或者患者转而“状告”医生。此时，红包就成为联结起医患间信任的桥梁。事实上医生能够敏锐地感受到患者对其是信任还是不信任，若患者不信任医生，那么医生也会非常小心地提防患者，并自动对不信任的患者采取另一套对患者来说高成本、对医生来说低风险的措施，例如每天（甚至一天多次）进行抽血检查，或经常性地进行全身检查，等等。

对于少数无法沟通的患者，我们会对他防得很厉害。比如说他做人怎么样、会不会“搞”（指闹事）这种，我们基本上能探出口风来，如果是那样的话我们就会防。包括对他的病史来说的话，其实我们忙的话病史是不可能顺利完成的，我们都是会 [找时间再] 一起写。但是对那些比较“讨厌”（指棘手）的患者，我们都会把病史补得很齐，至少在这点上让他抓不着把柄。我们也会对他每天都抽血，那他花费肯定会高。他自己觉得占了点便宜，其实付出的成本远比这个多。（心胸外科医师，18 年工龄，南京）

甚至，在一些患者更看重手术效果的科室（如烧伤整形科），医生会在不违背基本原则的情况下，选择那些“合适”的患者开刀，即通盘考虑患者的经济条件、精神状态、是否值得信任等因素来决定为哪些患者做手术。

> 因为体表手术的风险主要体现在手术效果上，虽然患者少有生命危险，但手术效果难以控制，医患之间就很容易发生纠纷。所以如果可以的话，我会挑病人开刀，比如那些‘不搞’的、又有经济能力的人。（烧伤整形外科医师，24 年工龄，上海）

我们可以看到，当医生面对的是由自己的弱关系（如校友、同事、旁系亲属等）介绍的患者（而非上级领导硬塞来的患者）时，他们更倾向于与患者进行“一手交钱（红包）、一手交货（更好的医疗服务）”的公平交易。正如 Uzzi（1999）和 Chan（2009）指出的那样，在一个社会网由不同社会连带类型组成，或者社会关系的强度既不太强也不太弱的情况下，经济交易最容易被促成。原因是这种关系的构成元素，同时包含一部分强关系的元素（信任、情感）以及一部分弱关系的元素（对称性义务、理性计算），因此不会因为害怕损害强关系或者缺乏信任而无法进行交易。

作为信任的替代品，红包其实降低了患者的金钱和时间成本，而不是相反。在这里，作为交易媒介的金钱性礼物（红包）充当了类似“合同”的角色，而医生接受红包则意味着合同开始正式生效。交易还会受到由中间人组成的第三方的进一步保障。根据对医生的访谈，比如在综合性大医院，手术红包的金额可以在 5000 元到 10000 元不等。虽然上文提到送不送红包对手术最终效果不起作用，但是在“公平交易”类型的交易中，送了红包的好处主要体现在患者可以选择经验更丰富的主任医师来做主刀医生，医生会在手术中更加仔细、在术后护理上更加关照患者，如给患者用更好的药（或者同等疗效下更便宜的药）、多巡房、留下手机号给患者以便随时联系、以后患者若要再次住院优先给他安排病房，等等。

> 很多医疗服务是有连续性的，出院了以后病人可能还会到门诊去看，还会有很多接触，那么［患者送不送红包的］差别就在于，我就举一个方面，医生会把自己的手机号告诉送红包的病人，以便有急事可以问问他，或者有的时候住院帮你优先安排一下。如果是一般的病人，他就没

有义务［把手机号］告诉病人。（肾脏科医师，32 年工龄，上海）

有的医生甚至直言不讳地表示，对于收了其红包的患者，他们基本上“不会让患者死在手术台上”。同时，有了红包的保障，医生也会更愿意在手术过程中采取虽“冒险”但能够提高患者术后生活质量的治疗方案。在这种情况下，患者相当于用红包“购买”了手术保险以及医生的售后服务。与此同时，医生也获得了相应的“报酬”。可以说，这种类型的医患交换才是真正意义上的“经济交易”。这是一种短期、双向的市场交换，虽然这一交换是不均衡的，因为总是患者首先向医生有所索求，且患者在医生面前很少拥有议价权。交易的媒介是红包——用于获得商品或服务的“市场金钱”，它以一种具有讽刺性的方式反映了医生专业技术能力的市场化定价。红包的金额与医生的能力、经验、职称和声誉成正比。举例来说，有着 20 年以上临床经验的主任医师可以拿到最高金额（高达 10000 元）的红包。由于利益导向的市场文化在医生职业中的渗透，他们倾向于将这一交易类型中的红包视为对其收入的补偿，声称红包其实是对医生专业技术能力的一种肯定。对他们来说，以自己的技术能力换来金钱补偿（红包）完全是一个“公平交易”。以下说法在医生中颇为典型：

> 我们这儿有很多［患者会送］红包，很少有医生不收红包的。红包被污名化了，它其实代表了东方医学的人情起源，是个好东西，可以体现医生价值，表达对医生的尊重。但医生暗示患者要送红包就是不对的。（烧伤整形外科医师，24 年工龄，上海）

相比“权宜之计”和“面子与权力”类型，医生在此交易类型中有较少的道德顾虑。原因是医生在这里交易的是自己实打实的技术（人力资本），而不是权力（政治资本）或其他东西。用技术为自己“赚外快”的渠道不仅限于给熟人介绍的人做手术以换取红包，还包括“走穴”，即去其他地方给有需要的患者做手术，赚得的报酬和前者差不多。这部分通过市场得到的钱在医生看来是他们惯常收入的一部分，而不是“意外横财”，因而不能被视作“脏钱”。在“权宜之计”交易类型中，医生只是在履行自己的职责为患者治病，而患者却要额外给医生一笔钱。医生觉得自己是没道理去拿这笔钱的，拿了便会于心有愧。在“面子与权力”交易类型中，不管是被上级拜托的医生还是作为中间人的医生，他们都觉得用自己的处方权和其他权力为地位较高的人“开后门”（而无法一视同仁地对待患者）是不对的，所以他们才要用各种方法掩饰这样的“非法”交易。这再次证明了“红包”在医生那里是异质性的，红包并不能被化约为一定数额的金钱而与其他金钱没有差别，事实上医生会根据自己的道德考量和判断将红包区分为不同种类的红包，然后拒绝那些有道德问题的红包，接受那些无道德问题的红包。如果说“公平交易”类型的交易对医生来说是道德中性的（morally neutral），那么下文名为“报”的交易类型则会被视为道德高尚的（morally good）。图3展示了“公平交易”的过程和结果。

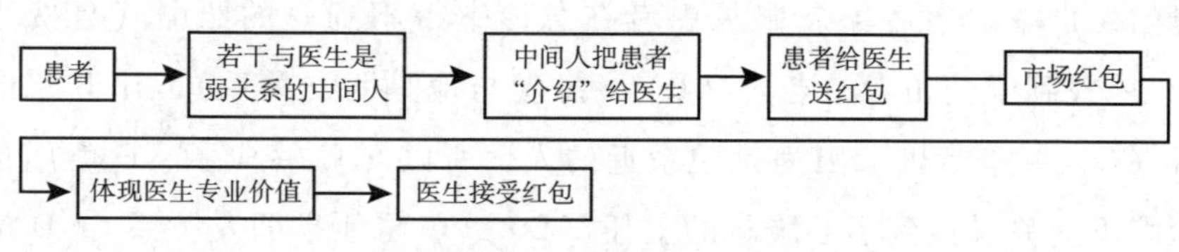


**图3　“公平交易”的过程和结果**

### （四）“报”：“能为亲友排忧解难是做医生的一大福利”

当患者与医生之间是强关系、交易媒介是非金钱性礼物时，医患之间的非正式交易类型就是“报”。“报”意为在将来某一时刻回报某人（通常是亲人或朋友）此前的恩情。有意思的是，在这一交易类型中，既没有工具性的金钱性礼物（常见于“权宜之计”和“公平交易”类型），也没有命令和权力（常见于“面子与权力”类型），有的是长期的情感联系和信任。医生由此可以预期与自己有强关系的患者在未来对自己的回报，虽然医生在这种情况下并不要求任何回报。而患者的回报不是立即做出的，立即回报反而会伤了彼此的感情，因为立即回报意味着对方不愿意欠下任何一点人情债，意味着“偿还”所有债务从此和对方两清。立即偿付对于和弱关系的经济交易来说是合适的，但在强关系中是很伤感情、也非常不合时宜的做法（莫斯，［1924］2016；阎云翔，2000；Hwang，1987；Chan，2009）。

与在其他三种交易类型中一样，中间人在这里也起到了重要的作用。由于工作于大型公立医院的医生数量是有限的，而能与这些医生有直接强关系的人也是有限的，所以很多情况下都需要中间人的牵线搭桥。但是，这里的中间人不同于前三种交易类型里的中间人，他们彼此之间是强关系，并且双方地位也较为相近。一名受访医生（麻醉科医师，22 年工龄，上海）就举了一个很好的例子：有一个患者（A）在上海某三级医院的急诊室住了很久，一直没能被安排到病房里。各科室病房都不愿意收他，因为他的情况很不好，随时可能有生命危险，把他转到自己病房会增加他们那里的死亡率。患者家属眼见患者在急诊室得不到好的照顾（且费用更贵），就找到了受访者的老公（B）（患者与他是朋友关系），让 B 来向受访者（C）寻求帮助。因为是关系近的人，所以 C 就答应了，C 就用自己在医院里的关系找到了心胸科的主任（D）（C 与他是朋友关系），D 最后帮忙给 A 安排了床位。

在这个例子中，中间过程运用的都是强关系［A → B（A 的朋友）→ C（B 的妻子）→ D（C 的朋友）］，可以快速有效地达成帮忙目的。这一点与边燕杰（Bian，1997）有关找工作的研究结论不谋而合。边燕杰区分了两种关系——直接关系和间接关系，发现求职者与资源提供者的联系是间接的，但中间人之间是强关系，使用这种间接关系的人比使用直接关系的人能获得更好的职位。陈纯菁（Chan，2015）对中国公立医院中红包现象的研究也发现，中间人是患者及其家属和医生之间普遍存在的一环，约 2/3 的患者通过 2 ~ 3 个中间人找到医生。她同时指出，强关系的串联容易形成求助者与医生之间的长链条，弱关系则一般形成短链条。这是因为弱关系能够到的中间人更远，而中间人动用其弱关系也能够到离自己更远的人，所以总体来说弱关系的串联能经历更少的中间人而到达目标医生。这就是发生在“公平交易”类型中的情况。虽然患者能在这种情况下更快地找到目标医生，但缺点在于这里的中间人仅仅充当着暂时性的中介角色。由于平均而言情感性联系不强（但也不太弱），中间人只能把求助者“介绍”给医生或认识医生的人认识，医患之间也就很少会对对方有“报”的期待，而更多地遵循“公平交易”的逻辑。与之相比，在“报”的类型中，由于医患之间或中间人之间都是情感性的强联系，中间人通过和医生“打个招呼”就能轻松地完成求助者的请求（“打招呼”的有用性比“介绍”强许多，“打招呼”相当于帮患者扫清了可能的障碍）。

动用自己的资源为亲人朋友优先“排忧解难”，医生将此称为医生的“小小福利”。“福利”意味着这些好处是内生于医生这个职业的，做医生的理应享有这些好处，正如做哪一行的人都会拥有由做这一行而带来的合情理的便利一样（比如，职员可以参加本公司内购，以优惠价购买自己公司的产品；或者身为中学老师，可以为亲友的孩子优先或免费补课）。[①] 对医生来说，内在于他们职业的福利包括以下三种。

（1）挂门诊（或请关系好的医生来帮忙看诊）

> 这一点优势还是有的，要帮忙的。不一定要挂专家门诊，我们医生之间［关系］都很好的，叫他什么时候有空帮我看看［这个病人］。这点我们［医生］叫作小小的福利。……由我们来帮忙挂号的话，［好处是］病人就不需要多次跑医院，我们可以先帮他把前期的工作做好，节省他的时间。比如说他上午来挂个号就要排队半小时、一小时，然后在［诊室］门口又要等两小时。那我们帮他挂好号，等到快要到他的时候再叫他来医院，节省的是这样的时间。

① 对比之下，在“面子与权力”类型的交易中医生却是动用外在于其职业的权力（或者说是属于他们所在位置但不属于其本人的生产资料）为身处高位者开后门，因而他们会对此有道德顾虑，认为“以权谋私”是不好的（但他们不得不这么做）。

（2）安排病床

相对来说，我们优先安排病床的确是有优势的。这个没办法的，如果医生也像正常人排队［等病床］，毫无人情，那是不可以的，肯定是有一定的优势的。这就是我们做医生做护士的一个福利。像我们这里［患者］有时候住进来要排一个月的队也可能。淡季的时候（比如春节前）好一点，旺季的时候［患者可能］一个月打地铺。……［帮亲戚朋友安排病床］这个都没问题的，整个医院，［安排］到哪个科室，我觉得应该是都能安排的。除非一点办法都想不出来。只要有一点点办法，一般都会帮忙的。

（3）获取治疗

看病方便啊，而且不要［很多］检查啊什么的都方便，检查的时候也可以少抽点血，那么就能比别人省点钱。为什么好多人让自己小孩的家里一定要有一个人做医生，我觉得大多数是出于这个考虑，家里看病会很方便。

有意思的是，医生只有在“报”这种类型中才觉得自己掌握的这些资源是“福利”。在“权宜之计”类型中，医生一般不为陌生人动用自己的资源；在“面子与权力”类型中，医生则是由于来自上面的压力被迫为“陌生人”帮忙；在“公平交易”类型中，医生认为运用自己的技术为自己额外赚取收入称不上是“福利”，而更多是一种市场交易。医生能把动用资源称为“福利”，是因为：（1）他们是出于自己的意愿，主动为亲友提供帮助；（2）帮助的对象是自己亲近的人，自己不仅能收获更强的情感联系，自己所提供的东西也必定会在未来以其他形式得到回报；（3）动用内在于自己职业的资源本就是合情合理的。也就是说，自主性、情感与互惠、合情理性，构成了医生资源背后“福利”的三大要素。而医生对“报”这一类型也有着正面的道德评价，这不只是因为他们并不是在挤占他人资源的情况下动用权力帮助患者的，更是因为他们帮到了自己的“社会重要他人”，即家人。中国社会是一个“家本位”（“家”指的是扩展家庭）社会，个人的社会关系网是以自我为中心向外拓展的同心圆，待人遵循亲疏远近的顺序，其中最亲的就是处于同心圆内圈的家人。费孝通（［1947］2010：33）指出，这样的社会关系网其实“是一根根私人联系，每根绳子被一种道德要素维持着”。其中，与亲属相配的道德要素是孝和悌，而“百善孝为先”，可见与亲属相配的道德较之与其他私人关系相配的道德来得更重要、更基本。受到这种家本位文化的影响，医生和所有人一样，总会把家人，或拟亲化的“自己人”（杨宜音，1999），放在心中的首位，而帮助家人、做对家人有利的事不仅被认为是义务，更是家本位社会固有的道德。

综上，这一类型的医患“交换”其实称不上是交换，更称不上是交易，而是一种受到正面道德评价的情感性互惠。这种情感性互惠是长期、双向、均衡的。互惠过程中不存在类似于红包的金钱性礼物。患者不需要送礼给中间人和医生，中间人也不需要送礼给医生。患者会在未来以其他形式回馈医生。互相帮忙本就被认为是拥有强关系的人之间的义务与道德。因此，不同于其他三种类型，在“报”这种类型中，出现的是患者和医生“双赢”的局面（见图4）。

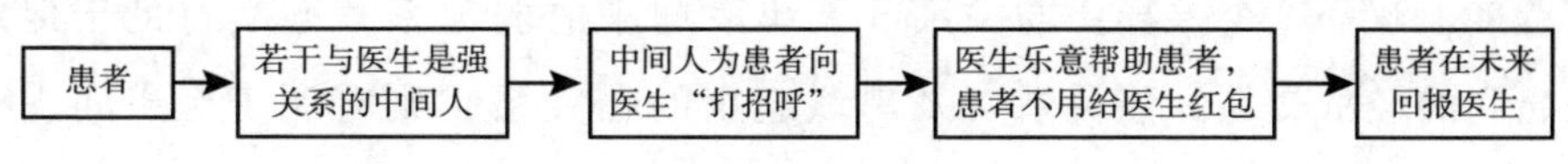


**图4 “报”的过程和结果**

## 七 结论与讨论

本文展示了交易活动中行动者的心智过程（道德考量）在不同场景下的变异。处于交易活动中的行动者并非追求效用最大化的“理性人”，其判断和决策并不是一以贯之地做出的，他们会遭遇许多约束条件。在本文中，“权宜之计”可以被视作医患间非正式交易的原初类型（prototype），在这一类型中，医生的心智过程尚未受到其他文化观念的影响，只是和其他社会大众一样认为收红包的非正式行为就是“腐败”，并给予其负面道德评价，从而拒绝交易。而当这种一贯的道德判断遭遇了另外三种场景，就发生了改变。第一种场景就是权威（面子与权力），第二种是市场（公平交易），第三种是家庭（“报”）。这些场景和文化观念约束了行动者的行动，并使得他们做出了与原初类型不同的判断和决定。图5展示了这一变异过程。

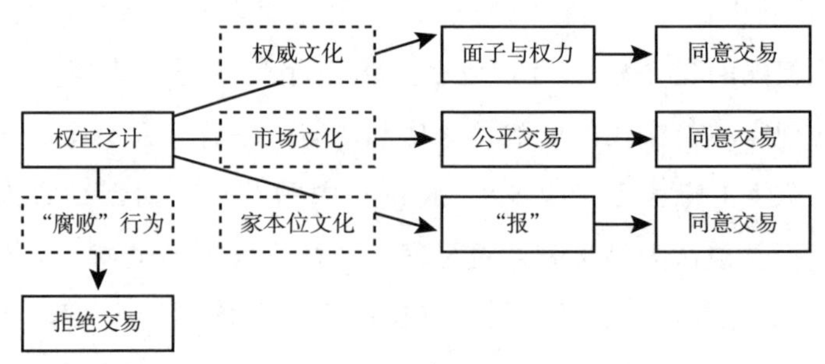


**图5　医患间非正式交易类型的变异**

至此，文章已经对医患间非正式交易的四种类型进行了讨论，并详述了蕴含其中的“关系运作”过程。那么，回到文章最初提出的问题：为什么医生在是否收红包的决定上有差异？本文发现社会资本与社会网理论能在一定程度上解释这个差异：弱关系（及串联起来的弱关系）确实有助于促成医患间的经济交易，强关系（及串联起来的强关系）则有利于医患间进行情感性的互惠。本文还额外讨论了医患间“没有关系”的场合，如果医患之间缺乏有影响力的中间人，那么患者送的红包很可能会被医生拒绝。然而这些都是描述性结论。虽然证实了社会资本与社会网的相关理论在公立医院语境下同样适用，但这些理论在一定程度上忽略了不同的关系强度为何能导致不同结果的中间过程。本文的贡献就在于运用泽利泽的“关系运作”框架对这一“黑箱”进行了探究。文章发现，除了医患间的关系强度，医生对交易的整体道德考量也决定了医生是否收红包。与泽利泽（Zelizer，[1985] 1994，1994）对现代社会中的金钱的研究相似，医生对医患交易的道德考量取决于以下一系列问题：交易的对象是谁，如何交易，出于什么目的，以及会带来什么影响（见表3）。

**表 3 医患间非正式交易的类型及医生的道德考量**

| | 权宜之计 | 面子与权力 | 公平交易 | “报” |
|---|---|---|---|---|
| 关系强度 | 无关系 | 无关系 | （传递性的）弱关系 | （传递性的）强关系 |
| 关系期限与方向 | 一次性；单向 | 短期；单向 | 短期；双向 | 长期；双向 |
| 医患权力关系 | 不对等，医生地位高于患者 | 不对等，患者地位高于医生 | 非均衡互惠 | 平等互惠 |
| 中间人与医生关系类型 | 地位一般低于医生，通常与医生是弱关系 | 地位一般高于医生，通常是医生的上司 | 一般有 2 个左右的中间人，中间人与医生大多是弱关系 | 一般有 2 个以上的中间人，通常与医生是强关系 |
| 患者与中间人关系类型 | 工具性联系 | 混合性联系（工具性友谊） | 工具性联系 | 情感性联系 |
| 医生如何交易 | / | 动用所处位置上的生产资料 | 运用专业技术能力 | 利用内在于职业的资源 |
| 患者的交易媒介 | 金钱性礼物（市场红包；规范红包） | 权力；命令 | 金钱性礼物（市场红包） | 延时回报 |
| 患者的目的 | 施加压力；遵从社会规范 | 获得稀缺医疗资源 | 获得质量与红包金额成比例的医疗服务 | 加速诊疗过程 |
| 带来的影响 | 他人受损（违反医生职业道德；破坏社会风气） | 他人受损（挤占他人的资源和医疗机会） | 医生获益（补偿医生的收入） | 亲密的人受益（且不占用他人资源） |
| 道德评价 | 负面 | 很负面 | 中性 | 正面 |
| 背后的文化观念 | / | 权威文化 | 市场文化 | 家本位文化 |
| 是否同意交易 | 否 | 是 | 是 | 是 |

在“权宜之计”类型中，红包是由社会地位低于医生的陌生人给的（谁），他们出于给医生施加压力的目的或出于人人都给红包的社会风气而给医生红包（目的），前者是市场红包，后者是规范红包。由陌生人给的市场红包直接触及了医生的禁忌，因为这违反了公立医院的“为公”原则以及禁收红包的相关规定，也违反了医生对病人一视同仁的职业伦理（影响1）。而送规范红包虽然是患者不得已而为之，但这是在强化送礼的风气

(影响2)。因此，医生认为“权宜之计”里的红包都是道德上有问题的，而且他们只是在履行自己的职责并没有额外做什么，收下这笔“意外横财”也是不应该的（红包来源）。

有趣的是，虽然以上收红包的不良影响在“面子与权力”类型中仍旧成立，但由于患者较高的社会地位和来自中间人的直接压力，医生不得不给患者提供“特殊照顾”。因为医生是通过动用其所在位置的生产资料（但他们对此没有所有权）给患者以特殊照顾（比如给患者安排单独的VIP病房、配备全国知名专家24小时看护），所以这种行为还带来了占用他人资源、破坏现代社会普遍主义原则的后果。在医生看来，“面子与权力”交易所具有的“以权谋私”的性质在道德上是非常成问题的，但他们迫于人情压力不得不答应交易。正因为知道其中的道德风险，红包是不会出现在这一类型的交易中的，并且，医患双方需要使用各种手段来掩盖交易的禁忌本质。

这些道德顾虑在“公平交易”类型中则减轻了许多。首先，红包是由与自己有弱关系的人介绍来的患者送的，这样的患者既可以信任，又不会产生因为交易而伤害感情的问题。其次，医生认为，红包是他们用自己的专业技术而赚取的合理收入。他们补偿了自己的收入，患者也获得了质量与红包金额大小成正比的医疗服务，因此这样的交易完全可以被称作“公平交易”，在道德上是中性的。

与以上三种非正式交易比起来，“报”这一类型或许不能被视作“交易”，因为医生在这里帮助的都是自己的亲友（强关系）或者由亲友介绍的患者，过程中不包含任何有形的交易媒介。不同于“面子与权力”类型，医生动用的是内在于其职业的资源（自己的知识、技术和人脉），而非那些不属于自己的生产资料以及从所在位置衍生出的权力。医生主要为自己的亲友提供看病上的“便利”而非“特殊照顾”，前者只是省去了一些烦琐的例行步骤（如缩短等待时间、省去一些检查等），使得医疗过程更快捷，但不占用他人的资源，而后者（常见于“面子与权力”交易）却会严重挤占他人的资源和接受优质医疗服务的机会。不过这不是医生认为“报”在道德上是好的主要原因。医生之所以对“报”这一类型有正面的道德评价，在很大程度上是因为他们帮到了自己的“社会重要他人”。正如 Wherry（2016）所指出的那样，人们即使在做经济决策时也会把社会重要他人放在“心中的首位”，因为他们将这些重要他人视为能够从其所作所为中获益或受损的人，而且他们同时也承认这些人会对自己的行动做出评判。对后果所做的道德考量，最后亦成为人们行动的目的。

在以往的社会资本与社会网研究中，探究更多的是为什么一个资源拥有者会帮助向自己求助的人，或者求助者运用哪些策略使得资源拥有者来帮自己，而很少涉及资源拥有者拒绝与求助者交易的情况，以及他们为什么拒绝。也就是说，以往的研究对行动者双方“做什么”分析得更多，而忽略了他们“不做什么”。事实上，和送礼收礼一样，不送礼和不收礼同样是非常重要的社会行动，因为后者可能更加彰显了约束行动的各种条件，如道德考量和社会期待。而本文的重要理论贡献就在于根据对“不做什么”的探究，在社会资本与网络的理论中加入了“道德”这一重要因素，阐明了关系强度为何能促发或抑制经济行动的中间过程。

本文也不可避免地存在一些问题。首先，限于篇幅，本文没有讨论不同的科室文化和手术类型对医生收礼决定的影响。从访谈来看，比如脑神经外科的医生就更少收红包。脑神经外科是一个聚集着国内外知名脑科精英的科室，为了留住人才，科室本身就能为其医生提供足够的激励。从手术类型来说，脑外科的手术都是关乎生命能否延续的手术，此类手术风险巨大，医生几乎不可能收红包。而手术风险极小的情况，比如阑尾切除手术，也很少有患者送红包，因此也没医生收红包。红包最常见于那些追求手术效果的科室（比如整形科、骨科）。不同于那种决定患者生死的手术，这类手术有更多可操作的空间，也就是说，手术效果是一个由坏到好的连续统。患者的红包因而是用来购买更好的手术效果的，而医生也更倾向于收这种红包。这些都是考察医生收礼决定的重要方面，但由于本文侧重于医生对交易的道德考量对其是否收红包的影响，所以未能详尽讨论所有可能的客观条件。

其次，本文的另一个问题在于，文章的事实描述和医生的阐释部分互相混杂，可能导致一些理解上的困难。此外，本文考察了医生的道德考量如何影响其收礼决定，那么给医生做问卷可能是在访谈之外测量其结构化态度的较好方式。由于研究方法较为单一（访谈和实地观察），由此方法得出的结论只能作为将来进一步研究的先行材料。

最后，这一方法单一的缺陷事实上反映了更大的理论争论，即道德考量是个人做出决定的动机（motivation）还是事后辩护（justification）（Vaisey，2009；周怡，2008）？对这一问题的不同回答决定了运用哪种研究方法是合适的。比如，如果说医生的道德考量是“事后辩护”，也就是根据事情发生的结果来反推自己应该怎么做，那么我们应该问的是哪些外部因素会影响医生做出不同的道德考量，比如市场风险、社会期待、制度变迁等。如果医生的道德考量更多的是“动机”而非“辩护”，也就是说医生这么做是因为他觉得这样做是正确或者道德的，那么我们就需要辨识出其道德考量背后更深层的符码和文化图式（亚历山大、史密斯，2011）。此时，除了访谈和问卷之外，还需要分析各式各样的相关文本，如医生写的小说或传记、报纸杂志等有关医生的报道等。本文的研究方法和由此得出的结论无疑是存在缺陷的，但是也值得未来的研究对这一话题进行更深入的分析。

## 参考文献

波兰尼，［1957］2014，《经济——有制度的过程》，载格兰诺维特、斯威德伯格编著《经济生活中的社会学》，瞿铁鹏、姜志辉译，上海：上海人民出版社。

布迪厄，［1980］2014，《实践感》，蒋梓骅译，南京：译林出版社。

蒂利，2014，《为什么？》，李钧鹏译，北京：北京时代华文书局。

费孝通，［1947］2010，《乡土中国　生育制度》，北京：北京大学出版社。

顾昕，2005，《走向有管理的市场化：中国医疗体制改革的战略选择》，《经济社会体制比较》第6期。

管怀鎏，2006，《“无红包医院”的经济学解读与思考》，《医学与哲学》（人文社会医学版）第6期。

郭巍蓉，2014，《态度是新医改的晴雨表：一般医生与乡村医生的态度大有不同》，载《当代中国医生心态研究》，上海：上海社会科学院出版社。

郭巍蓉、王正芬，2015，《体制位置与社会变迁观——对三个专业技术中产群体的比较分析》，《甘肃行政学院学报》第 6 期。
黄光国，2013，《中国人的人情关系》，载文崇一、萧新煌主编《中国人：观念与行为》，北京：中国人民大学出版社。
黄荣贵、桂勇、冯博雅、孙秋梦、郭巍蓉、衣然，2014，《当代中国医生心态研究》，上海：上海社会科学院出版社。
黄毅，2004，《医院“红包”现象体验医疗体制转型》，《社会》第 10 期。
莫斯，[1924] 2016，《礼物——古代社会中交换的形式与理由》，汲喆译，北京：商务印书馆。
马克思，[1867] 2004，《资本论》（第一卷），中共中央马克思恩格斯列宁斯大林著作编译局译，北京：人民出版社。
倪志伟，2002，《市场转型理论：国家社会主义由再分配到市场》，载边燕杰编《市场转型与社会分层：美国社会学者分析中国》，北京：生活·读书·新知三联书店。
诺克、杨松，2012，《社会网络分析》（第 2 版），李兰译，上海：格致出版社、上海人民出版社。
什托姆普卡，2005，《信任：一种社会学理论》，程胜利译，北京：中华书局。
孙秋梦，2014，《想说爱你不容易，“欲拒还休”非本意——探究中国医生对当今体制“欲拒还休”的复杂心理》，载《当代中国医生心态研究》，上海：上海社会科学院出版社。
韦伯，[1922] 2010，《经济与社会》，阎克文译，上海：上海人民出版社。
西美尔，[1900] 2007，《生活风格》，载西美尔著《货币哲学》，于沛沛、林毅、张琪译，北京：中国社会科学出版社。
西美尔，[1896] 2010，《现代文化中的金钱》，载西美尔著《金钱、性别、现代生活风格》，顾仁明译，上海：华东师范大学出版社。
徐鹏，2006，《“红包”现象的制度经济学分析》，《中国卫生资源》第 9 期。
亚历山大、史密斯，2011，《文化社会学中的强范式：结构诠释学的基础》，载亚历山大著《社会生活的意义：一种文化社会学的视角》，周怡等译，北京：北京大学出版社。
阎云翔，2000，《礼物的流动：一个中国村庄中的互惠原则与社会网络》，李放春、刘瑜译，上海：上海人民出版社。
杨美慧，2009，《礼物、关系与国家：中国人际关系与主体性建构》，赵旭东、孙珉等译，南京：江苏人民出版社。
杨宜音，1999，《“自己人”：信任建构过程的个案研究》，《社会学研究》第 2 期。
姚泽麟，2017，《国家控制与医生临床自主性的滥用：对公立医院医生执业行为的分析》，《社会》第 2 期。
泽利泽，2005，《亲密关系的购买》，姚伟、刘永强译，上海：上海人民出版社。
翟学伟，2012，《中国人社会行动的结构——个人主义与集体主义的终结》，载翟学伟著《关系与中国社会》，北京：中国社会科学出版社。
赵鼎新，2012，《社会与政治运动讲义》，北京：社会科学文献出版社。
中华人民共和国卫生部，2012，《2012 中国卫生统计年鉴》，北京：中国协和医科大学出版社。

周怡，2008，《强范式与弱范式：文化社会学的双视角——解读 J. C. 亚历山大的文化观》，《社会学研究》第 6 期。

Bandelj, Nina. 2012. "Relational Work and Economic Sociology." *Politics & Society* 40 (2): 175 - 201.

Bian, Yanjie. 1997. "Bringing Strong Ties Back in: Indirect Ties, Network Bridges, and Job Searches in China." *American Sociological Review* 62 (3): 366 - 385.

Burt, Ronald S. 1992. *Structural Holes: The Social Structure of Competition.* Cambridge, MA: Harvard University Press.

Carrier, James. 1991. "Gifts, Commodities, and Social Relations: A Maussian View of Exchange." *Sociological Forum* 6 (1): 119 - 136.

Chan, Cheris Shun-Ching. 2009. "Invigorating the Content in Social Embeddedness: An Ethnography of Life Insurance Transactions in China." *American Journal of Sociology* 115 (3): 712 - 754.

Chan, Cheris Shun-Ching. 2015. "The Dynamics of Hongbao and Guanxi in Hospital Care in China." *Manuscript.*

Coleman, James. 1988. "Social Capital in the Creation of Human Capital." *American Journal of Sociology* 94: S95 - S120.

Douglas, Mary. 1967. "Primitive Rationing." in *Themes in Economic Anthropology*, edited by Raymond Firth, pp. 119 - 145. London: Tavistock.

Emirbayer, Mustafa. 1997. "Manifesto for a Relational Sociology." *American Journal of Sociology* 103 (2): 281 - 317.

Granovetter, Mark. 1973. "The Strength of Weak Ties." *American Journal of Sociology* 78 (6): 1360 - 1380.

Granovetter, Mark. 1974. *Getting a Job.* Cambridge, MA: Harvard University Press.

Granovetter, Mark. 1985. "Economic Action and Social Structure: The Problem of Embeddedness." *American Journal of Sociology* 91 (3): 481 - 510.

Hwang, Kwang-Kuo. 1987. "Face and Favor: The Chinese Power Game." *American Journal of Sociology* 92 (4): 944 - 974.

Krippner, Greta R., and Anthony S. Alvarez. 2007. "Embeddedness and the Intellectual Projects of Economic Sociology." *Annual Review of Sociology* 33: 219 - 240.

Levin, Peter. 2008. "Culture and Markets: How Economic Sociology Conceptualizes Culture." *The Annals of the American Academy of Political and Social Science* 619: 114 - 129.

Lien, Selina S, Russell O Kosik, Angela P Fan, et al. 2016. "10-Year Trends in the Production and Attrition of Chinese Medical Graduates: An Analysis of Nationwide Data." *The Lancet* 388: S11.

Lin, Nan, and Mary Dumin. 1986. "Access to Occupations through Social Ties." *Social Networks* 6: 365 - 385.

Lu, Yao, Zai Liang, and Miao David Chunyu. 2013. "Emigration from China in Comparative

Perspective." *Social Forces* 92 (2): 631 – 658.

Pachucki, Mark A., and Ronald L. Breiger. 2010. "Cultural Holes: Beyond Relationality in Social Networks and Culture." *Annual Review of Sociology* 36: 205 – 224.

Portes, Alejandro, and Julia Sensenbrenner. 1993. "Embeddedness and Immigration: Notes on the Social Determinants of Economic Action." *American Journal of Sociology* 98 (6): 1320 – 1350.

Rossman, Gabriel. 2014. "Obfuscatory Relational Work and Disreputable Exchange." *Sociological Theory* 32 (1): 43 – 63.

Song, Lijun, and Nan Lin. 2009. "Social Capital and Health Inequality: Evidence from Taiwan." *Journal of Health and Social Behavior* 50 (2): 149 – 163.

Umberson, Debra, Robert Crosone, and Corinne Reczek. 2010. "Social Relationships and Health Behavior across the Life Course." *Annual Review of Sociology* 36: 139 – 157.

Uzzi, Brian. 1999. "Embeddedness in the Making of Financial Capital: How Social Relations and Networks Benefit Firms Seeking Financing." *American Sociological Review* 64: 481 – 505.

Vaisey, Stephen. 2009. "Motivation and Justification: A Dual-Process Model of Culture in Action." *American Journal of Sociology* 114 (6): 1675 – 1715.

Wherry, Frederick F. 2016. "Relational Accounting: A Cultural Approach." *American Journal of Cultural Sociology* 4 (2): 131 – 156.

Wright, Erik Olin. 1984. "A General Framework for the Analysis of Class Structure." *Politics & Society* 13 (4): 383 – 423.

Zelizer, Viviana A. [1979] 2006. *Morals and Markets: The Development of Life Insurance in the United States.* New Brunswick: Transaction Publishers.

Zelizer, Viviana A. [1985] 1994. *Pricing the Priceless Child: The Changing Social Value of Children.* Princeton: Princeton University Press.

Zelizer, Viviana A. 1989. "The Social Meaning of Money: Special Monies." *American Journal of Sociology* 95: 342 – 377.

Zelizer, Viviana A. 1994. *The Social Meaning of Money: Pin Money, Paychecks, Poor Relief, and Other Currencies.* Princeton: Princeton University Press.

Zelizer, Viviana A. 1996. "Payments and Social Ties." *Sociological Forum* 11 (3): 481 – 495.

Zelizer, Viviana A. 2012. "How I Became a Relational Economic Sociologist and What Does That Mean?" *Politics & Society* 40 (2): 145 – 174.

Zeng, Jie, Xing X Zeng, and Qi Tu. 2013. "A Gloomy Future for Medical Students in China." *The Lancet* 382: 1878.

《社会学刊》第1期
第56~92页
© SSAP，2018

# 量化评价下的制度文化：“优生”与“优秀”的生产

李思宇
巴黎高等师范学院-法国里尔大学
邱济芳
南京大学社会学院

**摘　要**：本文通过分析两个独立的田野研究材料，研究医院和学校中的制度化择优。在两个制度中，高考备考和孕妇生产两个特殊的时间段，对量化工具格外依赖。在中国优生优育和素质教育的政策背景下，制度中的专家对量化工具的不同使用方式和阐释方式影响着政策落实和制度文化的形成。而制度文化反过来对量化工具的效力起着限制作用。量化评价产生的数字经过阐释，将个体的特点客体化，而这一过程产生的意义影响着制度参与者的行动。

**关键词**：量化评价　制度文化　素质教育　优生优育

## 一　引言：制度化择优

检测是这样一种技术，权力借助于它不是发出表示自己权势的符号，不是把自己的标志强加于对象，而是在一种使对象客体化的机制中控制它们。在这种支配空间中，规训权力主要是通过整理编排对象来显

示自己的权势。检测可以说是这种客体化的仪式。[①] （福柯，2003：211）

在法语中，医学检查和学校考试同为 examin 一词，且在历史上和在当代社会中所发挥功能有相近之处。早在 1975 年，福柯便在《规训与惩罚》中将两者联系起来作为研究对象。根植于福柯定义的“古典时代”，伴随着理性化需求的增长，医学和学校都表现出对个人的规训力量。这一力量产生作用的过程中必不可少的一环便是福柯笔下的客体化技术（technique d'objectivation）。所谓客体化技术，便是将主体转化为客体，将人格化转化为非人格化，将主观体验转化为反思对象的技术。这一客体化的变化过程，便是将人化为物，将认识的主体化为被认识的对象。客体化技术主要通过书写文字来实现其对于客体化对象的整理编排。书写作为一种客体化技术，其核心功能便是将一系列信息抽离其现实意义得以存在的背景（decontextualization）（Goody，1979）。抽象的信息，经过书写过程的整理，嵌入新的语境，从而产生新的含义。

在信息技术发展的今天，这一书写经历了自动化过程。机器代替书写的人，以固定流程和标准迅速生产符号。比文字更简练，跨地域性更强的数字作为信息的载体也越来越得到广泛应用，在个人生活中扮演着重要的角色。在医疗体系中，数字在医疗检查和就医者状况之间建立着联系；在教育系统中，数字在考试中代表个人的学业水平和学习表现。发挥评价作用的数字经常被认为中立客观，以非人格化的姿态，对个人在制度中的行为起导向作用（Porter，2003）。如果说当代社会的一个首要特征是非人格化，那么本文致力于重建这一过程发生的情境，并观察非人格化的工具理性与其使用者之间的互动。选择工具与人之间的互动这一角度，便成为“抽象社会”无法在人与人互动层面再现“社会”的一种补充研究方法（李猛，1999）。

教师和医生，在制度研究中经常被视作“代理人”（agent），或被视作

① 第一个“检测”处原文为“检查”，第二个检测处原文为“考试”。

制度机器的一部分。他们如何在日常工作中建构意义却很少得到讨论。本文试图围绕教师和医生展开，探讨他们日常的职业活动中对量化评价数字的阐释。这些阐释基于他们从业经验形成的类属（catégorie）知识。类属知识是关于个体所从属群体的公开的知识（Bourdieu，2015：25、35－36）[①]。当个体的特色和特性被评估检验过后，才可能决定其类属，与其他类属一同考虑以厘清不同类属之间的关系（Lamont，2012）。对个体进行阐释和分类的过程以类属知识为依据，也在这一过程中重构类属知识本身。类属起到规划制度内社会空间，对群体和其特定的意义进行联结的作用（Negro et al.，2010）。因此，类属知识是制度化的基础，也是制度汲取稳定性的一个源泉（Meyer and Rowan，1977）。而这一过程也使得代理人成为制度文化的载体，落实国家政策的必要角色。

“优生”和“优秀”两个本文重点关注的类属，是20世纪80年代以来我国以提高素质为核心的人口政策在两个制度中的本土化表达，也是两个制度“神话”（myth）的基石（Meyer and Rowan，1977）。优生从生命的源头上，优秀从教育过程上，体现了人口治理从数量到质量的转变（Anagnost，2004；Greenhalgh，2010）。与此同时，改革开放后独生子女政策的实施，使中国家庭对下一代的优生和优秀格外关注。

“优生”概念是英国人类学家高尔顿（Francis Galton）最早提出的，其主要是应用遗传学原理来改善人的遗传素质。卫生学上指的是用消除不利表型[②]的等位基因频率和增加有利表型的等位基因频率来提高整个人口的身体素质，通俗地说，是指生育健康的、素质优良的后代（王翔朴等，2000：

① 本文对于类属知识的定义引申自布迪厄（Bourdieu）在法兰西学院（Collège de France）的1982年的课程中对于catégorème的讨论。这一继承自亚里士多德的词汇在希腊语中的含义为“当众指控”。而这一过程的执行者——“控诉人”以一个群体的名义，被授权当众宣布对于一个个体的类属属性的判断，使被归类的个体获得一个客观的标签。

② 此处的“不利表型”和“有利表型”指的是基因表现型的两面。基因型是遗传型，指的是生物体的遗传构成，即从双亲获得的全部基因总和；表现型（表型）则是生物体所有性状的组合，但表现型无法具体表示，只有在生物体把可能变成现实以后才得以实现。不利表型即有出生缺陷，反之，有利表型则是没有出生缺陷。

871)。中华人民共和国成立早期，我国受到苏联影响，一度不接受优生学（皇甫翰深，2009：220）。直到1979年，吴旻在人类与医学遗传学术会议上做了题为《关于优生学》的报告，这一观念才逐渐开始得到广泛讨论。1981年，在国务院科技领导小组的支持下，国家计生委和中华医学会联合召开了"全国优生学科普讨论会"。1985年，《妇幼卫生的"七五"发展计划》提出，"一切有条件的城乡开展婚姻保健、围产保健、优生和遗传咨询，对婴幼儿实行系统保健，重点加强新生儿保健和疾病防治，降低围产儿死亡率和出生缺陷儿发生率"（高淑芬、夏雪红，1988：120）。在1986年、1989年和1991年，我国开始建立全国性的出生缺陷、孕产妇死亡和5岁以下儿童死亡监测网络（陶芳标，2003：305)。1996年，卫生部实施"三网合一"，从节约人力和物力的角度加强了监测工作的管理。我国提高人口素质的战略逐渐从产前-围产保健过渡到孕前-围孕保健（郑晓瑛、宋新明、陈功，2005)。出生缺陷预防是提高出生人口素质的工作之一，其中产前诊断一直是出生缺陷预防工作的重点，因此本文对优生政策与量化评价关系的阐述也集中于产前诊断咨询室。

在教育领域，1985年5月在改革开放后第一次全国教育工作会议上，邓小平第一次提出"素质"概念，并谈到"经济发展后劲的大小，越来越取决于劳动者的素质，取决于知识分子的数量和质量。一个十亿人口的大国，教育搞上去了，人才资源的巨大优势是任何国家比不了的"。① 同年，中共中央发布关于教育体制改革的决定，奠定了素质教育导向的基础。1999年第三次全国教育工作会议《中共中央、国务院关于深化教育改革全面推进素质教育的决定》② 的发表将素质教育提升为党和国家的重大决策。而2006年6月29日新修订的《义务教育法》③ 首次将素质教育写进法律，成

① 谈话内容来源于中国共产党新闻网，URL：http：//cpc.people.com.cn/GB/64184/64186/66679/4493924.html，最后一次查询日期：2018年2月27日。

② 来源为教育部门户网站，URL：http：//old.moe.gov.cn/publicfiles/business/htmlfiles/moe/moe_ 177/200407/2478.html，最后一次查询日期：2018年2月27日。

③ 来源为中国政府网，URL：http：//www.gov.cn/flfg/2006－06/30/content_ 323302.htm，最后一次查询日期：2018年2月27日。

为教育部门乃至全社会必须遵守的法律。学校为全社会培养高素质人才的角色和社会作用被明确规定。与推进素质政策和法律相伴的，是自1998年以来，中国高等教育的急速扩张。高中毕业生进入大学的比例从1998年的46.1%逐步且迅速增长至2003年的83.4%，并在此后趋于稳定（李春玲，2010）。这一政策调整的成效随2015年中国高等教育毛入学率达40%而得到确认，为进一步提出中国高等教育普及化的政策目标奠定了基础。高考作为教育系统的“指挥棒”，其作用在经历这一系列的重大政策调整后发生了转变。作为通向高等教育的主要通道，其效力从精英化的选拔制度，转变为提高全民素质的择优制度。两者之间的主要区别在于，前者重在淘汰不合格者，而后者成立的前提为公平竞争，改善所有参与者的表现，强调所有参与者在素质上的收益。“优秀”在这一语境中，与素质不同，并非一个实体概念，而是经过竞争比较产生的相对概念。换句话说，我们可以说一个人有“素质”，但不可以说一个人有“优秀”；此外，政策话语中强调“素质”，而“优秀”更多是制度代理人在日常工作中使用的类属判断。因而优秀如何在一个同时强调素质和量化评价的教育系统中被建构，有助于理解经常被视作两种完全不同的教育模式的应试教育和素质教育在制度中自圆其说，制度文化得以延续的过程。

制度化择优展示着量化评价和制度文化之间的张力，从制度中的人的角度来探讨个人如何赋予评价数字以现实意义，将自己的日常评价活动嵌入政策背景中。在当前语境下，量化过程与制度融为一体难舍难离。制度化择优的概念致力于把两者再次分割，将其置于西方量化研究的背景下，探讨这一机制和中国独特的政策环境的互动，并以此来展示量化评价在两个具体研究场景中扮演的核心作用：评估人的价值。从机构运行基本机制和从业人员的日常工作来观察国家层面的政策，本文试图从文化视角探索政策下具体细微的日常决策。换句话说，就是阐释分析工作人员如何通过职业活动，将自己工作中的量化内容赋予意义，并对其受众进行言说。在这一言说过程中，人的主体性是遭受到量化和制度的二次压榨所剩无几，还是在对自动化信息的阐释过程中拥有更宽广的行动时间和空间？在科层制和理性化的框架内，口头表达和人际互动是否已沦为书写的附庸，不再蕴含丰富的意涵？在这一理性化过程中，作为实施这一过程的个人是否已剥离了感性层面，在专业化和工具理性的指引下，忠贞地扮演着代理人和实施者的角色？这一系列根据福柯的经典论述可以得出的结论，在本文通过文化视角被重新考察，再次从医学和教育两个领域出发，探讨当代中国社会中"检测"这一客体化技术与掌控这一技术的人之间的互动。

## 二　一年的重量：两个田野调研

本文中的质性材料来自医院和学校这两个制度空间。除了基于客体化技术的共同话题，两个研究的田野性质也有其共同点。在中国当前的教育制度中，高三备战高考的一年对学生的学业前景和就业前景有着重大意义。高强度的复习和反复的考试检测是这一重要性的直接反映。从孕前、孕早中晚期到分娩的近一年时间在女性生命历程中亦是极为关键的一年。住院生产推广以后，孕妇的身体以及胎儿的健康与医院制度密不可分。两个"一年"都带有通过仪式（rite de passage）性质，标志着个人在社会中的角色即将发生转变，人生将进入一个新阶段。

这也是两个充满不确定性的"一年"，是医疗和教育制度中择优文化集中体现的时刻。高考录取结果出炉前，孕妇顺利娩出健康婴儿前，巨大的变数笼罩着每一个制度中的参与者。制度所提供的相对确定性成为人们在其中得到的最大慰藉。量化工具的产生和推广使用使得这种相对确定性成为可能。在概率思维下，反复检测所产生的数据拼凑成一个可期的未来。由此，以数字为基础的量化工具对制度中的行动者格外重要。

数字在两个场景里都象征着未来。与日常的考试检测不同，面向高考备考的反复考试是对高考的模拟和试炼，锻造了学生对于自己的高考成绩、大学生活乃至社会生活的想象。与针对某项疾病的医疗检测不同，孕妇所进行的检测并非针对疾病，也并非完全针对本人的身体状态，而是对一个尚未降生的个体的健康情况的掌握。这一系列检测所产生的数据指引学生和孕妇逐渐具体化对未来的想象，并透过这一想象影响他们的当下行为。

### （一）妇产科调研

本文关于医生和孕妇沟通互动的资料来自A医院的参与式田野观察。作为省内专业的妇幼保健院，A医院的产科是国家临床重点学科。A医院内部还设有妇科、生殖科学、儿科等科室，以及计划生育、妇女保健、儿童保健等医技科室。研究之所以选择这家医院作为田野点，原因有两个。第一，基于可行性。作为没有医学专业背景的社科研究人员，如非熟人老师推荐，难以进入医院田野点。在A医院相关领导的支持下，研究项目和机构建立了合作，而笔者也得以被安排在产科以实习身份展开调研，并被配发医生工作服。第二，基于医院的专科性。产科作为核心科室，接纳孕妇的数量多，情况复杂，就诊孕妇不仅包括当地孕产妇，还有不少来自附近省、市城乡地区。在这一意义上A医院能够为本文提供更全面的参考体系。

笔者自2016年5月到11月在该医院进行参与式田野观察。[①] 周一、周二、周四的上午陪同主要受访医生在产前诊断工作室，在医生一侧着专业“白大褂”，协助医生完成登记孕妇信息、传叫孕妇、填检查表单等非专业性工作，同时进行沟通过程记录。周三和周五上午陪同其他医生在胎心监护室或产前门诊：在胎心监护室时，笔者负责协助护士给孕妇做胎心监护；在门诊时则主要负责测量孕妇的宫高腹围、听胎心，并将这些常规监测的数据记录在孕妇的孕产保健手册上。下午则多是在产房或者胎心监护室继续工作。本文中所使用的经验材料均来自以上田野观察中医生和孕妇的具体互动过程，同时研究书写时对其中的人名和地名进行了匿名处理。

### （二）学校的调研

本文所使用的学校经验材料主要涉及笔者在2016年高考前，于北京市

---

① 由于本文仅涉及医生和女性的互动，所以田野观察的介绍主要是围绕产前门诊的实地研究过程。

R 中高三年级进行的参与式观察与半结构性访谈。北京市 R 中为一所高中示范学校，面向全市招生，硬件、师资和生源条件优越，在近年的高考中取得了优异成绩。在 2015～2016 学年的第二学期，笔者在 R 中进行了为期六个月的参与式观察。因高三对于高中来说是最重要的一年，虽然校领导对研究计划有兴趣，但进入过程并非没有阻力。经过与各层领导沟通，笔者在高三语文办公室获得一个固定工位，并以实习教师身份集中追踪高三年级的一个实验班中的 39 名学生在高三复习进入白热化阶段的表现。

本文涉及的田野材料，主要是笔者在语文办公室随老师一侧的观察记录资料和个别访谈，不涉及研究中在班级内围绕学生的观察研究。本文的田野观察主要围绕高三备考环境下，成为制度时间的锚点的大小考试。随着大小考试的展开，老师的工作内容在高三第二学期形成了"出题—考试—判卷子—分析成绩—讲评"的工作流程。这一流程随着复习工作的推进循环反复。而本文使用的材料主要来自"讲评"一环，同时主要使用的是老师和学生在教师办公室进行一对一分析成绩的场景。这一情景与医疗机构中的医患沟通遥相呼应。

## 三　文化研究中的量化研究

无论是老师面对学生进行成绩分析，还是医生面对孕妇对检查结果做出解释，两场景中一对一的互动都是以量化数据为基础的。而量化工具与人之间的关系是否确定？在福柯看来，检测作为一个客体化工具，起到的是固定人与物之间关系的作用。它把人进行工具性编码，在编码后的信息中抽出需要与物建立关系的人的部分与在这一关系中接受操作的物的部分相联结（Foucault，［1975］1993：180）。客体化技术决定了每个部分所处的位置，并确定两者之关系。在这一视角下，人与物、主体与客体之间的关系已经被确定。

根据近年文化社会学的新发展，这一确定关系可以从评价方式的角度被重新考虑。"文化社会学"与"文化的社会学"不同，将文化视为独立变量，与经济、政治等变量具有同等的解释力（Alexamder，2003；周怡，2008）。文化由符号和意义系统组成，是一种人口、地理、生物等因素之外的用以解释个人行动和社会关系的分析资源，而文化社会学的志趣在于观察组成文化的符号系统对个人行动所施加的影响（Sewell，2004）。在这一文化定义之下，评价社会学（sociology of evaluation）作为一个分支，致力于分析评价体系及其背后的价值、意义体系。这些研究发现属于不同社会群体的人，基于各自的文化准则有着不同的主观评价标准（Boltanski and Thévenot，1991；Lamont and Thévenot，2000）。不同的评价标准及价值体系在评价过程中协调统一，最后做出裁决。与研究发现不同的价值体系的纯学术追求并行，以 Michèle Lamont 为首的评价社会学有其社会层面的抱负。建立等级关系（hierarchy）是诸多评价过程在对评价中体现的不同价值体系进行裁决的普遍方式。重建不同评价标准之间的并行状态，关注不同的评价体系及背后不同的群体，其社会意义在于推动重建多元价值观的局面（heterarchy or plurarchy）。多元价值观的建立则有利于平等对待不同社会群体的文化，并重建社会平等。这亦是布迪厄以降的文化研究的核心价值之一。透过这一人性化的文化社会学视角，本文旨在重新审视理性化工具中的人的部分，考察人对于客体化技术的使用过程中，人与符号的关系间的吸收不确定性，并形成看似理所当然的（taken for granted）确定性过程。

量化评价广泛应用的今天，量化过程也是评价社会学的研究重点。数字具有强大的信息总结能力，以及跨越文化和地域的效力。这两个特点使得数字作为一种符号（symbol），其代表意义可以更容易被重构起来，并通过重构有效维护其效力。而量化过程，便是把不同性质的信息综合成为数字表达的信息。这一转换营造了信息的共衡性（commensuration）、普世性（universal）和标准性（standardized）（Espeland and Stevens，2008）。这三个性质建立了新的人与人之间的关系，也延展了规训（discipline）可操作的范围，使得对于生命的治理衍生出新的方式方法，攫取了新的力量（Sauder and Espeland，2009）。但目前对于量化过程的研究更多集中在量化工具及其政治和组织层面的影响上，较少关注个人层面上人与量化工具互动的研究

(Espeland and Sauder，2016；Dérosières，2016；Dubuisson-Quellier，2016)。

数字作为工具理性的产品，一直被视作人的对立面。其建立的机械理性(mecahical objectivity)被认为有害于专业人员的权威性，也间接削弱了制度的力量（Porter，1996）。波特（Theodore Porter）认为，基于数字的机械客观性与基于人的行业权威性之间有着此消彼长的关系。当一个领域内，人们价值观不统一、相互难以信任之时，判断的标准便更容易诉诸数字与机械性客观。而在摆脱了熟人社会进入现代社会的今天，人的个体化和陌生人之间的频繁互动使得量化工具迅猛渗透进社会肌理的各个层面，不受制度束缚。

在本文中，量化评价的基础——数字，首先是一种"沟通的策略"(Goody, 1979)。通过在两个不同制度中的使用方式的对比，本文试图将量化研究的视域从"抽离语境"（décontextualisation）的过程延展到数字被"语境化"(recontextualization)的过程，并分析在不同个人和制度环境下，量化工具的差异化使用（Espeland and Sauder，2016）。分析方法上，本文通过"阐述性重构"(Aron，1991)，来重建对量化结果进行阐释的可能性和生产的意义链条。通过将数字重新阐释，放入可理解的新的语境中，建立知识和人之间的意义链条，并确立"可以思考的"(thinkable）和"不可以思考的"（unthinkable）的类属区隔（Bernstein，1990）。伯恩斯坦在分析教学话语（pedagogic discourse）这一旨在将知识通过阐释嵌入教学环境的概念时，提出了分配原则。分配的内容便是将信息和知识所携带的所有内涵根据制度环境和具体场景，进行适应性选择。医生面对就医者时的话语核心亦是将医学知识中的信息进行摘选，建立就医者的意义链条，因此本文将这一概念扩展到学校以外的领域。

最后，本文中强调使用教学话语分配性原则的人具有选择的可能性。在本文中，我们致力于展示医生和教师在两种制度文化下，如何影响和控制数字的效力，研究他们在制度和组织中的可操作空间。数字成功地使得具体信息抽象化之后，人如何参与到后续过程当中？参与者的角色是否仍然至关重要？从这一点出发，本文避免以结构、制度等宏观概念，营造出个人的无力感（impuissance）的学术立场（Boltanski，2009）。转而关注个人企图超越这一无力感，试图控制局面的种种尝试，继而分析他们希冀跨越结构、制度建立的类属知识时，做出的选择和这些选择背后产生的意义。

## 四　量化结果阐释的制度环境

数字在被阐释之前，只是没有固定意义或者说有多重解释可能性的符号。关于量化过程的诸多研究强调数字增强信息传播能力，使信息透明化的作用，基于量化的测量监督标准正是基于这一作用（Espeland and Sauder，2007；Sauder and Espeland，2009）。而量化过程带来的“黑箱化”（black boxing）过程未得到应有的关注。量化作为一种技术，同样符合拉图尔（Bruno Latour）描述的一种科技越成功，其运作过程中的内部复杂性便会变得越不可见的黑箱性质（Latour，1999）。量化过程在使得信息可见化的过程中，同样隐藏构成过程本身的复杂性的诸多信息，造成检测和结果之间的关系被简化为输入和输出一组直接关系，而数字被视作可以独立存在的信息载体。在我们的观察中，可以看到读取符号背后的信息时，老师和医生扮演着中介的作用。在两个不同的制度空间中，量化信息的独立程度、被阐释程度和使用的方法均不相同。如果说两个研究在理论上的共性促成本文，那么，医院和学校两个制度化程度上的差异则增加了经验材料和理论之间的张力。在这一部分，我们将从学科知识的权威性建立、时间空间组织的流程确定程度和话语模式的形成三个维度对制度化程度的不同展开讨论。

### （一）知识体系的制度化与对阐释内容的需求

在福柯的论述中，医学检查促成了医学的发展，考试促进了教育学的发展，检测对于两个制度中知识体系的生成起到了决定性作用。但两个领域的知识体系在全球化背景下发展的轨迹却不尽相同。在西方产科循证医学的规范下，医生的个人经验往往对专业医疗知识的阐述起辅助作用。产科医生的个人经验和循证医学知识结合在一起，对孕妇的身体状况和胎儿结果进行判断。教育系统中，教师们取得教师资格证，获得在中学任教的机会需要通过一系列的专门考试，和医生一样具有一定的专业资格。但是，他们在教学过程中积累的经验、教师间沟通的局部性知识往往是他们日常工作中更重要的行动依据。

中国医疗产科制度中量化结果的阐释离不开循证医学的知识体系。医疗产科的知识体系是以科学证据为基础的循证医学，其内涵是在充分的、最新的和最佳的科学证据上对患者进行最有效的诊治（王家良，2005：192）。循证医学依靠随机化的、大样本的研究结果，计算出针对孕产妇不同时期、不同情况的"正常数值"，从而建立起医生对孕产妇身体状况和胎儿健康情况判断的不同标准。在这一判断过程中，既有的文献报告给医生的判断提供权威支撑。其判断过程一般为：提出问题、寻找相关证据、应用证据指导决策。对于孕妇在检查的量化结果中发现的问题，医生会根据自己在文献积累中的知识来进行实际判断，比如基因检测中出现的21三体是具有明显临床意义的，便会引起医生重视；如果尚未出现相关文献，医生则不会轻易下结论。

> [有孕妇前来咨询胎儿遗传的问题，希望采用基因芯片来了解丈夫的情况是否会遗传给当前的胎儿。]
>
> 刘医生：要根据文献报道发现的临床意义来确定，如果没什么意义，那就不去管它，如果说是一个有明显临床意义的微缺失，文献证明有这个东西，实际上就是直接影响你孩子的智商。嗯，一步一步来，先不要想那么多啊。(2016年8月8日，产前诊断室)

除了在对孕妇的情况进行判断时医生会遵从循证医学的逻辑，寻找文献支撑，医生在与孕妇沟通过程中，也希望她们纳入这种循证医学的理念，识别符合妇产科学的信息。当前网络信息发达，很多孕妇问诊前会在网络上（以百度搜索引擎为主，也有一些孕妇使用手机应用软件等）先查询相关内容。有些网络上的回答可能和医生提出的建议相冲突，这时医生便会质疑这些观点的"证据"。

[在孕妇询问产检的过程中，偶尔也会询问医生做核磁共振检查是否会影响胎儿健康，医生也会根据循证医学的逻辑进行回答。]

孕妇：核磁共振一定要做吗？我担心这个对小孩有影响？

王医生：有影响，你就把那篇文献下载下来给我看看。或者你查到了到时候再来找我。那你拍照片给我，你自己做决定。核磁共振就是拿到脑科去。我说的这个目的，就是你确认一下是不是这个宽度。

孕妇：网上说，33周之前都会变大变小，但是33周之后都是只会增大？

王医生：这个我也没有鉴别，那你到时候把这个说法给我看看。(2016年8月16日，产前诊断室)

孕妇提及网络上零散的信息，但往往医疗系统中使用的权威知识体系仍然是循证医学。所以医生严格遵守循证医学的诊断逻辑，需要有特定的科学研究结论，即文献“证据”，才能对孕妇的情况做出判断。

教育制度中并没有像医学领域中制度化程度如此高的知识体系。虽然在高中任教需要具有教师资格证，但教育学或教育心理学的知识很少可以直接使用在教学场景中。与医生均为医学专业毕业生不同，教师并非教育学专业毕业生，而更多是所教授学科专业的毕业生。他们在教学教法上的知识也更多来自工作以后，从更有经验的前辈处学习，以及个人经验的积累。尤其高考备考作为专业经验，在教师的职业生涯中有较高价值。而经验丰富的老师也经常会被学校委以重任，留任高三多年，把握这一对学校来说意义重大的时期。对于新教师来说，向这些经验丰富的老教师学习，便是积累专业知识的重要途径。

笔者：那您觉得第一次带高三主要有什么挑战呢？

老师：挑战？可能就是业务不熟，别的老师都很有经验，那我可能有些不懂，然后很多做过的东西我也没做过，第一次吧，第一次接触，我觉得最大压力是业务。

笔者：这个业务主要指？

老师：就是教学，比如这个题别的老师做过，他可能就会对这个题把握特别好，知道该怎么讲，或者原来有一些什么资料，那我第一次看到这个题，就得自己下功夫去找一些资料，再把这个题好好研究研究，琢磨琢磨什么的。

笔者：那您觉得从备考经验这方面呢？您主要从什么地方学习或者参考什么？

老师：就是会开备课组会，然后各个老师在办公室里大家也会聊一些问题。比如说考试的变化，动向，哪些是重点？哪些可能需要给学生讲？主要就是从这方面获取。

笔者：重点主要是从备课组的会上？

老师：备课组会和我们平时在备课组里交流，私下老师们的交流。(2016 年 1 月 12 日，YBZ)

接受采访的 Z 老师第一次带高三年级。作为对外汉语专业研究生毕业生，R 中的大部分老师像 Z 老师一样，并非师范专业学生。而教学教法知识主要来自个人经历、工作会议和与其他教师私下的交流，以及区里每周例行的培训。与医学领域主要依托文字的知识体系不同，教学知识大多通过口头传播，并在实践中得以积累，是经验型的实践知识。在高考备考的环境中，青年教师在繁重的工作和重复性考试中，迅速学习关于考试和备考的教学教法知识，积累判断考试质量和学生表现的经验。而在面对学生时，学生需求的也正是老师积累的关于考试的实践知识，而非学科化的教育学知识。另外，考试不同于医学检测，并非建立在制度化的实验逻辑知识体系之上。每一次考试的出题都以老师对于当前学生的情况认识为基础，根据学生情况进行内容难度的调整。因此学生同时是考察对象和制定考察标准的坐标。

这两种知识的制度化程度不同，使得代理人在制度中对于量化使用的逻辑不尽相同。根据德罗谢（Alain Desrosière）对量化统计逻辑在社会政策中使用的分析，在情况描述和对下一步行动做判断两种作用之间起衔接作用的主要是两种观念，一种是主观认识论的概率观，另一种是客观频次的概率观（Desrosière，2016；Hacking，2006）。前者视概率为可置信程度的指数，并认为现实的不确定性来自人认知的不完整；后者视不确定性为现实世界的属性而非人类可控的，概率的主要用途便是通过观察和总结来建立不完美的模拟外部世界的模型。在两种观念下，发展出两种对于量化数据的使用方式，第一种使用方法的依据是大数理论，认为随着数据的积累，数值必定趋向一个稳定值。第二种使用方法的依据是贝叶斯定理，认为新的数据是用来修订基于旧数据的认知。在两个制度中，量化数据用于建立对个人情况的认知，我们可以观察到两种逻辑交替出现在对于数字的阐释过程中。

专业人士对于受众的主观类属体系都需在老师和学生、医生和孕妇的沟通场景中逐渐形成并反复修正。在教学场景中，老师需要根据自己的教学经验和集体会议上的讨论，建立对单次考试情况的判断，同时形成对单次试卷质量和学生情况的认识。老师需要根据实践知识来建构自己的主观类属知识。“成绩稳定”和“成绩不稳定”两个学生类属经常是老师面对新成绩做的初步分类工作，以划定需要关注的“不稳定”学生群体范围。在医院场景中，医生则直接使用规范化的检测项目、检测指标，无须对检测工具本身的质量有所判断。医学知识已建立权威的客观类属知识，而检测产生的量化数据更多用于对孕妇情况的进一步认知，通过建立其与客观类属知识的联系而形成对于孕妇的主观分类。而在两种制度场景中，量化数据的一个重要作用是为专家判断哪个群体需要更多的关注提供依据。在阐释活动的制度化过程中，阐释所用的时间和流程都逐渐趋于模式化，起到对阐释内容的限定作用。

### （二）阐释过程的组织模式

阐释的过程在制度化的时间和空间中形成相对模式化的流程。而这一流程的形成需有两个条件：第一是专家和受众双方认识了解的时间在两个场景中不尽相同；第二是双方的互动时间十分有限。

在学校中，老师和学生每天处于学校的同一建筑空间中，互为日常生活的一部分。一个班的任课老师除了本文关注的和学生面谈、讲评试卷的互动之外，在课堂上、课下校园中以及在课后作业中，都会获得对学生更多的了解。此外，老师的工作，至少在准备高考的一年期间，都会稳定集中在同一群学生身上。随着跟踪时间的延长，老师对学生的家庭状况、性格品质、学生生涯都有一定了解。在具体的面谈中，虽然这些关于学生个人生活的讨论不常直接参与师生间的对话，但其作为背景影响双方的对话内容。也正因此，当我们仅仅关注对话的话语形式的时候，经常看到师生对话的句子格外简练，问答快速转换，省略很多面对陌生人时的解释介绍内容。而在医生孕妇的互动中，孕妇按照产检流程，在需要进行定期检查或者身体有异常状况时才来到医院。在就诊场景之外，孕妇与医生一般情况下没有接触机会。虽然孕妇就诊过程中时有伴侣陪同，但医生对于孕妇的家庭状况并无过多了解，对于孕妇已经具备的孕产知识也知之甚少。于是在医生和孕妇的互动中，我们可以看到更多对于基础医学知识的清晰解释，医生比较明显的教学权威口吻，沟通内容更集中于专业话题，较少涉及孕妇个人性格、家庭等私人问题。在对象互相了解程度不尽相同的两种场景下，医生和教师两种专业人士使用"教学话语"将量化数据嵌入的语境也不尽相同（Bernstein and Solomon，1999）。前者更注重将个人的信息医学化，与循证医学知识建立的"正常数值"做对比，而后者更多的是将量化数据与学生身边的同学，以及其本人的历史成绩相联系。

专家和受众之间沟通过程的时间经常很紧迫。无论是医生还是老师，面对就医者或者面对学生时间都是很有限的。因此这一沟通时间的使用也透露某些理性化的痕迹。正因如此，在医院里有专门的排队系统：挂号。

正值一个孕妇在咨询问题时，另一个孕妇突然闯进来让医生给说下唐筛是什么情况，但是她没有挂号。医生说这个不是抽个血的事，要咨询的。孕妇说自己住得太远了。孕妇询问："到这边就必须要知道做哪一项是吧？"吴主任此时有些着急，声音变大："我要跟她交流，跟她说话的！我缺氧了，脑子平时都不管用了！你们看得出来我装得好像挺清醒的。我看了20多个，我肯定要傻掉了。加不了号。”孕妇的朋友继续追问：“一个DNA一个羊水穿刺是吧?”吴医生：“对，必须要做。不行就去别的医院问。”（2016年8月23日，产前诊断咨询室）

在医院的环境下，医生和孕妇的关系是有明显的优先顺序的。挂号之后，患者需要拿着号在诊室门口等待叫号。病患等待的时间、等待的必要性、等待的对象都暗含着制度环境下角色的重要性等级（Thura，2014）。笔者在医院的产前诊断咨询室从上午八点到中午十二点需要完成30个左右的产前诊断咨询。在医生给孕妇问诊的过程中，还经常有当天赶过来没有号进入门诊室让医生直接加号的。每一个孕妇的咨询时间为3~8分钟，有的孕妇情况比较复杂，可能会延长到10分钟。而在产前门诊，孕妇进行常规检查，从测量胎心、宫高腹围到完成和医生的沟通有时候也就一两分钟。

这种具有时间限制的“挂号”式制度安排在学校中也同样存在。“挂号”这一用语也经常被用在希望与老师面谈的学生之间。

“老师您今天还有号吗?”女学生Y在老师办公室门口露个头，细声细语地问坐在办公室进门第一张桌子的L老师。L老师解释说今天晚上安排讲作文，已经排满了。明天中午可以和她分析卷子。“明天中午还没人约，你明天中午来吧。”“那我和您约明天中午第一号。”女学生笑着说完，便转身出了办公室。（2016年1月20日，语文办公室）

口头的时间约定和排队顺序成为一种自发的组织形式，在老师和学生之间被广泛采纳。老师和学生一对一分析成绩的时间一般在中午午休或下午放学的时间，也就是老师和学生各自的休息时间。这种自发的组织形式往往是制度化空白的地方，也就是个人的主观能动性得以根据制度空间内的逻辑，自发地组织起来的空间（Coenen-Huther，1992）。口头约号的形式体现了老师和学生双方相对平等的关系，双方互动沟通中更多是共同建构内容，而非老师单方面给予权威知识。在时间紧迫的高考备考期间，双方时间都非常宝贵，采用约定的形式能够避免任意一方的等待时间。在学校中，虽然学校制度中不存在正式的排号制度，但两个场景的相似性使得医院中的"挂号""排号"等用语被移植到了校园中。

在面谈过程中，老师的效率以是否可以快速满足学生的需求而定义。根据田野上的记录，工龄最长并且曾在几个优质中学任职的 G 老师处理学生面谈的"效率"最高。每天下午放学，他便立马把前来的学生排好号。大部分情况下，只需 5 分钟就可以"解决"一个学生。比起其他老师经常在放学后，还留出一两个小时的答疑时间，G 老师精准的面谈流程使得其每次半小时到一个小时就可以完成工作离开学校。在不同老师的面谈观察中，我们看到虽然没有固定的程式化流程，但老师们都根据自己的经验，形成了针对面谈这一场景的较稳定的、被视为有效的话语模式。

### （三）量化结果阐释的话语模式

老师和学生面谈的话语模式主要由以下四个步骤组成：总体情况—分析问题—解决方案—表达期待。虽然并非面对每一个学生或者每一次面谈都完整地重复这四个步骤，但这四个步骤组成了一次面谈的理想型，也满足了学生希望从老师处获取的内容。医生和孕妇的话语模式与此相似，但是有时并非所有步骤都一一展开。医生首先询问孕妇的孕产史，然后分析此次孕妇检查中的问题，随后对孕妇的情况做出判断，最后提出解决方案——孕妇所需要的解决办法。

在两个场景下，话语模式的第一个步骤都是建立语境，如医生会先了解孕妇的个人孕产史，老师面谈的第一步是对学生单次考试的表现做一个整体的评价，即把学生的成绩放到个人历史成绩和班级或者年级整体情况中看。老师会根据其对学生和对全班学生情况的了解，以及对本次考试的试卷质量的分析，来总体评定学生的表现。有的老师仅仅看分数就可以得出结论，判定就学生的个人情况来说这次表现是好还是不好。①

当考试中表现不好的部分被指出后，便进入了分析问题的部分。这一部分主要针对丢分的部分，围绕着“分是怎么丢的”这个问题来展开。在这一部分中，老师会请学生来讲述自己做卷子的经过、做题时的感觉，以及将考试感受与自己在课上课下做的功课练习联系起来。在这个部分，老师根据学生的报告，建立起日常学习和考试得分情况的因果关系，并以此来判定分数的丢失，表达的是学生在日常学习上具有哪些缺憾。除了和具体的学习联系起来，老师也会在这个部分根据学生的表现，将学生丢的分和学生具备或不具备的能力挂钩。结合能力的缺失或日常工作的缺憾，老师便会进入下一步“开药方”阶段。

在提供解决方案的阶段，老师通常会给学生布置个人化的练习和工作，以帮助学生有针对性地提高在前一个步骤中分析得出的缺失的能力。在这一过程中，老师和学生的协商过程尤为重要。老师提出解决方案的目的是这一方案的有效性。但如果方案仅仅提出，学生不去执行，其有效性便为零。因此老师在提出方案的时候，经常会和学生协商进行，提出学生认为值得做的额外练习，并且是学生有时间、有精力做的练习。在这一方案制定的过程中“落实的针对性”是最重要的。

最后一步对于期待的表达，往往是本次面谈接近尾声的一个暗号。作为一个总结性的步骤，老师会在分析了试卷表现出来的问题的基础上，给学生提供一个“如果所有问题都改正”了以后，在下次考试中值得期待的分数。

医疗制度当中，医生和孕妇的对话通常以医生的询问和孕妇的回答模式完成。在孕妇回答完医生的问题以后，医生对孕妇的情况进行解读，在这当中或之后，孕妇再针对自己的情况提出问题。

① 办公室的八个老师中，四个老师都做了每个人一张 A4 纸的学生成绩 Excel 图表。在图表上，除了学生每次考试的成绩，还有表达学生成绩浮动趋势的折线图。此外，每个老师在考试之后的一个重要工作就是算小分。老师们手头都有一个表格，横向每一格是每道题的得分，纵向是每个学生的名字。在掌握每道题的平均分、班最高分、班最低分的基础上，老师可以评判在每道题目上学生的表现。因此在总体情况评价的最后，老师会指出在本次考试中，学生在哪个部分的表现比较好，哪个部分表现不太好。

孕妇：我在当地医院16周之后做的唐筛。然后医生让我到……（孕妇并没有说完自己的话，她迫切希望直接询问医生自己的问题。此时医生开始询问孕妇基本情况）

刘主任：末次月经？

孕妇：4月2号。

刘主任：现在8号，18周。风险是466。

孕妇：你看看其他的。

刘主任：平时月经是不是很准啊？准吗？

孕妇：平时月经……就差个两三天。

刘：来月经几天干净啊？

孕妇：七八天。

[……医生随后又询问了孕妇是否有接触有害物质的情况，比如物理化学有害物质等。孕妇解释自己在怀孕期间曾经喝过酒，医生说这个对目前的情况没有影响。]

随后刘医生继续根据唐氏筛查的风险数值给孕妇介绍相关的检查项目并请孕妇和家属做出选择。（2016年8月8日，产前诊断咨询室）

孕妇在与医生沟通的过程中，一开始都急于表述自己所困惑的问题。但是大部分时候医生会要求孕妇按照自己的规则陈述孕产史：怀孕时间、经历，以往的流产、生产经历，已育孩子数目、流产次数以及此次怀孕顺利与否等情况，以此来对孕妇的身体进行总体性的评估。随后，医生会让孕妇针对此次咨询具体的问题展开，医生对其进行解释。解释之后，医生再根据医疗系统的技术规范给孕妇提供具体的检查建议，孕妇根据自己的情况做出选择。而在孕妇选择的过程中，医生的意见也常常发挥着指导性作用。

量化结果阐释在专业知识体系的制度化程度、特定时间空间限制和语言结构中完成，这一过程离不开教育和医疗这两个制度背景环境。在这一制度环境之下，量化结果的阐释在互动过程中带来了什么样的后果？这一后果如何具体体现在"代理人"和对象的互动过程当中？

## 五 量化结果的阐释与客体化的内容

量化工具所客体化的内容，一方面由工具的设计决定，另一方面受到阐释内容的影响。而量化结果最终对检测对象起到什么样的作用，很大程度上受到面谈过程中被阐释的内容影响。医生与孕妇或者教师与学生在互动过程中对量化结果进行阐释的方式，对量化结果产生的实际效果有关键影响。

何种量化结果可以成为阐释的对象往往取决于作为类属知识基础的知识系统。但在具体阐释过程中，专业人员个人的态度和经验对阐释方式具有主要影响。在医院门诊中，医生会根据循证医学和个人经验，综合孕妇的怀孕生产史和检查结果来判断孕妇的身体健康状况和胎儿状况及可能存在的问题，并以此为根据安抚孕妇或者提醒孕妇需要引起重视并进一步检查。[①] 在学校，老师与学生的互动围绕着“分该不该丢”展开。老师根据考试的整体情况、对学生的日常了解和具体题目的得分判断对于一个学生来说，某题目的分数“该与不该丢”。在有限的面谈时间中，老师寻求通过该与不该的问题，找到学生能力上的漏洞，引起学生重视，并有的放矢地提供帮助。

在老师和医生对于情况做出判断并提供帮助的过程中，我们观察到量化工具在两个场景下客体化的内容跟量化基本的逻辑有所相似，但又不尽相同。在这一部分中，我们将分析五个用来认识个人情况，对作为主体的人进行赋值的客体化内容。

### （一）位置的客体化

“日常互动的社会学研究有一个前提，便是个人间存在共享的，确定行动者社会身份的，和操控决定这一社会身份的标签的能力。”（Boltanski and Thévenot，1983：631）医生与孕妇、老师与学生两组互动关系中，通过沟

① 在这一问题上，由于当前医患关系紧张，即使很多孕妇会询问医生的个人判断，不少医生考虑患者事故中的个人责任等情况发生会尊重就医者及其家属的知情选择权。然而在实际沟通过程中，我们并不难感受到医生的态度或者建议。

通实现关于社会身份的知识和能力的生产和共享。在受访者口中，这便是"找到位置"和"自己的位置"。

"位置"作为在阐释框架中才能觅得的知识，首先依托于双方所掌握的类属知识，以及关于如何使用类属知识的实践知识。这一共享的类属知识和归类能力正是通过反复检测和反复沟通逐渐打造的。这一知识的生产和使用，因为通常经由思考而构建，很少能被观察和记录，因此也难以进行研究。然而医生问诊、老师面谈两个过程的目标便是将这一知识通过语言沟通表达出来，双方动用自己所具有的知识来对当下情况做出判断。因而这两个场景为观察和理解这一类知识提供了可能。这一知识被观察到的场景，经常是协商改变类属的时候。

老师是在学校的场景里对"位置"的认定有着重要作用的权威。每一次考试成绩出来之后，历史成绩对于学生"位置感"的塑造是迎接新成绩的基础态度。而当新成绩不符合这一历史性的位置感时，专家阐释的角色便显得格外重要。

> 中午午休吃过饭后，学生来办公室找L老师分析试卷。L老师拿出全班每道题得分的大表，和学生一起看。"这次你自己觉得考得怎么样呀?"边看表，边问学生。"有点儿虚。"学生托着长音，不太确定的样子。短暂的安静，老师在专心看各个题的得分情况，学生也不说什么，盯着全班的得分表。"考得还是不错的。"老师眼睛没有离开得分表，总结道。"我觉得古文阅读分给多了（用手指着一道简答题），其实我没太看懂，诗歌也做得不是太好。"对于老师给出的评价，学生不是很认同，并提出了自己的疑虑。老师接着问："你觉得高三以来有什么明白的了?"老师问学生是否感觉新学到了什么以帮助她提高分数。学生思考了一会儿说："感觉（答题）不能模式化。"老师说："嗯，审题。"学生说："还有长阅读要跳着看。"老师说："这叫从大处着眼。"最后，学生说："这次的古文不一样，有的要都读懂，这次不懂也能做。"（2016年1月25日，语文办公室）

来找老师面谈的学生S，在老师眼里是一个安静踏实的女生。几次稳定的好成绩和这一次在考试中优秀的表现，让老师认为这名学生有“潜力”。而这次的分数也证明她正逐渐步入班里前十名的类属。在R中的总体水平基础上和L老师任教的这个实验班里，班里前十名的含义是有上北大、清华的可能性，至少可以上一个比较好的985学校。这也是老师对她的定位。根据对这名学生日常的了解，学生S当前的表现符合L老师对这个学生的预期，并可能在预期中调整对学生的分类。

这一段对话中S同学对于这一次考试成绩的态度则比较复杂，一方面认为所得的分数比自己期待的要理想，另一方面却不清楚这一超过预期的结果来自哪里，因此担心好成绩来自考场表现的随机性，而不是实力的提升。在面谈中，她最大的需求是借助老师的专业理解来确定这次成绩的提高是否包含确定性信息，并以此来判断是否可以上移自己在身份认同上的类属位置。

在老师问到她自己的感觉的时候，她表述为“有点儿虚”。“虚”是一个很多学生都会用到的字眼，经常被用于描述分数不符合已知的身份类属知识的情况，即一种不确定感。分数作为身份（identity）的符号性标志，与学生自己的了解产生了间隙，因而需要寻求老师的帮助，以补充类属知识，弥合这一间隙，或通过老师权威性的解读，来更改对于自己的类属性认识。对于学生，当自己的“位置”发生变动，而这一变动并非在自己预见之内时，老师的阐释就扮演了重要的角色。这一变动可以是进步，也可以是退步，而双方向的变动经常用“虚”字表达。

老师的阐释帮助她塑造了新的“位置感”。对学生来说，当她提起几个她认为分数给高了的点时，她保留自己的类属身份，把好成绩归功于运气或者是老师的误判。而老师接下来对她的提问前提是确认类属变动，并寻求“落实”学生的进步。老师的问题引导她开始思考成绩中“实在”的一面。学生逐一说出了在见到老师之前不曾思考的、可能存在的改善时，老师重述学生的句子，将其转译为教学上的用语。这一转译将学生描述性的话语确认为学生的进步是掌握了符合教学知识、被教师的权威承认的考试技巧。与此同时，这一转译过程，限制了学生对其描述的"可能性意涵"（potential meaning）（Alexander，2003），把学生的个人感受变为在教学语境中有意义的"能力"，并限制了以其他语境参与阐释的可能。如此一来，一方面给予了学生位置变更的合理性，另一方面制造了个别的行为背后有一整套关于做题方法的教学理论支撑的印象。这一转译使学生协同老师来改变她的"主观位置"。成绩的阐释对生产或者改变一个学生的"位置"有着至关重要的作用。追求优秀的动力也由此产生。

个人通过量化评价的阐释所生产的"位置"，也建构着一种人际关系。在已有研究中，量化工具所提供的"共衡性"（commesuration）制造了人与人之间竞争的关系（Espeland and Stevens，1998）。在我们的观察中，竞争关系很少被直接表达出来，学生们更关心的是自己的成绩。出于对学生个人信息的保护，学生们的考试成绩不会被公开。他们会询问一两个关系较近的同学的成绩，但很少主动去和别人比较，在访谈中，很多学生强调和别人比较的行为没有意义，应该和自己的历史成绩进行比较。学生的态度体现了量化工具在"个体化"（individualization）过程中起实际的作用。与此同时，我们也不能说在中国的高考背景下，量化工具的个体化功能强于其制造竞争关系的功能。事实上，老师和学生用来确定一个人的"位置"的背景信息建立于群体共同建立的框架：成绩得分表。评价工具设定了群体共享的定位框架，因此"位置"对于所有人来说都是由"别人"设定的框架决定的。对于每个人来说，"自己的位置"不是自己可以决定的。因此，量化结果提供的是个人化评价比较无法提供的"位置感"，其比较的对象并非某一个或者某几个确定的人，而是规模大于人际互动可以比较的较大群体，如全校、全区、全市等。量化结果的阐释可以提供的是抽象位置，而非个人比较可以直接得出的"成功"与"失败"、"好"与"不好"的信息。于是，这些价值判断上的结果便需要依赖老师和学生的"主观定位"是否与成绩契合而决定。而对于这个定位老师有制度赋予的权威阐释权。通过关于这个主题的谈话，言说过程则是关于"位置"这一理解的客体化过程。正是这个过程，可以被理解为"定位"。

## （二）风险的再评估

怀孕过程中一直困扰孕妇的便是孕期各种可能的风险。“风险”被认为是可以通过人为干预来管理的，它与选择、责任和罪责相关（Lupton，1999：26）。在孕产妇得到产前检查结果以后，她们的身体状况或者胎儿健康所表现出来的往往是“风险”数值所处的特定范围。以唐氏筛查为例，检查结果可能出现“高风险”和“中风险”，以及同样充斥不确定性的“低风险”。医生对孕妇进行量化结果的阐释，产生的直接后果之一便是使孕妇认识到自己可能面临的风险。

高龄孕产妇群体在单独二孩生育政策出台以后陆续增多，不少女性在超过35岁后决定生育二孩，她们在怀孕过程中往往对高龄生育的风险有一种变化性的认识（邱济芳，2017）。产前门诊的沟通这一环节成为不少孕妇认识自己怀孕风险的关键过程。

> [2016年8月18日，一名43岁的高龄二孩孕妇前来询问产前门诊，希望获知自己当前需要做什么样的检查，有何种注意事项。]
>
> 刘医生：你现在是43岁，43岁如果我不做任何的干预，你的孩子出问题的概率是1/40，1/40的概率相当高。但是你也可以想，那39个都是没有问题的。但是如果说我不去做任何检查。但是呢，有的人说我不愿意冒这个险，那就做产前诊断。[……] 羊水[①]好，就是准确直观权威，但是缺陷是穿刺有一定的风险。无创DNA[②]呢，是一个精准的筛查，是一个精准的指标。就看你们自己倾向于什么，如果你们不想冒穿刺的风险呢，就做无创。如果你们觉得这个风险你们能承受，那就做

① 羊水穿刺，也叫羊膜腔穿刺，是产前诊断的一种方法。医生可以通过抽取羊水得到胎儿的皮肤、肠胃道、泌尿道等的游离细胞，利用这些游离细胞进一步分析胎儿的染色体是否异常。

② 无创DNA，即无创基因检测，是一种高精度的产前筛查方法。其做法是采用大规模平行测序技术采集孕妇5~10毫升静脉外周血，利用高通量基因组测序平台及生物信息分析技术，判断胎儿患唐氏综合征和其他染色体疾病的可能。

> 羊水。还有一个，羊水你们如果做的话呢，约好时间再来一趟，无创你如果做的话呢，今天上午就可以做。（2016 年 8 月 18 日，高龄二胎孕妇，43 岁，询问检查项目）

孕妇的"风险"在这一过程中被权威医学重新定义。高龄产妇，即年龄超过 35 岁的产妇，按照产前诊断要求需要进行羊水穿刺检查。但是羊水穿刺技术的流产风险对很多孕妇来说并不能忽略不计，于是医生还会推荐另一种检查项目：无创基因检测。医生根据孕妇的基本情况对其风险进行再次评估，给孕妇介绍两种检查技术所带有的风险，从而让孕妇在已有项目中进行选择。当然，医生并不仅仅是将孕妇纳入风险范畴，还会根据孕妇身体的实际情况进行判断，解除部分孕妇的风险焦虑。

> [一名 30 岁的孕妇检查之后发现结果上显示胎儿的左心室偏大，非常紧张。医生随后问她唐筛风险高不高，她说并不高。] 刘医生接着解释说："胎儿心脏结构没什么啊，就是左心室偏大一点，这个不一定有临床意义。"
>
> 孕妇：这个不一定有临床意义是吧？
>
> 刘医生：我们收到这个信号之后就会看，这个在宝宝的身上到底影响有多大？对宝宝以后到底有多大影响？做下来之后当时你不是做了一个心脏超声，当时看的不是也没有什么异常。结果还是比正常的稍微大一些。那么这样看的话，如果心脏出现结构性加重，说不定这个孩子生下来心脏是不错的。（2016 年 8 月 22 日，B 超显示左心室偏大）

同样，经过医生对量化结果的阐释，孕妇所面临的风险似乎也减小了。医生将孕妇的这一 B 超检查结果放到循证医学的根据上进行估计，并针对孕妇最担心的问题——胎儿健康提出分析，判定这一结果不一定具有临床意义，即对胎儿没有影响。与此同时，医生面对担心胎儿健康的孕妇，还告知她这种情况还可能说明"孩子生下来心脏是不错的"。单独面对这一数据的孕妇可能经历对健康和风险的焦虑，而医疗权威专家对量化结果的阐释，给这一似乎阐释内容单一化、客观化的数据赋予了主观判断的灵活化色彩，并有效缓解了孕妇的焦虑情绪。

### （三）“胎儿健康”的可操作化

孕妇对可能面临风险的不确定感与优生的标准密切相连。在优生的标准下，人人都渴望“好孩子”。医疗制度当中的出生缺陷筛查计划通过医生和孕妇的沟通更是不断强化了这种对胎儿健康的渴望。而胎儿健康体现在量化结果当中便是数值的“标准化”。

出生缺陷预防中最关键的一环是全国范围内推广的唐氏筛查。孕妇在怀孕早期和中期都需要进行唐氏筛查，分别称为早筛和中筛。唐氏筛查的结果便是直接将可能的问题通过风险数值表示出来。尽管这一筛查项目的准确性经常遭人诟病，但是其以价格和医疗福利优势仍然在医院中非常流行。唐氏筛查的结果具有不稳定性，因此医生在和笔者进行介绍时将其称之为一种“低效度的筛查项目”，而当前流行的无创基因检测则是一种“高精度的筛查”，羊水穿刺或者脐带血穿刺则是“诊断”。

> 唐筛就是看18三体，21三体。这个呢，是根据统计学算出来的，所以它最后给你的是一个概率，关于什么的呢？关于21三体和18三体的可能性。这个是低风险的，这个是812。还有一个高危的风险，是1/270。你这个年龄的比例呢，是1/99。这么比呢，你的没有问题。但是呢，还有一个线就是我们中国人人群的1/1000，相比之下，你也没有超过这个。所以相对来讲，你这个虽然是低风险，但并不是一定没问题。高风险不一定绝对有问题，低风险不一定没有问题。
>
> 现在你有阴道出血，那么第一个呢，做个B超，看看B超下面小孩有没有什么结构的问题，或者看有什么怀疑的。看看B超有什么线索，我们院的B超要约的。然后考虑是否做羊水穿刺。第二个方法就是直接做无创，直接抽胳膊上的血，那个呢，99%的准确性。那么羊水

穿刺是100%的。对什么病？就是对21三体，还有18三体。（2016年8月30日，吴医生向孕妇介绍唐氏筛查项目及之后的检查项目）

孕妇身体和胎儿健康的关系从模糊的、抽象的内容，具体化为精确的数值比较。制度中的"代理人"成为这一过程的关键角色。他们根据自己对"当事人"的判断，对胎儿和孕妇的健康状况进行具体分析，并且给出针对性的建议。无论是对唐氏筛查的数值进行解读，还是给孕妇提供相关的检查选择，似乎为了胎儿的健康，孕妇可以依赖特定的检查或者特定的行为对其进行操作和影响。

产前门诊中医生通常会根据孕妇当前的检查情况比较给孕妇提供行为建议，包括服用孕期保健品、适当运动锻炼等，胎儿的健康成为一种可以通过孕妇行动进行干预的内容，孕妇由此和胎儿产生了更直接的联系。产前门诊时，医生告诉孕妇需要及时补充微量元素，如果孕妇没有服用，医生会询问是否需要在医院购买或者建议她们再次咨询营养科专家。王医生在回答一名孕妇尿酮高咨询时告知她同样应该关注自己微量元素的补充："妈妈贫血我们为什么到了四个月让病人开常规的补钙补铁啊？就是怕妈妈体内缺乏这些微量元素。导致孩子，本来一个好孩子，因为缺乏这些关键的东西，出问题了。我们是尽量把这些风险降到最低。"（2016年9月14日，孕妇尿酮高前来咨询）

对风险的控制以及对胎儿健康的追求成为孕妇在产前的主要目标，而这一过程的结束则是以分娩出"好孩子"为最终标准。

### （四）"能力"的外在化

"能力"作为夯实"位置"的重要依据，也是在对于成绩的阐释中，才得以客体化的内容。"能力"无法独立于关于它的话语而存在，也无法独立于对其提出要求的任务而存在。在高考备考的背景下，量化数据被用于描述学生特点，并将其转译为对学习、考试这一任务有裨益的"能力"。作为一个依据教育目标而建构的概念，关于能力的表述有利于帮助学生理解被检测工具客体化的部分和检测的标准。

在老师与学生面谈的问题分析阶段，谈话围绕的主题是寻找导致丢分的缺失的“能力”。

> M老师在午饭后接待了第一个来面谈的学生。在分析问题阶段，老师看到文言文阅读的一道题得分比较低，评价道“你这一分太不应该了”。学生解释道“我是写完作文回来写的”。老师没有接话，强调“你没有抓住重点，让你说的是虚词”。接下来老师简短解释了虚词的概念。“这其实都不太应该丢分，这不像分析诗歌，要求全诗读懂，这个不需要，就是不够细，不够深。”（2016年1月22日，语文办公室）

T同学在M老师班上是语文课代表，语文成绩一直很好，是老师眼里的好学生。他们的这段互动中讲评的题目，当老师在和其他学生讲评的时候，认为难度较高，很难拿到满分。但在这一段互动中，老师认为T同学不应该在这道题上丢分。针对错误，学生给出的理由是时间不足，解释自己采用了先写作文再回来做题的策略。但这一理由不能说服老师。考试的时间总是紧迫的，考试中的一个重要能力便是可以快速解题的能力。因此老师更强调对快速解题有帮助的“抓住重点”的能力。这一道题目的解题重点是对于虚词概念的把握。老师认为学生T掌握这个知识点，且这一知识点的掌握与否不直接影响得分，因为根据老师的判断，该题目不需要理解这一知识点，而更需要抓住重点的能力，因此最后再次强调关键就是没有抓住重点，鉴于T学生作为好学生不应该完全没有这一能力，所以老师强调T学生对于这个能力的缺失并不严重，仅仅是“不够细，不够深”。

在面谈的过程中，从失掉的分数出发，老师通过提问并鼓励学生描述自己在做题过程中的情景，来获取重建“能力”的必要背景信息。“能力”的建构成为下一步行动的基础。老师根据学生缺失的能力提出解决方案，为学生制定个体化的专项训练。

> 中午一点二十，F同学应老师邀约，来讲近期统练中完成的作文。老师拿出区里统一下发的作文分类资料，给F同学详细讲解了一遍作文的分类系统。在这次练习中，F同学的作文被评为"二类中"。L老师讲到F同学的文章像是"注了水"。并解释说文章思路有低级和高级之分。高级的文章思路要反映现实问题。F同学的作文条理清楚，也算有观点，但是观点不行。老师推荐了备课组选出的本次练习中年级里写得比较突出、统一印发的范文篇子中的2号范文。这个范文是批评类，和现实联系紧密。此外，老师还让学生去看4号范文，该范文立意更有新意。但学生的文章思路更像2号文，所以老师提出让学生按照2号范文练习仿写。（2016年3月2日，语文办公室）

定位和寻找问题、制定专项训练的关系在这个作文的例子中得到更好的体现。老师手上的高考作文评分标准资料中，二类文的要求是："符合题意、中心明确、内容较充实、感情真实、语言通顺、表达大致得体、结构完整、条理清楚。"在50分满分的作文中，一类文的评分在42分以上，二类文在37分以上。在老师的工位上还贴着另一张手写的评分标准，其细化了每个等级内部的打分标准。其中二类中的作文评分为36～38分，而二类上为39～41分。老师在讲解中，并没有完全按照评分标准的措辞来阐释F同学在作文上遇到的"问题"，而是把中心明确和内容较充实的问题阐释为"观点不高级"和"没有联系现实问题"。老师将标准根据学生的具体情况转译出来，而这一转译过程也使得学生可以更好地接受老师的阐释，认同"问题"和"位置"之间的关系。在接受了问题之后，老师给出了个人化的解决方案。

"能力"是得分和丢分的关键因素。因此引发丢分的错误首先应在学生身上找，学生能提供的往往是在做题过程中的描述性信息，而老师则需要将这一信息抽象化为某一教学话语下的能力。这一抽象化的过程，便把学生主观的感受和做法，客体化为只存在于教学语境的、独立于学生个体而广泛存在的能力。学生需要做的是学习这一能力，就像装备上某外在的配件一般。

而在实际的分析中，大多数对于“能力”的话语都发生于对丢分情况的分析。因此，只有老师认为学生不具备的“能力”才会被这一话语捕捉，并通过客体化过程被认识。也正因此，关于“能力”强调的是一种对学生来说是抽象的且自己不具备的东西。虽然老师会提供配套的解决方案，但是在没有新的分数来确认能力的获得之前，学生容易陷入能力缺失的不安中。与此相反，正如我们在上文L老师和S同学的例子中，如果老师的阐释确认了学生对某能力的习得，那么对于该能力的客体化则有缓解学生不安，增强学生对于自己位置的确定感的作用。

### （五）符号资源的客体化

在面谈的最后一个步骤中，老师往往会总结整个讲评的所有信息，得出学生在改正问题、提高“能力”后，下一次考试应该得到的分数。围绕学生在考试中“应该得多少分”的话语表达了老师对学生的整体期待，也反映了话语背后的类属知识的作用：分配符号资本（capital symbolique）。“应得的分数”将模糊的期待客体化，生产了具体的“符号资本”。这一被频繁使用的概念的含义曾几经变迁，而在《实践理论大纲》（2017［1972］）这一部在布迪厄研究生涯中离田野距离最近的理论总结中，他将这一概念定义为“名望的信贷”（crédit de notoriété）。赋予一个人符号资本，便是赋予一个人与他的作为尚不匹配的名望，以期他在将来做出兑现。老师和学生面谈的最重要结论，便是通过谈判来衡量一个学生可以被赋予多少“符号资本”。在前文曾引用的那段M老师和T同学的互动中，M老师如此结尾：

> M在面谈结束的时候总结道：“诗歌丢分太多了，怎么也要120。你文综那么厉害，应该进前十。诗歌多看鉴赏，把以前做的多总结总结。你可能对中国诗的表达习惯还不熟悉。下次语文120以上。”（2016年1月22日，语文办公室）

无论是排名进前十，还是语文120分以上，都是老师在分析完学生的具体问题后，为学生做出的整体预期。而这一预期明确交代了老师一方关于学生的主观类属，决定了对于符号资本的分配。这一资本的交付帮学生建设关于"优秀"的可能性的想象。正因这一资源需要从老师处获得，所以一对一的面谈过程才是对于这一符号资源从老师处向学生处流动的分配过程。这一过程便是学生"符号资本"的信贷过程。一方面尝试提高自己所属的类属，另一方面从老师处寻求对自己的期望值。这一符号资本的客体化过程，便是制度化文化中，通过量化工具实现的分配方式。

Rosenthal 和 Jacobson（1968）曾经研究过皮格马利翁效应对于学生表现的影响。根据这一效应，获得老师正面期待的学生在未来会有更好的表现。作为心理学家，两位研究者对这一效应给出了心理学上的解释。本文利用布迪厄的"符号资本"理论，从社会层面上理解皮格马利翁效应发生的过程。老师通过给学生"放贷"符号资本，以激励学生通过特定方向上的努力，来偿还提前支付的"位置感"。因此，老师和学生面谈的过程中表述具体期待分数的步骤可以理解为对学生符号资本的客体化过程。

## 六 结论与讨论

本文从制度代理人的日常工作角度重构了制度化择优的意义生产链。与以往围绕"素质"这个本土概念展开的讨论不同，本文从教师和医生对于量化检测结果的分析阐释过程出发，研究提高"素质"的具体操作，以及促使个人趋向"择优"这一价值观的意义建构过程。

在越来越依靠数字来认识自己所生活的世界的今天，形形色色的量化工具在不同领域中被广泛使用，也引发了诸多研究的讨论。在已有的研究中，量化工具多被视为普适性工具，或仅在个案中讨论，很少有关于这个话题的比较研究。其在不同制度中展示出的特性和不同的使用方式少受关注。此外，我们遗憾地发现，在制度当中实际操作量化工具的人在这些讨论中缺席。作为量化工具的使用者、客体化技术的实施者和国家政策的决策终端，他们的可操作空间经常被忽视。而本文将他们视作我们所关注的两个制度文化的载体。

根据文化社会学近期的进展，对于文化的研究分为“表述性文化”（declarative）和“非表述化文化”（non-declarative）（Lizardo，2017）。前者是对于知识性文化（know-that）的研究，而后者是对于实践性文化（know-how）的研究。本文通过成绩分析过程和解释检查结果过程，观察形成主观类属知识，及在反复操作中形成归类实践性文化的过程。

在制度化择优的环境下，“优生”和“优秀”的类属标签与个人之间的关系受到相关知识传播和相关意义建构的双重约束。我们可以看到在国家政策层面之下，不同领域的制度化过程对于其执行有着不同的影响。在医疗领域，循证医学的高制度化程度使得“优生”可以通过一系列已经存在的医疗知识和医学检测直接落实在差异化的个体层面，从而创造了量化工具施展强效用的环境。在教学场景中，实操教学知识的低制度化程度，给予老师的个人经验以更重要的地位。同时，量化工具形成的意义也有着更大的操作空间。他们使用的阐释话语的“分配原则”也发挥着更强的效力（Bernstein，2000）。根据不同个人的特性来决定话语内容，满足不同需要，具有一定灵活性并能保证制度目标的实施。

“量化过程使曾经不可见的人或特性变得可见。”（Espeland and Stevens，2008：415）信息的透明化在量化研究中一直是重点之一。这一透明化过程使得对复杂和分散的现象的检视成为可能。数字虽然有高度的抽象总结能力和极强的传播能力，但是在这个抽象过程中，数字无法传播其生产过程中的复杂信息。因此，在信息透明化的过程中，数字也通过“黑箱化”遮蔽了一部分信息。正是基于这一遮蔽功能，量化数字可以“再语境化”，使对其的阐释更加符合制度目标。在两个制度空间中，我们分析了在以优秀为目标的学校教学中，对成绩的阐释如何建构了“位置”和“能力”的观念，为学生提供了对自己在群体中的身份和对能力的认知和行动方向。我们也分析了在以优生为目标的医院产科中，数字的阐释如何重构了“风险”和“胎儿健康”两个客体化的观念，为孕妇提供了关于自己身体的可认识和可行动的对象。

数字的力量被视作带有穿透力，易于跨地域、跨时间、跨文化来产生效力。但从符号权力的角度来重新审视，会发现其效力并非无止境。未经阐释的数字无法直接和意义、情感这些主观体验建立链接。使数字产生效力是通过建构这些"符号"的意义而实现的。意义的建构过程使得主观体验和客观环境相契合，以此形成"语言的行动"（Austin，1975）。这一过程也被布迪厄总结为"用符号做事"（faire du symbolique），在他看来，通过符号做事是一种"制度的行动"（l'action ou les actes de l'institution）（Bourdieu，2015）。在数字的阐释中，老师和医生是被制度授权（mandaté）的阐释者，他们进行阐释的过程便是在执行制度的"符号权力"（pouvoir symbolique）。而这一权力的行使一方面受到制度化程度和制度目标的限制，另一方面基于他们的自身经验。因此，符号的力量从来不是无限的或者普适的，它对行动的力量受到制度及其所处文化的约束。

在本文中，我们察觉到代理人在对数字意义的赋予过程中存在操作空间。老师和医生在阐释过程中除了扮演建构量化评价的意义链条和达到优生、优秀的制度目标，也扮演着情感调适者的角色。Espeland 和 Sauder（2016）关于法学院排名制度的研究，提出量化过程使人与人之间形成残酷的竞争关系，是生活在这一环境下的个体焦虑的源泉。同时这一环境也鼓励参与者通过作弊手段来获取优势。在对检测工具的研究中，福柯认为工具和个人之间有着确定的规训关系，在对检测结果的研究中，量化过程被视作不确定感的生产者。本文认为数字以及量化评价过程和孕妇与学生的不确定感有复杂的关系，而非单向的简单直接的关系。一方面，数字及量化评价过程的增加会给孕妇或者学生带来更多的不确定感，从而增加焦虑的体验。在笔者对两所中学的学生做的覆盖整个年级的调查问卷中，观察到与老师沟通的频率和面对考试的紧张程度之间有正相关关系。但在田野中，我们观察到情况并不总是这样的。在老师和学生分析成绩的过程中，如果老师强调成绩反映的是不具备的"能力"，但与此同时对学生予以厚望，提供丰厚的"符号资本"借贷，那么这个场景便像是高风险投资的场景，容易使学生陷入紧张的状态。但对于成绩提升中习得"能力"的分析，则有利于帮助学生走出焦虑状态。另一方面，焦虑状态也通过在医生和教师的指导下提升“能力”和规避“风险”而得到缓解。对于量化结果的阐释既是孕妇或者学生焦虑的来源，也是缓解他们不确定感的关键工具。量化评价及数据的使用与推广成为越来越多现代制度的关键特征，这一背景下，制度代理人和客体化过程更应该成为研究关注的焦点。行动者如何在不同制度文化下行动将决定量化评价、数据理解及其作用。

## 参考文献

布迪厄，2017，《实践理论大纲》，高振华、李思宇译，北京：中国人民大学出版社。

福柯，2003，《规训与惩罚：监狱的诞生》，刘北成、杨远婴译，北京：读书·生活·新知三联书店。

高淑芬、夏雪红，1988，《制定妇幼卫生“七五”发展计划》，载编辑委员会编《中国卫生年鉴 1987》，北京：人民卫生出版社。

皇甫翰深主编，2009，《医学伦理学》，成都：四川科学技术出版社。

李春玲，2010，《高等教育扩张与教育机会不平等——高校扩招的平等化效应考查》，《社会学研究》第3期。

李猛，1999，《论抽象社会》，《社会学研究》第1期。

邱济芳，2017，《流动性经验与理性医疗选择——基于高龄产妇的个案分析》，《妇女研究论丛》第1期。

陶芳标，2003，《妇幼保健学》，合肥：安徽大学出版社。

王家良，2005，《循证医学》，北京：人民卫生出版社。

王翔朴、王营通、李珏声主编，2000，《卫生学大辞典》，青岛：青岛出版社。

郑晓瑛、宋新明、陈功，2005，《提高出生人口素质的战略转变：从产前－围产保健到孕前－围孕保健》，《中国计划生育学杂志》第8期。

周怡，2008，《强范式与弱范式：文化社会学的双视角——解读 J. C. 亚历山大的文化观》，《社会学研究》第6期。

Anagnost, Ann. 2004. “The Corporeal Politics of Quality (Suzhi).” *Public Culture* 16 (2).

Alexander, Jeffrey C. 2003. *The Meanings of Social Life: A Cultural Sociology*. Oxford University Press.

Aron, Raymond. 1991. *Introduction à la philosophie de l'histoire. Essai sur les limites de l'objectivité historique*. Editions Gallimard.

Aron, Raymond. 2017. *Introduction à la philosophie de l'histoire. Essai sur les limites de l'objectivité historique*. Editions Gallimard.

Austin, J. L. 1975. *How to Do Things with Words.* 2Rev e. edition. Cambridge, Mass: Harvard University Press.

Bernstein, Basil. 1990. *The Structure of Pedagogic Discourse: Class, Codes and Control, Vol IV.* London: Routledge.

Bernstein, Basil and Joseph Solomon. 1999. " 'Pedagogy, Identity and the Construction of a Theory of Symbolic Control': Basil Bernstein Questioned by Joseph Solomon." *British Journal of Sociology of Education* 20 (2): 265 - 79.

Bernstein, Basil. 2000. *Pedagogy, Symbolic Control, and Identity.* Revised edition. Lanham, Md: Rowman & Littlefield Publishers.

Boltanski, Luc and Laurent Thévenot. 1983. "Finding One's Way in Social Space: A Study Based on Games." *Social Science Information* 22 (4 - 5): 631 - 680.

Boltanski, Luc and Laurent Thévenot. 1991. *De la justification: les économies de la grandeur.* Gallimard.

Boltanski, Luc. 2009. *De la critique: Précis de sociologie de l'émancipation.* Paris: Gallimard.

Bourdieu, Pierre. 2015. *Sociologie générale vol.* 1: *Cours au Collège de France* 1981 - 1983. Seuil.

Coenen - Huther, Jacques. 1992. "Production informelle de normes: les files d'attente en Russie soviétique." *Revue Française De Sociologie* 33 (2): 213 - 232.

Desrosières, Alain. 2016. *La politique des grands nombres: Histoire de la raison statistique.* La Découverte.

Dubuisson-Quellier, Sophie. 2016. *Gouverner les conduites.* Presses de Sciences Po.

Espeland, Wendy Nelson and Mitchell L. Stevens. 1998. "Commensuration as a Social Process." *Annual Review of Sociology* 24 (1): 313 - 343.

Espeland, Wendy Nelson and Michael Sauder. 2007. "Rankings and Reactivity: How Public Measures Recreate Social Worlds." *American Journal of Sociology* 113 (1): 1 - 40.

Espeland, Wendy Nelson and Mitchell L. Stevens. 2008. "A Sociology of Quantification." *European Journal of Sociology* 49 (3): 401.

Espeland, Wendy Nelson and Michael Sauder. 2016. *Engines of Anxiety: Academic Rankings, Reputation, and Accountability.* 1 edition. New York: Russell Sage Foundation.

Foucault, Michel. [1975] 1993. *Surveiller et punir: Naissance de la prison.* Paris: Gallimard.

Goody, Jack. 1979. *La raison graphique. La domestication de la pensée sauvage.* Paris: Les Editions de Minuit.

Greenhalgh, Susan. 2010. *Cultivating Global Citizens: Population in the Rise of China.* Cambridge: Harvard University Press.

Hacking, Ian. 2006. *The Emergence of Probability: A Philosophical Study of Early Ideas about Probability, Induction and Statistical Inference.* 2 edition. Cambridge, New York: Cambridge University Press.

Lamont, Michèle, Marcel Fournier. 1992. *Cultivating Differences: Symbolic Boundaries and the Making of Inequality.* University of Chicago Press.

Lamont, Michèle, Laurent Thévenot, ed. 2000. *Rethinking Comparative Cultural Sociology: Repertoires of Evaluation in France and the United States.* 1 edition. Cambridge, New York: Cambridge University Press.

Lamont, Michèle. 2012. "Toward a Comparative Sociology of Valuation and Evaluation." *Annual Review of Sociology* 38 (1): 201 - 221.

Latour, Bruno. 1999. *Pandora's Hope: An Essay on the Reality of Science Studies.* Cambridge, Mass: Harvard University Press.

Lizardo, Omar. 2017. "Improving Cultural Analysis: Considering Personal Culture in Its Declarative and Nondeclarative Modes." *American Sociological Review* 82 (1): 88 - 115.

Lupton, Deborah. 1999. *Risk: Key Ideas.* London: Routledge.

Meyer, John W. and Brian Rowan. 1977. "Institutionalized Organizations: Formal Structure as Myth and Ceremony." *American Journal of Sociology*: 340 - 363.

Negro, Giacomo, Greta Hsu & Özgecan Koçak. 2010. "Research on Categories in the Sociology of Organizations." Pp. 3 - 35 in *Categories in Markets: Origins and Evolution*, vol. 31, *Research in the Sociology of Organizations.* Emerald Group Publishing Limited.

Porter, Theodore M. 1996. *Trust in Numbers.* Reprint edition. Princeton, N. J.: Princeton University Press.

Porter, Theodore M. 2003. "Focus Article: Measurement, Objectivity, and Trust." *Measurement: Interdisciplinary Research and Perspectives* 1 (4): 241 - 255.

Rosenthal, Robert and Lenore Jacobson. 1968. *Pygmalion in the Classroom: Teacher Expectation and Pupils' Intellectual Development.* First Printing. New York: Holt, Rinehart & Winston of Canada Ltd.

Sauder, M. and W. N. Espeland. 2009. "The Discipline of Rankings: Tight Coupling and Organizational Change." *American Sociological Review* 74 (1): 63 - 82.

Sewell Jr, William H. 2004. "The Concept (s) of Culture." *Practicing History: New Directions in Historical Writing after the Linguistic Turn* 76.

Thura, Mathias. 2014. "'Dépêchez-vous d'attendre!' Travail militaire et socialisation au combat." *Terrain-Anthropologie & Sciences Humaines* (63): 54 - 71.

《社会学刊》第1期
第93~141页
© SSAP，2018

# 名校生的出路分化

## ——文化-行动二元路径模型下的一种补充性解释*

郑雅君
香港大学教育学院

**摘　要**：关于学校-工作转换议题的主流理论视角尚有未尽之处：行动者通常仅被假定为理性选择者，其价值信念和动机要么被忽略，要么被有意无意地假定为追求最大私人工具性利益。本文借助解释学方法，通过理解学生毕业选择的意图与缘由的建构逻辑，力图将文化价值观对行动的影响也纳入分析视野，揭示学校-工作转换中阶层不平等的现实机制。结合文化资本理论与文化-行动关系之争论，通过对来自两所国内知名研究型大学的38名毕业班学生的访谈，本文根据“作为工具的文化”和“作为驱力的文化”两个维度建立了一个行动者的四分类模型——自我驱动者、机会主义者、迷失无从者、价值归顺者，并依托上述模型分析了不同家庭背景的学生获得毕业出路的不同机制。该模型表明：（1）不同阶层的毕业生树立行动目标的意识和运用文化工具组织策略的能力差距鲜明，理性选择解释仅对自我驱动者和机会主义者有适用性；（2）价值信念对于职业选择行为的作用应该引起研究者重视，特别对迷失无从者和价值归顺者来说，其职业选择可能受到学校文化价值环境和同辈文化的强化或制约。

* 本文的写作思路曾受益于复旦大学高等教育研究所牛新春老师、熊庆年老师，复旦大学社会学系周怡老师、李煜老师的指导意见，以及与复旦大学社会学系唐俊超、郭巍蓉和夏彧博士的交谈，在此谨致谢意，文责自负。

**关键词：** 学校－工作转换　教育不平等　精英大学　毕业选择　文化－行动关系

## 一　问题的提出

为什么弱势家庭背景的学生就算进了最好的大学，也仍难在就业结果上与优势背景的同学并驾齐驱？时下，“寒门学子上了985、211也不能改变命运”的话题频现于媒体，引起公众热议。学校教育历来被视为现代社会中地位分层和流动的首要机制（Grusky，1994；Shavit and Muller，1998；Treiman，1970）。社会成员凭借自身努力获得的教育成就（而非先赋的家庭资本）获得相应的职业地位，是社会开放度和公平性的体现，也是历代中国改革家所希冀的“唯才是举”之愿景。再者，鉴于高等教育是学校教育系统的最高层次和最后阶段，家庭背景的影响理应随着教育阶段的上升而衰减殆尽（Aschaffenburg and Maas，1997；DeGraaf，1989）。再退而求其次，即便普通高校的文凭含金量因扩招而有些许缩水，那么二十年来并未实施实质性扩招的顶层名校至少应该让学子免于家庭出身的缠累。然而现实却令人失望：改革开放以来家庭背景对于教育机会和初职获得的影响力有增无减（李春玲，2003；李煜，2006，2007）；大学扩招并未减少阶层之间的机会差异，反而强化了更精英化的高等教育场域内的阶层不平等（叶晓阳、丁延庆，2015；李春玲，2010；谢作栩、王伟宜，2005）；即便十年寒窗换来金榜题名，重点大学里的寒门子弟在毕业时的职业地位、升学状况、起薪和满意度上都仍然不能摆脱家庭背景的沉重影响（李春玲，2012；郑育琛、武毅英，2014；田丰，2015；岳昌君、周丽萍，2016）。阶级不平等仿若一种谜一般的强力，无休止地渗透在学校和市场各方面的竞争中，撕裂着公众对于“知识改变命运”的期待。

这一谜题其实从未离开社会学家的视野。教育社会学家素以揭示结构性位置对人们教育结果和生活机会的影响为己任，并已就学校－工作转换

（school-work transition）议题形成了丰富的理论解释传统（Lehmann，2014）：一是在理性选择与人力资本的视野下，将不平等视作不同阶层基于各自的处境进行理性计算和选择后的客观结果（Boudon，1974；Breen and Goldthorpe，1997；Gambetta，1987；Mare，1980；Shavit and Muller，1998）；二是在冲突论和批判理论的视野下，将不平等看作由统治阶级控制的教育系统维持特权的必然条件和后果（Apple，2017；Bourdieu and Passeron，1979；Bowles and Gintis，1976）。

上述二者为我们理解学校 - 工作转换中的不平等现象提供了基本思路，却有一个共同的缺憾：均未充分考虑行动者在行动过程中的主观意志和动机——前者将其进行了大幅简化，而后者则因倚重结构而几乎回避了能动性问题。然而，从韦伯（Max Weber）的价值理性（wertrationalität，1978［1921］）到帕森斯（Talcott Parsons）的行动自愿理论（voluntaristic theory of action，1937），再到吉登斯（Anthony Giddens）的结构化理论（structuration theory，1984），都揭示了人类行动背后价值信念和动机的重要性和复杂性。特别是对处于观念可塑阶段的大学生群体而言，致力于立德树人的大学教育恰恰是一个企图施加价值观引导、加剧这一复杂性的过程。缺失了对行动者意图和具体决策机制的理解，高等教育不平等现象背后的具体机制仍然是个“黑箱”（Armstrong and Hamilton，2013；Stevens，2008；Stuber，2011）。在此意义上，文化社会学可以提供一些富有启发意义的思路，使我们得以对上述缺憾有所补充。

本文正是将文化社会学的洞见融入教育不平等研究的一种尝试。与上文提到的两种视角不同，本文将学校 - 工作转换视作学生拥有一定能动性的选择过程（Lehmann，2014），并通过理解学生的主观意志、意图和缘由试图对名校学生毕业出路分化的现象进行解释。基于对中国两所著名 985 工程高校 T 大学和 F 大学中 38 位男性毕业班学生的访谈资料，立足于文化再生产理论和文化 - 行动关系之争，本文提出了一个毕业出路产生机制的四分类模型，试图回答：（1）学生们为何（接受）如此选择？（2）究竟是什么障碍，使得学生的能动性未能弥合他们的社会出身劣势？

## 二　文献述评及理论框架

### （一）被简化的行动理性：主流研究的阿喀琉斯之踵（Achilles' Heel）

虽然不平等是关乎人的问题，但作为行动主体的人却在教育不平等研究的主流框架中十分模糊。首先，继承自马克思主义的再生产批判理论家（Apple，2017；Bowles and Gintis，1976），几乎将所有的解释力放在了经济关系或社会结构上，将学校教育视作统治阶级的工具和傀儡，并不承认平民大众的能动性。鉴于这类结构解释颇有决定论嫌疑，其着眼点又相当宏观，并不适用于观察中观层面的个体选择行为，本文遂将其搁置，不将其作为本文理论对话的主要对象。

其次，在构成教育不平等实证研究的主流范式中，行动者也仅仅被有意无意地假定为通过成本效益计算而追求最大私人利益的理性人，而这里的“利益”也通常被默认圈定在高成绩、高学历、高收入等单一的世俗价值标准内。自索罗金（Sorokin）首开社会流动研究的先河（1927），由布劳-邓肯模型（Blau and Duncan，1967）开创的北美社会分层与地位获得研究（stratification and status attainment）一脉，致力于通过量化方法探究社会出身与教育获得、职业获得之间的联系（Featherman and Hauser，1978；Shavit and Muller，1998），其影响力之深广，勾勒了北美甚至全球教育社会学的底色（Stevens，2008）。这一传统功勋卓著，以至于家庭背景、教育获得和个人社会地位之间的联系在如今已成为常识。然而，除了试图将教育期望纳入考虑的威斯康星模型（Wisconsin model，Sewell and Shah，1968），大多数这类研究中纳入模型的变量，从社会出身到教育成就，再到职业地位和收入回报，几乎清一色为结构性位置的客观指标。其实这些研究并非完全忽略行动者的主体性，他们这样做可能出于两个考虑：（1）主观意图和观念的测量久受诟病，为了测量的信效度和方便而仅选择客观指标（Hechter，1992）；（2）这一传统的基本问题意识是社会分层和流动性议题，其着眼点在群体而不在个体行动层面；况且从宏观层面观之，将总体假设为追求世俗成功的理性人在统计学上可能恰恰是准确的（Hechter，1994）。教育被看作一种对人力资本（human capital）的理性投资行为，而初职或薪水等教育结果则被认为是这种投资所获得的相应回报（Hout，2012）。教育似乎只剩下工具性职能，行动者在教育选择和职业选择过程中的理性被大幅简化了。

如果说分层与地位获得学派忽略行动者主体性尚且无可厚非，那么企图解释个体选择行为的理性选择理论也做类似忽略就堪称遗憾了。理性选择理论的基本内容是个体行动者在特定条件和情境下会倾向于自身效用最大的策略（Abell，2000）。该理论最初仅针对群体和社会层面的现象进行解释，后来在科尔曼（Coleman，1990，转引自 Hechter and Kanazawa，1997）发展下成为一个多层次解释模型。它原本在理论上将结构层面和个体层面的因素并行考虑，但在实际操作中却出于方法原因偏向结构层面，这一特征与地位获得研究有同流之处（Hechter and Kanazawa，1997）；再者，Hecher 和 Kanazawa（1997）还指出，出于对这个多层次模型的简洁化考虑，理性选择理论家要么对个体行动目标和价值观完全缄默不提（thin model），要么策略性地假定个体行动的驱动力就是大众普遍追求的、可通约的私人工具性利益（private instrumental goods）——例如钱财和权力（thick model）。理性选择理论家对再生产给出的解释是：学生的教育选择或职业选择行为是学生对相关的一系列成本和回报的衡量过程，而同一个选择对不同阶层的学生意味着的成本和回报则是不同的，因而他们理性选择的结果也自然是分化的（Breen and Goldthorpe，1997）。

诚然，理性选择解释具有显而易见的解释力。但一个潜在的问题是，人们理性选择的“理性”[①] 程度可能是分化的——即使大众普遍通过理性计算追求世俗成功，仍会有少数人不遵循这样的工具性效用计算模式，而在行动

① “理性”（rationality）一词的意思在各家著作中争论不一。在本文中，“理性”一词指人们行动时认为他们有充足的理由应该这样做（Boudon，2001：67）。

中遵循其他的价值观或无意识，并且这种“特殊情况”在人群中可能并非是随机分布的（Hechter and Kanazawa，1997）。无论如何，效用计算模式远不能概括人类行为的全部理性。让我们回到韦伯关于人类理性的经典分类学（Weber，1978［1921］），他将人类合乎理性的社会行动（rational action）归纳为情感合理性行动（affectional）、传统合理性行动（traditional），目的-工具合理性行动（means-end）和价值合理性行动（value）。他认为情感合理性和传统合理性将随现代性消逝，而以最佳手段满足特定目标的工具理性（instrumental rationality）和不被目标驱动而以价值认同为基础的价值理性（axiological rationality）成为行动理性的主要范畴（Weber，1978［1921］）。基于这两个范畴，韦伯进一步类型化了四种行动理性（详见综述Kalberg，1980）：实践理性（practical rationality）、理论理性（theoretical rationality）、形式理性（formal rationality）和实质理性（substantial rationality）。[①] 暂且不论其具体差异，韦伯对工具理性和价值理性的区分已经清楚地表明，他认为很有必要引入一种非工具性的效用计算模式的行动理性（Boudon，2001）。理性选择理论家雷蒙·布东（Raymond Boudon）的晚年著作也认为，传统理性选择理论的硬伤在于将人类行为禁锢在了工具性行动上（Boudon，2008）。在这个意义上，拓展理论框架的必要性清晰可见。

### （二）目的-工具行动在阶层中的不均衡性

已有的理论和实证依据的确表明，在目的-工具行动的意义上，学生的“理性”程度很可能在阶层之间是分化的。Gambetta（1987）在一本探讨学生教育选择的书中指出，学生会运用多种理性而不是单一的工具理性来衡量教育选择，而这个衡量过程难免受到特定阶层偏见的扭曲。另外，关于职业选择的心理学研究的一个基本共识是，求职者不仅会对薪水、职位等世俗成功标准之列的外在回报进行考虑，还会对个人兴趣、同事、工作风格等非物

① 根据Kalberg（1980），实质理性属于价值合理性行动，而形式理性、实践理性属于工具理性范畴；理论理性涉及抽象的认知和思考过程，不过最终会间接地通过制造意义来影响行动。

质类内在回报进行考虑（Latham and Pinder，2005），而对这些回报的感知和评估标准势必与个体生活其间的社会文化背景相关（Hodkinson and Sparkes，1997；Lehmann，2014）。

就工具理性可以观测到的外在行为——树立目标与使用策略来说，部分实证研究已经表明阶层之间存在差异：第一代大学生与非一代大学生相比，更有可能出现生涯目标不明确的情况（张华峰等，2017）；多数大一新生在进入大学之后，对眼前五花八门的学生组织和课外活动是懵懂迷茫的（Binder，Davis and Bloom，2016），特别对于农村学生而言，对于大学场域的常识缺失，信息来源的限制，以及对课业的片面重视，使他们在陌生的大学环境里更容易陷入“目的失焦”的境地，以至于其工具理性未能有效地服务于成就的获得（郑雅君，2018）；牛新春和郑雅君（2018）基于某研究型大学一届本科生的三年跟踪调查表明，学生的生涯定向自大二暑期后开始发生分化，自此以后生涯已决者在精力投入的范围上进一步收窄、方向更明确，生涯未决者对高影响力活动的投入偏低且无方向性，而农村学生发生这种生涯定向低清晰度的可能性显著高于城市学生，说明农村学生在大学里参与高影响力活动的目的性和策略性明显偏低。关于学习投入特征的研究也表明，中产阶层出身的学生比低阶层出身的学生在学习上有更多的策略，当低阶层学生单单靠自己在学习上费劲时，中产阶层学生则倾向于采取多种策略来寻求支持（例如，咨询老师和学长），而这些策略恰恰被学校的评估标准所青睐（Yee，2016）。

其实工具理性和阶层的关联也从布迪厄（Pierre Bourdieu）的理论中可见一斑（Bourdieu and Passeron，1977）。在最宽泛的意义上，文化资本（cultural capital）一词正是想表明文化也可以成为一种被“用”来获取竞争优势的权力资源（Swartz，2012）。透过惯习（habitus）这一试图衔接主观主义和客观主义的新概念（详见 Swartz，2012），布迪厄似乎想表露工具理性也是受社会结构规制的。在《继承人——大学生与文化》一书中（Bourdieu and Passeron，1979），布氏辛辣地批判了学校制度是如何隐秘地造成大学生工具理性的失调的。在以教育为名的令人眼花缭乱的辞藻下和教师的配合下，下层阶级的大学生很容易忘记为求职做准备，“做一个大学生最合乎理性的方式就是根据未来职业的要求组织当前全部活动，利用所有合理的手段尽快尽好地达到这一目的。（然而）实际情况并非如此。通过将今天和未来隔绝，将手段和他们本应该实现的目的分开，学生们仿佛在无意识地掩饰他们活动的真实性”（Bourdieu and Passeron，1979：57）。关键是，并非所有大学生都割裂了学业和前途之间的联系，“因为前途并非对所有人都同样不真实、不确定或不乐观。……大学生与他们的前途和学业的关系，直接与本阶级人接受高等教育的客观机会有关”（Bourdieu and Passeron，1979：58、62）。下层阶级的大学生在考试成功的强烈吸引下忘记了为前途打算，而最优越背景的大学生却为达到一种“明确而单一的理性目的”而有条不紊地组织学习（Bourdieu and Passeron，1979：chapter 3）。这一洞见对今天的中国大学生依然适用。郑雅君（2017）基于访谈资料创建了两类大学生惯习的类型学——区分了“掌控型”学生和“养成型”学生，并建立了这一分类与家庭背景之间的关联。前者善用工具理性，欣赏反思性和批判性思维，往往尽早树立职业目标并形成有效的准备策略；而后者自主树立目标的意识弱，或出于固有的观念而将学习当成目的本身，并对工具理性怀有道德偏见，因而往往在毕业关头陷入被动。该研究显示出文化的视角是解释职业地位再生产的一条富有潜力的路径，不过仅仅探讨了阶层惯习和工具理性之间的关联，对价值理性语焉不详。本文的目的正是在此基础上进行拓展。

### （三）价值信念与行动之关联的二元路径

思想、信念、情感、价值、信仰、行为模式……对于文化社会学家而言，这些内在化的人类思想生活，和利益一样对于理解人类行动是不可或缺的。韦伯的著作（Weber，2002）暗示：行动对于行动者的意义，或者说行动者赋予行动的必要理由，应该被视为行动的原因。对此一个合理的看法是：这里的理由可以是为了达成一个既定目标，也可以是非目的-手段的考虑，比如从价值观念上认为“这样做是对的、好的”（Boudon，2001）。由此观之，价值信念也可能是引起行动的一个原因。这一问题触及了文化社会学领域的一个经典争论——文化究竟是如何影响行动的。

回答此问题的一个经典范式肇始于韦伯，其认为理想、信仰、价值观通过塑造动机（motivation）来驱动人类行为。换句话说，文化通过定义“人们想要什么”来塑造行动。韦伯著名的“扳道夫”（switchmen）假设认为，“直接支配人的行为并非是理念，而是物质型利益和理念型利益。不过，由观念创造出来的‘世界图景’，常常像扳道夫一样决定了行为沿着哪条利益驱动的轨道发生”（Weber，1946［1922－3］，转引自 Swidler，1986：274）。这个观点被帕森斯继承，在他的“行动自愿理论”中（Parsons，1937），他提出行动者的自愿选择受制于客观条件，并被手段和目的的规范所支配，正是在互动中作为共享符号系统的“文化传统”（cultural tradition）提供了“个体在各种可供选择的取向中做出选择的尺度或标准”（Parsons，1991：7）。由此看来，固然行动者追求目的实现的行动或许是理性的，但因为信奉或认同某种规范和价值才有了行动目的，行动者的动机恰恰是由文化来塑造的。

与此见分庭抗礼的是以 Ann Swidler（1986）为代表的当代范式，认为文化与行动并非紧密衔接的因与果，而很可能是相互脱钩的，人们对事物抱有的观念在很多情况下难以连贯地解释人们的行动（DiMaggio，1997；Lamont，1992）。与其说文化为人们提供了愿望、偏好或动机，不如说是一些松散的，甚至可能互相矛盾的风格、技能或习惯，如同一个“工具箱”（tool-kit）供人理性地选取和利用，用以理解周遭的事物，为自己在实践情景下采取行动策略（strategies of action）提供正当性（justification）（Swidler，1986）。在这种视角下，行动不是由价值观导向的目的所决定的，更大程度上文化是一种可以被“使用”的能力（competence），使人可以在不同的情景下灵活地选取行动路线。她发展出稳定文化时期（settled cultural period）和未定文化时期（unsettled cultural period）两个模型，在前者中文化为人们组织多种可能的行动提供正当性理由，而在后者中多种强有力的外部观念对行动可能有直接的控制，但其长期影响有赖于哪种观念在竞争中得以生存

(Swidler，1986)。文化与行动之间成了一种松散的“弱耦合”，文化作为动机对行动的驱动力被很大程度上抽去了，变成了理性人用以实现一个事先确定的目的（predetermined ends）而建构行动策略的工具或资源（Kaufman，2004)。不过，这个事先确定的目的又是从何而来呢？Swidler 似乎认为这受到能力的限制，“人们最终会去追求其文化能力胜任范围内的目的”(Swidler，1986：277)，但并未做详尽解释。总之，一个灵活熟练、审时度势的“文化运用者”（users of culture）在这一视角下影影绰绰，似乎在与工具理性和理性选择假设遥相呼应。

目前，“工具箱”范式在许多议题上已经成为主流框架，但争论并未平息。来自认知人类学、社会心理学的实证依据表明，文化作为动机驱动行动的作用是存在的，并提出文化图式（cultural schema）作为一种认知结构，其内化（internalization）程度依其深浅程度不同而存在多种层次(D'Andrade，1995)。2009 年，Stephen Vaisey 在《美国社会学刊》(*American Journal of Sociology*) 上撰文，试图调和这两种范式：两种范式实际上都存在，但不在同一个意识层次发挥作用。Vaisey 援引吉登斯和布迪厄的观点说明，“工具箱”范式的问题在于假定了文化与行动的关联必然在意识层面进行（Vaisey，2009)。事实上，动机或习性完全可能是无意识的，而认知科学早已发现人类的认知包含两个过程——其一为有意识的、较慢的处理过程，可以对认知对象进行解释、计算和表现；其二为快速、多情况下无意识的自动反应过程，是个人深层认知层面的实践意识（practical consciousness)，难以被临时操控（Vaisey，2009：1683)。而人对于文化图式的认知内化程度有深浅之分，个人可以在前一个浅层内化层面利用文化工具为自己辩护，而处在深层内化层面的文化对个人的情感、理性和行动图式有着强烈的驱动力（Vaisey，2009：1685－1686)。

由此观之，关于价值信念与行动之关联的两种理论路径——价值观驱动范式和文化“工具箱”范式，其实有论无争，甚至互相补充：价值观驱动范式的解释重点在于人的行动目的是如何确立的，而“工具箱”范式强调了人如何像使用工具那样使用文化去达到预先确立的目的。或者说，文化－

行动的二元路径模型，连同 Swidler（1986）对于两个文化时期的区分提醒我们意识到，价值理念的影响固然在人类行动的全过程都存在，不过在学校－工作转换的具体语境下，文化在学生的决策中发挥什么角色，某种程度上取决于两个要素：（1）学生的行动目的生成状态——内化的价值观念是否帮助学生树立了自洽的、明晰的行动目的；（2）学生作为理性行动者使用文化“工具箱”的能力。如上文所述，文化使用能力显然与阶层有着系统性的联系。这一理解为本文提供了基本的理论框架，后文基于个案访谈资料分析所构建的毕业决策机制模型将显示这一框架在现实中的适用性。

## 三　研究方法与个案描述

### （一）研究设计

本文在认识论上遵循韦伯的“理解社会学”（interpretative sociology，“verstehen”）的路径（Weber，1978［1921］）而非实证主义范式，致力于从行动者的角度（而不是外部观察者）出发，从人们自身对事物所建构的意义，来理解他们行动的原因所在。在方法的选取上，本文采用以半结构式的深度访谈（semi-structured in-depth interview）为主体的质性研究方法，对从两所精英大学中选取的 38 名处于学制最后一年的毕业班男生进行跟踪式个案研究。之所以选择深度访谈作为数据收集方法，是因为该方法正是要求研究者通过深入被访者意义世界之内，在被访者的日常语境中完成他对自身行动意义的理解（杨善华、孙飞宇，2005）。

本文在访谈设计上采取“渐进式聚焦法”（progressive focusing，Arksey and Knight，1999：18）：第一部分先从被访者的个人生活史入手，请被访者大致回溯其大学前的成长经历、教育历程，并回想在此过程中可能对自己产生过重大影响的人和事，比如父母的培养模式、家人的期待等；访谈第二部分聚焦于被访者对自己就学过程的描述，并详细回溯大学期间投入过的主要活动，并询问被访者对自己所在大学的组织文化的感知和评价；第三部分进一步聚焦到被访者对每条毕业出路的看法、家人的意见、自己的打算，以及被访者对未来生活的愿景、自己的人生目标和价值感来源，了解其中可能存在的矛盾和张力，并进行追问，直到笔者感到自己能够理解被访者的选择为止。

为了达成对分析对象的深入理解，除了深度访谈，本文还有以下辅助资料来源：(1) 访谈前事先请被访者填写“背景信息问卷”，涉及个人及父母籍贯、受教育程度、学业成绩等基本信息，也包含了他对大学的认同感、价值目标的测量；(2) 实地调研所观察到的校园文化风景、标志性器物及其说明；(3) 两校官方网站、典礼实录与典礼讲话；(4) 两校校友在网络论坛中有关大学文化和个人经历的描述。

### (二) 个案与实地选取

本文采用目的抽样（purpose sampling）策略，从两所大学选取38名毕业班男性学生为研究对象（每所大学18人，后又在F大学补访两人），从2015年10月至2017年3月对他们进行跟踪式个案研究——首先对每个选取个案进行一次深度访谈，再通过社交网络或当面谈话的方式进行后期跟踪，直至该个案最终办完就业手续。这样做一是为保证观察到个案的实际决策行为，以检视被访者在访谈中所叙述的意向的可信度；二是考虑到毕业选择是一个有时间跨度的决策过程，跟进实际去向有助于笔者更多地接触被访者，以及更准确地理解其在访谈中的叙述。考虑到重要的非核心变量可能对分析过程产生干扰，在样本选取过程中仅选取男性、在入读该大学前未曾入读其他大学的同学，以控制社会性别、受教育经历对行动者的处境、观念与行为带来的影响；同时运用理论抽样（theoretical sampling）的思路，围绕分析过程建构理论框架的需要，在关键特征上增加个案在家庭背景、学科背景、内化学校主流价值观的程度和毕业去向上的差异性。

本文还借用了人类学的跨文化比较研究方法，挑选了两所在组织文化上差异鲜明又具有可比性的大学——T大学和F大学，作为组织分析层面的个案，38个被访者全部来自这两所大学。两所学校都是建校百年以上、在海内外享有盛誉的高水平研究型大学，以极高的招生选择性，吸纳着全国最优质的生源。从学生能力及其家庭背景特征来说，这两所学校是基本同质的，因而学生潜在的毕业去向也应该大致相仿。再者，两所学校处于同一个社会制度和意识形态环境中，学校主流价值导向的源流与本质相同，即都弘扬社会主义核心价值观。

不过，或许出于建校历史、学科特色、地缘优势等特征，这两所学校在校园文化特征上又有着鲜明的区别。

T 大学位于北京——全国的政治权力中心，是一所“多科性工业大学，重点为国家培养工程技术人才”,[①] 其工科门类至今仍占 T 大学一届本科生的 80% 以上，其毕业生在国家体制内担任职位者众多；中华人民共和国成立以来，T 大被誉为“红色工程师的摇篮”,[②] 这种政治忠诚和集体主义精神甚至在今天该校本科教育的培养理念中都可见一斑——“培养具有为国家社会服务之健全品格的人才”。[③] 据新华网报道，T 大百年校庆的标志，设计主色调源自其大礼堂建筑的砖红色，该设计被发布者解释为为彰显 T 大“又红又专”的精神传统。虽然“又红又专”的基本含义是倡导政治觉悟与专业素养并重，但与另一个对应词语“白专”相对应，凸显出其首要着重点在“红”而不在“专”。不仅官方文化与国家意识形态联系紧密，日常生活中体现出的学生文化方向性也颇为明确，几乎所有被访者都主动提到 T 大的学生活动大多数是由官方学生组织（如团委、党支部）发起的，并且通常带有明确的价值导向。集体主义精神在 T 大无疑是一个褒义词，校园中几乎随处可见彰显“甘于奉献、胸怀国家”精神的物像、标语或展览；这种集体主义精神还体现在 T 大对学生的集体动员能力上，一位被访者（T1）曾向笔者自豪地讲起当年举办大阅兵时，T 大是如何在紧急情况下，在一夜之间临时召集了几乎一整届学生组成了一个近 3000 人的方阵，并圆满完成任务的。学生们对这种颇为中心化的校园文化氛围并不反感，毕竟在

① 资料来源：T 大学官方网站，出于不泄露院校名称的目的，网址略去。

② “红色”是革命年代政治忠诚的符号，其符号意义已被大众广泛认知。

③ 资料来源：T 大学官方网站，出于不泄露院校名称的目的，网址略去。

T大学生普遍熟知“行胜于言”的校风，响应号召、踏实肯干、创造卓越才是最重要的。

而F大学位于上海——全国金融、贸易和航运中心，自1952年院系调整后成为“人文社会（科学）和自然科学的全国重镇”，人文社科类目前占F大学一届本科生的40%。F大校友在政界的影响力和凝聚力远弱于T大，从近年毕业去向上看，F大的毕业生进入外企、民企等非公有制经济部门的比例大大高于T大。[①] 作为一所具有浓厚人文底蕴的大学，F大学以宽口径、厚基础的通识教育著称于全国，该校对本科教育提出的理念也颇具综合性特征——“培养具有人文情怀、科学精神、国际视野、专业素养的领袖人才”。在一次F大学的毕业典礼讲话上，校长对F大学所认同的价值有如此阐发：“对于F大，我们认为（教育的本质）是一颗自由而严谨、真诚而脱俗的心灵。”可见，虽然F大与T大同样在官方层面宣扬与国家意识形态相一致的价值观，但某种程度上，F大学的价值环境则显得更加欣赏独立思考、批判能力和智识上的反思性。在学生中，广为人知的“自由而无用”的“民间校训”为学生们津津乐道——“自由”意味着独立思考的精神自由，“无用”则意味着对现实功利的有意疏离。被访者们也几乎一致同意，F大学是一所价值环境相当松散的大学，学校的主流价值导向和所有其他的价值观同时存在，等待着个体的审视。一位被访者（F13）用武侠小说中的比喻形象地描述了这个局面：“如果说一个典型的江湖是一个武林盟主一统天下，每个人都归顺于其下的一个门派，那F大江湖不是这样的。在F大，每个人都是一个江湖。”

由此观之，T大与F大的文化环境给予学生的价值导向力度势必是有所区别的：T大的官方主流导向明确有力，颇具集体凝聚力；而F大导向相对弱而松散，且具个体主义取向。虽然本文的分析重点并不在组织比较上，不过后文将试图说明，在本文提出的学生生涯选择的四种机制中，特定的文化环境可能催生或限制了一些机制的发生。

① 资料来源：两所学校历年公开发布的毕业生就业质量报告。

# 四 当工具理性遇上价值信念

## （一）一个关于毕业出路产生机制的类型学

当我们真正走入行动者的意义世界，就发现他们对自身未来的谋划诚然是带有理性的，但这种理性其实远不限于对工具性利益和成本的算计。正如“扳道夫”命题所说明的，大学生对于利益的衡量取决于他们如何给各类利益赋予权重，而这个赋权过程很大程度上恰恰是在一种动态的、充满张力和不确定性的价值认知过程中完成的：学校的主流价值教育、同学小圈子里的榜样、学长学姐的忠告，以及原生家庭所给予的惯习、资源和被深刻内化的常识和世界观，所有这些因素互相冲突、妥协、融通，共同定义了学生在选择面前的倾向。本文所力图实现的，正是抓住这个价值认知和计算过程在阶层之间浮现出的某种规律。

如果说郑雅君（2017）对于“掌控型学生”和“养成型学生”的区分建立了家庭背景和目的－手段行动能力之间的关联，本文则试图将工具理性的前一个环节也纳入解释框架里：学生内化了什么样的价值观念，这些文化图式能否帮助学生树立起清晰的行动目的。通过对工具理性和文化的综合，本文在“掌控型学生”和“养成型学生”的二分类基础上得出了一个 2×2 的四分类模型（见图 1）。

如图 1 所示，四个类别分布在由两个轴组成的象限里。大体上，竖轴代表行动者利用手段达成目标的工具理性，对应在文化－行动理论上则是文化工具箱的大小和操控能力。正如文献综述已经说明的，工具理性，特别是文化工具的数量、自如使用文化工具的能力与阶层有着系统性的关联，因而竖轴同时带有工具理性和阶层两个意涵。在郑雅君（2017）中，“掌控型学生”和“养成型学生”正是基于此轴而形成，他们在本模型中分别是“自我驱动者”和“迷失无从者”的原型，而“机会主义者”和“价值归顺者”是添加横轴之后的衍生类型。横轴代表文化对行动目的和动机的驱动

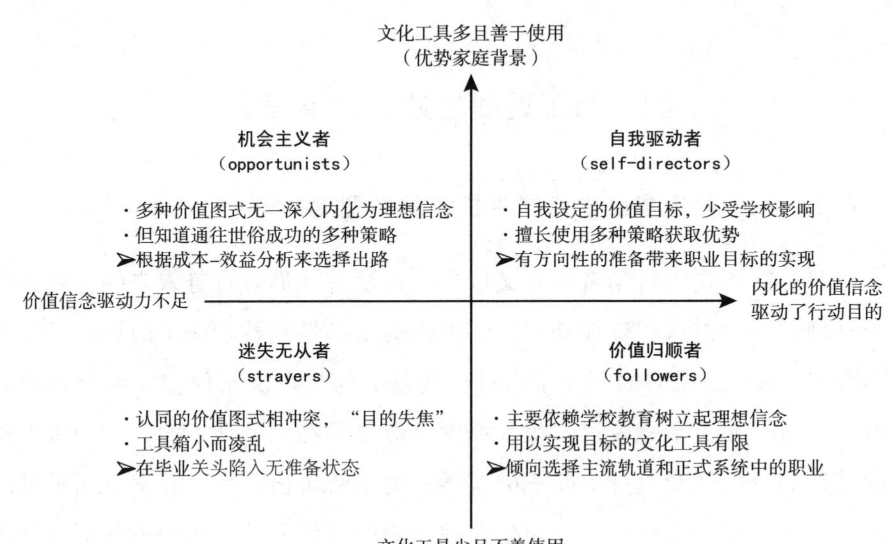


**图1　大学生毕业选择的四类机制**

作用，访谈资料表明学生的行动目标受信念的影响程度是有差异的，文化-行动关系之争的两个基本立场也暗示了这一点——浅层内化或相互冲突的价值图式可能不会带来一个明确的目的，而深层内化的价值图式就会构成人行动的真实动机。与同样来自优势背景的自我驱动者相比，机会主义者的特征在于他们没有深入地内化一个逻辑自洽的价值图式，在信念层面不存在有意义的理想，因而仅仅使用理性计算去获得尽可能多的工具性利益（钱、权力）；而与同样来自劣势背景的迷失无从者相比，价值归顺者在校园环境的熏陶中形成了初步内化的理想信念和行动目标，不过因为其家庭提供的文化工具相当有限，所接受的价值信念来源往往仅限于学校的正式教育和同辈互动过程，因而在选择上倾向于随从同辈的普遍选择和进入正式系统（例如公务员、国企）。论学校-工作转换的结果，迷失无从者处于最不利地位，价值归顺者次之，机会主义者会取得能力范围内尽可能高的职业地位，而自我驱动者则往往能够实现自主设定的职业或升学目标。可以想见，其目标通常具有极高的门槛和精英性质。

## （二）“自我驱动”和“迷失无从”：两极的对比

从所掌握的物质资源，到看待“好学生”的观念，再到组织学习生活的基本思路，再到最后的出路，自我驱动者和迷失无从者虽身在同一所学校，却是天差地别的两类人。① 不要说成为好朋友，他们甚至可能很难冷静地理解对方。两类人或许在大学里都很努力，但他们之间第一个也最显而易见的区别是：自我驱动者的努力是出于明确且带有反思性的目的，而迷失无从者的努力则大多并不是出于目的－手段的考虑，而是基于一种未经反思的惯性，以至于在毕业关头前者的努力可以高效地转化为求职优势，而后者的简历则是一盘散沙。

> 有的人想清楚了干什么然后去努力，剩下那些人是我要努力，然后再想我去干什么……他的努力是习惯性的。不是因为我想要得到什么东西，所以我要去努力……其实大多数人都不知道自己想要什么。

在李经纬②眼中，后一种人即使再聪明也委实令人抱憾。李经纬是上海人，父母分别在国企和私企任中层经理，家里在上海市区拥有四套住宅，用他的话说，属于“收房租就可以过得很好”的那种家庭。他毕业于全市号称“四大名校”之首的某著名高中，根据他的成绩在年级里的排名，他考上 F 大是意料中事。这所高中在培养理念上非常强调学生志－趣－能的结合式发展，不仅提供 500 多门发展课程供学生选学，还创建了 30 多个现代数字化创新实验室帮助学生开发学科兴趣。这并非个例。在教育优势层层累积的情况下，家境优越的自我驱动者们从小就在号称培养独立思考能力的优质学校长大，跟中西部和农村学生相比，他们有更多的闲暇，也更多地被鼓励自主思考，以至于“个性”或“批判性”已经成为他们头脑中一种带有

① 这一区别及其与家庭背景和基础教育经历的相关性已经在郑雅君（2017）中获得了充分论证。这里仅做简要说明。

② 为保护受访者隐私，文中出现的所有姓名均为化名。

绝对褒义色彩的词语。李经纬的谈话中不经意间就很容易流露出一种主见，比如他在解释他尝试过F大学的自主招生考试但未获录取的原因时：

> 我绝对不会记哪一年发生了什么事情，我觉得这是没有任何意义的……你只要知道它发生了什么事情，为什么会发生，这才是最重要的……（试卷中）很多这样的问题导致我当时考得不是特别好。而且我至今还是这样，不太去记某些东西。每个人都有一个思维惯性或者一个思考的方式，我就是这样。

李经纬说这话的时候带着一种自信又鄙夷的神色，毫不掩饰自己对一所著名学府的招生考核标准的批判，之后又跟笔者谈到他对经济学理论的看法。他的求职之路刚刚尘埃落定，在几家鼎鼎大名的中资投行、券商和股票研究所的录用函之间，他最终决定接受××投资银行全球金融市场部的交易员职位，办公地点在香港的亚太区总部，拥有起薪超过50万元人民币的全球薪酬（global pay），此后每年的收入涨幅可达一倍以上，年终奖金额度无上限。不过，这份工作最吸引他的其实并不是薪水——他拿到的好几个工作薪资都在同一水平——而是这份工作与他欣赏的生活状态最为接近。

同在一片校园里，吴晓的毕业季则是另外一副光景。来自工人家庭的他，在基础教育阶段有着辉煌的受教育经历，从小学起就一直在学业上很出色，而父母其实并未付出额外投入。中考后，他因成绩出色被保送进全市最优质的一所高中，并在高三主动放弃了浙江省第一学府的推荐名额，凭高考成绩进了F大学。他并不用“聪明”或“天分”来解释这些成就，而是将其归因于自己仅仅比同龄人更听话、乐观和专注。

> 因为小学初中的话只要你认真听话一点就不会很差吧，到了高中其实也会有波动，但我就是“盲目乐观”吧……不管怎么样我就相信自己如果发挥正常的话还是可以的；再一个我不像班上一些很闹很装的同学，整天关注那些标新立异的事情。就不用想那么多，一步一步考就可以了。

然而，这些优点——特别是“不用想那么多”——到了大学似乎不那么管用了：吴晓直到大三下学期才意识到自己对近在咫尺的毕业季完全没有准备。

> 刚进来的话总觉得上大学嘛就是要多经历一些事、多磨炼自己什么的，毕竟是个比较高的平台，所以参加了一堆学生会和社团……大一的时候感觉绩点有点低了，两学期一共只有2.9，三年级稍微拉一拉好看一点也只有3.2。我们班35个人的样子，排在24的样子。然后发现哎呀这个绩点要保研的话太重要了！怎么这样啊！……然后挺纠结的，我就想到底要干吗呢？保研吧，是不是我的绩点又会不够高；出国吧，我也没有考那些托福GRE什么的；找工作吧，我又没有实习过，而且家里人也希望我读个研。

在临近大四的暑假，他终于意识到，“大学要面临的选择其实比你初中高中多得多，还是需要尽量早点明确方向……一个最初的方向可能比你一个劲地努力更重要”。一切都有点来不及了，他只能一边试试保研，一边准备出国读研。后来，保研尝试不成功，又来不及做留学申请，于是只好毕业后间隔一年，在这一年内补上实习，也为下一年申请留学做些准备。醒悟得太迟，而选择来得太快，是很多迷失无从者的共同感受。在T大，来自山西农村的王禹海在大四的时候也惊觉：“忽然发现这件事情别人已经做完了，才认识到这件事情应该去做。比如当你知道你的同学要出国了，其实你只是知道一个结果，但是他们可能已经准备了很久，这个时候你知道了就会非常惊讶这种事情。”王禹海当初选择报工科就是听说工科好就业，但实际上他在大学阶段并没有为就业做过任何准备，以至于到了大三下学期，有点慌神的他才匆忙选择了一条安全的保守策略——直升博士研究生。但面对漫长的博士研究生生涯，他又觉得这种波澜不惊又与世隔绝的生活其实并不是他想要的。

王禹海的感觉没错。实际上，在他还对自己努力的动机不自知的时候，自我驱动者们早已经在有意探索自己的目标、为之准备了，他们的成功并非运气使然。问题的关键还在于，他们不仅有意识早定目标、早做准备，他们还有更多的资源和手段去实现目标。即使暂时不能准确定位目标，父母拥有的信息和见识也会帮助他们选择规避风险的最优策略。

> 知道自己想要什么，这个很重要。所有的一切纠结都源于自己不清楚自己想干吗，这个是最普遍的。其实辅导员老师、学长学姐都会鼓励我们思考这个问题。我当时虽然没想好自己想干嘛，但是我知道自己大概会选择什么方向，要么搞学术要么做公务员，所以我当时能做学术就做学术，然后我就参加一些团委的工作，团委实践组，也是跟实践有关的，然后就是科创中心、××班这些科研项目，刚好这些事情又是我自己感兴趣的，基本上就是这么过来的。（高宇森，T大社科，东部城市学生，父母均在机关事业单位任职）
>
> 应该说是我比较早地发现了我擅长什么，不擅长什么，怎么去把自己的长处发展到压倒性优势的程度。因为我总觉得现代社会你要在人群中突出，应该主要把精力花在扬长避短上，你把所有短板都补齐也只不过成为一个平庸的人。你要做的是抓住你的亮点，然后用合适的办法去表达它。我的表达能力不错，而这一点在求职中又是非常关键的，所以我在面试中就占了很大优势。因为说实在的，再高级的公司，面试你的时候，他得考虑万一你们两个有一天一起出差，飞机晚点了，你和他有没有话题可以聊一个下午？说白了你得让面试官感觉和你是同一个圈子的人。（张钦凯，F大理科，属地学生，父亲自有公司，母亲是工程师）
>
> （父母）不会替我做决策……但在整个过程中他们会参与，比如报专业，他们会说你要不要考虑××？这样你去了之后可以转专业，还能修二学位之类的，他们会把信息提供给你，然后你了解了之后自己选择。……我从大二就有一个很清楚的概念，就是我一定要读研。学历不会决定我的起点有多高，但是会决定我最后能达到的高度有多少。因为那个时候在政府官员的学历里面已经很明显地看到一大批博士。当时我

> 绩点不太高，就上网查，了解到还有三个办法：服兵役、人才工程和支教团。当兵两年时间成本太高，直接排除掉了，人才工程和支教团都是4年。人才工程一直在学校里面，我以后要从政的话，需要知道我以后面对的人群或者这个国家究竟是什么样子的，但是中国城乡间、东西部之间差异太大，我需要离开上海去更深入地认识这个国家。所以肯定支教是最好的选择，我从那个时候就打算好了。（罗敏浩，F大社科，中部城市学生，父母均为正处级干部）

李经纬也曾为了今天的结果进行了一系列有方向性的准备，从换专业、考研究生，到去实习、了解就业市场，再到面试前夕的资讯搜寻，事无巨细，“就为了那个面试我两天看了300多页的书，包括看很多讲交易员的电影，还问了很多的同学对这个行业的了解。前两天也有一个准备面试的人来问我问题，其实他根本不了解这是一个什么样的事情。其实我去之前准备很多，然后那时候你会发现真的是比别人领先一步”。更重要的是，当李经纬到达最终一轮面试时，他知道面试官会喜欢什么样的应聘者。正如许多自我驱动者共同展现的，李经纬所拥有的这种不可或缺的文化工具为他铺平了道路：“你是学霸没有用的。他们需要你对事情有独到见解，你得是一个有趣的人。因为什么时候你能赚钱？只有当市场都错而你对的时候才能赚钱，如果你很多时候跟大家的想法一样，你就赚不到钱……而且你心理素质要好，不能被情绪所左右，你要很清楚地认识到自己的心……”在后来与老板的闲聊中，李经纬发现的确自己是因此而胜出的：“因为到终面的时候其实就两个人，知识能力都差不到哪去，老板说选了我还是因为我是个有趣的人吧，并不是看我的背景。”虽然面试官看重他的有趣过于背景，但背景某种程度上却是他有趣的前提。对于家境低微的迷失无从者而言，父母的眼界、家庭关系网络、对精英行业和群体的见识等这些文化能力都是不存在的，唯一可供利用的资源是学校里的老师和同学，然而与不少文献的结果（Stephens et al.，2012；Yee，2016）一致，他们中的很多人在遇到问题时并不会主动向师长寻求帮助。

好像跟他们（同学）说不到一起去……拿我本科的那个寝室来说吧，我们一共4个人，有两个人我感觉明显和我不是一路人，一天到晚玩，成绩也不好，我和他们的交流基本浮于表面。另一个和我成绩差不多，但是行为习惯和我不一样，他应该很清楚自己要什么。我和他有一些单独聊的机会，但是聊着聊着，就总是觉得大家对某些东西的看法可能不一样，并不会有那种好像很设身处地的那种认同感，然后也不会把话题深入下去。对老师……大部分人是欣赏吧。我觉得挺好的，但并不会觉得和他们很亲近，会有距离感。虽然他们很亲切，但是我自己确实不管是答疑，还是找他们谈任何（个人话题），比如说谈谈大学里我的困扰，这种事情我都没找他们谈过。我个人没有这种主动和老师接触的倾向……一个人想想就完了。（王禹海，T大工科，中部农村学生，父亲务工）

我大一的时候加那么多社团，既在校学生会干过，又在院里干过，但是我这方面不太出色，都一个学期、半个学期，然后就默默没有了，就消失了，然后就没干了。算是没有真正地融入进去，我感觉没融进去，然后就出来了，比较失败。这些东西也从来没有改变过我的价值观，我现在最熟的就是我寝室的人……其他人天天都很忙，有很多事要做，什么实习、见各种人，我感觉我们就很闲，除了看书学习，其他都没有。（牛铭，T大社科，中部农村学生，父母务农）

不仅仅在目标设定和可用手段上两类人有着天壤之别，自我驱动者和迷失无从者的第二个区别在于前者的目标建立在自己的一套逻辑自洽的价值体系之上，而迷失无从者在内心深处其实并没有建立起一套内在不冲突、稳定的价值观念，以至于自我驱动者的目的和手段的选取有了一个坚实的意义基础，而迷失无从者在任何一个目的和手段面前都十分纠结，因而难以树立起对行动有指导意义的理想信念。这也是自我驱动者常常引以为傲的地方——知道什么对自己是真正重要的。

在一系列鼓励个性和批判性思维的话语中成长，又依托着巨大的家庭资本和关系资源作为后盾，自我驱动者们从来不缺少定义自己“想要的生活”的意识和方式。大多数自我驱动者们想要的生活都不约而同地指向一种上层阶级的生活方式，不过他们对于人生成功的定义还是不尽相同，并且通常不会直接受学校主流价值教育和意识形态的影响，而是在审视自我的基础上从更多的观念来源获得启发。对于李经纬来说，赚更多钱或者博得一个看上去很厉害的职位并不值得被当作一种执念去追求，他是一个极其看重人生体验和认识自己的人，他有着广泛的爱好，希望自己能从丰富的人生经历中洞察自己的热爱，成为一个“有趣”的人。交易员职位之所以吸引他就是因为这个职业比其他职业蕴含着更多人生体验的可能性：“这是一个特别有趣的行业，很多人思路开阔，实现财务自由后都去干各种事情去了，有的去南北极跳伞，有的去搞极限运动……换句话说，这个工作可以让我变成一个更有趣的人。虽然××证券总部的机会也很好，但可能做的事就比较常规。钱只是一个工具，那些把钱当成目的去追求的人反而赚不到钱。”而对于T大的黄彦超来说，他的理想是做一名出色的建筑设计师，他的确热爱这个行业，“你可以有你自己的作品，就会有很多成就感……当你帮助别人满足他们的需求的时候，你自己也觉得自己是有价值的人，然后就很高兴”。其实他也拿到了多家机构的录用函，但对他而言，挑选职位的首要标准也不是薪水，而是团队的工作风格和对新手的培养意愿，“其实我们这个行业还是一个类似师徒制的东西，所以我现在最看重的还是团队，我能获得什么样的成长，去什么性质的单位其实无所谓……”在黄彦超还根本不了解各种专业与就业市场之关联的时候，他的父母——分别是大学教授和医生——就已经英明地结合他的兴趣建议他选择T大建筑系，果不其然，这个声望极高又极具专业性的学位让他现在很容易找工作。与李经纬类似，黄彦超最后选择的一家也不是薪水最高的，而是他认为可以提供最理想的学习机会的团队。

其实自我驱动者也并不是从一开始就很清楚什么东西最重要，只不过他们在大学时期主动地、尽早地完成了自我探寻之旅。因为要认识自己的热忱与理想，他们不会把自己禁锢在故纸堆里。他这样描述这些经历对他自我探寻的意义：“经历丰富的人，他才知道自己想要做什么。你想，其实大多数学生，大学所有的东西都是别人给你安排的，你不去经历，你就永远不知道自己想要的是什么。你去经历去尝试，会做错很多事情，但只有这样才能知道自己想要的。”某种程度上，与其说大学为自我驱动者提供了“教育”，不如说是为他们提供了一个自我成长的平台和机遇，因为教育本身的内容对他们中的许多人意义并不重大。“专业知识给不了你对自我和这个社会的认识，这个是‘内功心法’，而不应该落实到招式。”谈起大学对他最大的意义，李经纬直言并不是课业，尤其不是专业教育，而是课外的人际交往、讲座和各样的社会实践经历。学校在价值方面的引导，李经纬也直言：“我觉得我几乎没有受到官方价值教育的影响，而且官方的输出其实很少，同学中间倒是有的。‘自由而无用’嘛，我觉得就是说人不能太功利，因为功利的人往往短视。”对于T大对学生旗帜鲜明的价值教育，黄彦超也表达了一种冷静的审视——将这种导向看作这所大学的一种历史基因。

> 在历史上它可能需要这么讲，不过很多人的选择都是一个综合的东西，你自己还是环境里面的各种因素都要考虑。所以我觉得独立自由还是很重要的吧，爱国奉献精神我很同意啊，但多大程度上成为你的动力因人而异吧。我不会对这类话特别敏感，可能因为我平时比较忙，所以关注的内容还是以专业为主。

经过一番不断“试错”的过程，直到清楚地认识到自身的优劣与短处，并在失败面前叩问自己真实的兴趣和终极目的，最终锚定一个职业目标。这条探索之路对所有人而言都并非易事，自我驱动者们只是在这条路上更有意识、也更容易获取支持。李经纬也曾经人云亦云，尚未树立起真正坚实的人生观念，“当时所有的人问我理想是什么，我可能高中的时候是想当科学家，大一的时候想好好读书，然后出国读研，大二那时候想当高管，其实连高管是什么都不知道，只是感觉听上去很厉害。然后到了大三的时候去创一下业”。

问：那你到底是从什么时候开始知道自己想要什么的？

李经纬：当我大三创业失败的时候……其实大多数的时候你不想去选择，因为你已经有一个很好的选择，就是你不去改变，顺着既有的轨道往前走。当你失败的时候，你会发现那条（既有的）路堵死了，然后你才会发现什么是我最终要做的。……当时虽然成绩不好，但也想过可以去争取出国。因为我家有足够的钱，要想出国读书不是一件难事。你可以去，但是你真的想要这个吗？……再就是与人交谈，当你遇到让你自惭形秽的人的时候，你就会想他们都这么有趣，而我想要的又是什么呢？

不约而同地，自我驱动者们最终会在心里将“自己真正想做的”和“条件允许我做的”“很多人都去做的”，以及“父母希望我做的”等选项做一番比较，并且基于自己深刻内化的一套逻辑圆融的世界观去做出本心所愿的选择。他们对自己的价值系统已经颇为确信，并且对意义感和价值感表达出相当高的需要，以至于他们真的会依据自己的一套价值体系对各种潜在的选择做出评判。

从我现在做这个事（创业）来说，我觉得最重要的就是它不仅仅是一个工作，也是一个你要往前去要去追的这么一个东西。当你去追的时候，你觉得你就跟这个事情都已经融为一体了，其他的事情都要放在这个之后去安排！如果按我爸妈的意思，可能我去当个大学老师什么的，那可能就是一个能养活自己、然后有点时间做自己喜欢的事儿的这样的一个手段。但我现在整天都可以做我自己喜欢的事儿啊！就是那种……认真地经历一些事情的那种感觉吧，就会有一种对每天都很期待的感觉。（李思念，T 大属地学生，父亲为大学教授）

钱太少当然不行，这是基本条件。但对我来说差不多有个中层的收入，就是可以接受的事情，但是生活要有意义，其实我是这么觉得的。很多人可能追求拥有一大堆奢侈品，大多数人为了赚更多的钱，无非是追求体验别人所体验不到的东西，但是如果能在这个赚钱的过程中，你同时实现了意义这件事情，我觉得是比较有意思的。而不是你纠结每年搬砖300天，为了比如说多几十万，我觉得这个就不值得。如果你能找到一份，每天比如说工作10小时甚至6小时，你觉得还有意思的工作，那就更好了，更何况那样一份工作你还可以每年去欧洲玩一次，去美洲玩一次。（张钦凯，F大理科，属地学生，父亲自有公司，母亲是工程师）

我有考虑过找工作啊，但是我觉得没有价值感，就是你的那种纯粹思考、讨论、自由、写文章的这种快乐就没有，你可能要么朝九晚五，要么就被公司榨取得不行。如果一种生活除了给你带来收入，也能给你带来价值感的话，可能会比纯粹的劳动对我来说更有吸引力一点，这是一个比较理想的想法。而且我们现在收入也不低，我们现在参加了一些题目，做一些课题什么的，我觉得也还行。X大学有个老师，他说我现在不做别的研究，我只伺候自己的兴趣，我觉得活到这份上这辈子就比较厉害了。自由就是从心所欲而不逾矩，让你做自己觉得有意义、有一定社会价值的事情。（高宇森，T大社科，东部城市学生，父母均在机关事业单位任职）

赚钱是一个方面，钱反正够花就行了，赚多了没用，你又不会把钱全取出来堆在家里。事实上你还要考虑其他方面，就是过得高不高兴。你花了人民币是要追求什么？是追求自己高兴。如果你在这个地方虽然收入很高，但是你一天要工作20个小时或者工作16个小时，投行现在收入很高，但你一天或者一段时间内就要疯狂地工作，过得也不是很高兴。所以我觉得教育有的时候更重要让人意识到，其实我们的收获不是只有人民币，还有很多别的东西，它们可以融通在一起。我学术做得好还是可以赚钱的，走遍天下都可以去做各种讲座，我的这个行业内的地位就奠定起来了。（徐友斌，东部城市学生，父亲是国企工程师）

相比之下，迷失无从者之所以在毕业面前茫然不知如何选择，部分原因正是他们还没有建立起自己的一套内在一致的价值观念。出于人际网络和社交习惯的局限，他们的观念来源本身就比较狭窄，父辈们的智慧、道听途说的看法、自己的猜测……这些观念如同箱子里的一些横七竖八的零碎工具，互无关联，甚至互有抵牾，而且很可能并不适用于大学这个特定的环境。唯一较为明显的方向性，是学校和老师在正式教育中提供的一整套系统性的观念。因为劣势阶层的学生“工具箱”小而工具零碎，内化的观念并不整合，类似于 Swidler（1986）所说的“未定文化阶段”，因而可以想见劣势阶层的学生比起优势阶层的学生更容易受到外部意识形态（学校价值观、强势的同辈文化）的影响。迷失无从者同样受到了相当大的学校价值教育的影响，但其受影响程度又不足以排除其他与此不符的信念和偏见的影响，再加上信息和社群支持的缺乏，以至于迷失无从者在学校的引导、世俗的追求、自己微弱的理想等几个不同的选项之间最终失去了目标和方向。当选择的关头来临的时候，他们内心仿佛会从不同的方向产生相对的推拉力，以至于他们“目的失焦”，似乎经历了许多却又仍在原地无法动弹。例如，在重视外在的成绩表现和内在的实际收获之间，劣势背景学生入校后很容易认同一种教师所期待的学习道德，即重视对知识的实质性掌握而非看重外在评估结果，或者自以为考上名校就终于可以松一口气。有些人会认为成绩不再重要了，但其实又没有严肃地去想到底什么才是真正重要的。他们秉持着一种诚朴踏实的学习态度和价值信念，不会为了好成绩去“钻空子”或“走捷径”，不会为了社交而牺牲学习，也不会为了赚钱而出去做兼职。就像王禹海说的，“首先我确实也不知道这些技巧，然后知道之后我也不会后悔当时我没有做这些事情。我觉得就是你凭硬实力，或者说凭你最大的努力去做就行了”。但是，在目的失焦、举棋不定之间，四年光阴匆匆逝去，他们其实也没有做到自己认同的那种努力程度，当被问到自己四年主要做了什么的时候，王禹海不好意思地讪笑道：“你可以理解为就是在左顾右盼，大概也不知道自己要干什么。所以也没有在一门心思地学。”在 F 大，吴晓回顾自己的经历，也是这样一个左顾右盼却没有焦点的过程。

吴晓：我当时这样想的，这个我还是记得很清楚的。我当时觉得我读书读了十几年了，一直的目标就是我的成绩要比别人好。现在进了大学了，我就觉得应该不要把重心再放在成绩上了，或者说把重心转移一下，就是去想想、找找别的东西有没有比较好的，或者找找自己的目标或者什么的。而且当时我家里的一个亲戚，年龄30来岁，是交大出来的。跟我说大学里成绩不是那么重要，大学里也学不到什么东西，就是谈谈恋爱，参加社团玩玩，培养培养兴趣，挺好的。以后工作了需要什么你再在上面强化。然后他的话可能有一点影响。我也觉得一直关注成绩都关注了13年了，进了大学还是看那个成绩，没有意义，我就没有太关注了。

问：那你当时觉得在大学里追求什么东西比较必要呢？

吴晓：以前其实没想那么多。那时候就觉得大学里，愉快一点，多交交朋友啦，轻松一点，然后看看各种……怎么说呢，多增长见识吧。

远在T大的牛铭和吴晓的想法如出一辙，他认为来上大学就是来学习真本领的，不应该太看重外在的考核，结果导致大二专业分流时陷入被动。因为交往圈子十分狭窄，他始终对自己的职业前景处于困顿的摸索当中。

我感觉我当时（大一）已经做好准备了，我就以一个全新的新起点、新开始，一张白纸进来了，也许是有适应过程，但是有可能没预料到（这种局面）吧，我觉得我并没有什么心理障碍啊！我也不知道为什么。就是绩点没搞好，然后为职业做准备的东西没搞好。从来都是在搞“自由教育”“通识教育”。

说到自己总在“自由教育”“通识教育”的时候，他无奈地笑了。虽然似乎并没有比别的同学少费工夫，但他似乎很少考虑这些工夫和前途出路之间的联系问题。直到大三下学期抉择出路的关头，牛铭仍然没决定他要走哪条路：“当时很重要的时期了，只能考虑保研，工作的话我没有实际经历，简历什么的都没有，比较困难，虽然我是T大的，其实到这之后总感觉待在T大就业还是有挑战的，并不是说什么工作不愁了，可以实现个人理想了，感觉压力还是挺大的。”

问：你大一到大三中间还隔两年，你这两年都干嘛去了？

牛铭：一直在学校里学习上课。

问：但是你会看到，从大二大三开始有的同学就已经出去实习了，对不对？

牛铭：怎么说呢？就是总有事干，我还待在学校里面学习。看看书，有时候也玩。

问：你会去做实习实践，或者做兼职吗？

牛铭：没干过，我也想做，但总感觉个人能力不够，不好意思做。我就是在学校里面，一直在学校里面，T大的门基本上一年都出去不到一两次。

问：那你怎么能知道以后做什么工作呢？

牛铭：我到现在都没琢磨，我简历上现在都空白。所以说我就糊里糊涂地直博了，没做好准备就直博了。

作为一个学经济学和管理学双学位的学生，专业领域本来可以带给他一些求职的（至少是符号性的）优势，然而牛铭居然一年出不了几次大学校门，从来没有过实习经历。作为一个来自中部农村、家境非常一般的学生，本来“找一份高薪的工作”很可能是驱动他的一个动机，但受T大价值教育影响颇大的他，又似乎不能接受一个为钱汲汲营营的自己。

我不是这样的人，我不是想去赚钱的人。可能别人会去赚钱，我自己从来没把赚钱作为我的追求。如果没有来T大，我可能会和很多人一样去赚钱吧，但我来T大是来学习真本事的，不是来赚钱的。……我们学校的那些最优秀的人，受到奖励的，你看看他们是干什么的？有

> 的研究政治，有的研究扶贫，没有人去赚钱。不过有这些思想的人一般都会主动、有些行动，但我感觉我没行动。

就这样，现实功利的道路被自己所接受的正式教育所弃置一旁，而心里其实有点认可的理想信念——担负起更多的国家社会责任——的道路似乎也走不通。他也考虑过当公务员，但因为对体制内的游戏规则并不熟悉，又缺乏相应的经历，专业铸就的价值倾向和自信心的缺乏让牛铭总觉得自己心有余而力不足："干公务员必须得有资源的，而且很多情况是，我感觉公务员很难真正地对一个地方有作为的。因为我也不太了解公务员，我有可能不知道吧，我不是个崇尚体制的人，我是学经济学的怎么可能会崇尚体制呢?"由此看来，牛铭似乎并非在"利用"自己的经济学学位自己做选择，而是被这个学位所创造的某种价值立场堵住了去路。然而眼下，不要说实现理想或承担社会责任，就是去找份工作解决生计问题，他都有点发愁。最后，他只能抓住院系提供的一条权宜之路，匆忙直博。即便是直博，他也没想好他这么做是为了什么。

> 我总感觉我是被T大这个潮流驱使去读博的。T大大部分人都是继续读书，读研比例高得很，那是偶尔情况才出去工作的。其实我是不想这样做的，但是总感觉现在找工作的话，我跟你说了嘛，我主要是没实习，我都没出去看过，我怎么知道，万一入错了行怎么办。

### （二）"机会主义"和"价值归顺"：衍生的类别

如果说自我驱动者和迷失无从者在目的－手段合理性和价值驱动目标两个维度上均呈现天壤之别——自我驱动者有自主设定的价值目标，也知道如何动用合理的手段去达成；而迷失无从者则既没有内在一致的价值目标，所拥有又能被接受的行动策略更是少而又少。那么机会主义者和价值归顺者则各分享了前两类人的一种特征：机会主义者与自我驱动者一样出自较有优势的家庭，见识广博，他们没有深入内化的信念动机，但善于使用策略获得世俗意义上的成功；而价值归顺者则与迷失无从者同出自文化工具缺乏的劣势家庭，但对学校的参与度和认同感比较高，以至于以在价值层面已经内化了的正式系统所倡导的价值观作为自己的个人信念。

王泽斌家在东北，父母各自在京沪经营企业，因父母工作的关系，从小学时移居到上海长大。从小他就习惯于要求自己在竞争中表现出色，到沪后第一次考试，他就凭借全年级第三名的考试成绩，吸引学校主动给办理了学籍。似乎从那时起，他就开始洞察这个社会的胜败法则了。他的基础教育经历同样非常顺利，中考时以顶尖排名被沪上知名高中录取，又在高三提前被F大录取。填报志愿时，他依据热门行情填报了经管、新闻和技术科学，结果被面试专家们讨论决定分配到了技术科学大类。其实他对工科并不感兴趣，但似乎对他而言这也不是件很有所谓的事：

> （对专业）你要说感兴趣，其实并没有太大的兴趣，但我觉得我能hold住嘛。也考虑过转专业，但是其实并没有那么强的意愿，就觉得理工科还是蛮有用的，可能无论是为了以后就业，还是说学的东西的实用性，我觉得可能都有一些用处。那些工作需要（准备）的东西，你学哪个专业都要自己去积累啊。

王泽斌考虑问题的模式从这段话中表露无遗——即使面对一个自己毫无兴趣的专业，也可以试图将它的“用处”发挥出来。如同他自己对自己的描述，他最大的优势在于“深谋远虑”，即会为长远的成功做计划，外加一些天分上的聪明。

或者说，从一开始，王泽斌就没指望从专业学习中获得什么“有用的”东西。在他看来，很多专业知识对于不打算当工程师的人完全是没有用的，“那些东西完全可以靠考前突击完成，所以这一门学问不管我怎么学其实都是很虚的。我只是需要这样一个‘实在’的文凭”。他似乎从一进校开始就看清楚了学习并不是大学里最重要的事，而只是一种通往某些资源的敲门砖。他从一进大学起就开始了马不停蹄地探寻，这意味着他知道自己必须保持一定水平的绩点，又必须从学业里节省精力去尝试更多的事。他在学习中属于那种典型的“浅薄涉猎”型，“就一门课看个一星期，就刷刷题，去考试啊”，还居然保持着相当不错的绩点（3.5）。而一届届学生的口耳相传，早就已经对“如何在维持成绩水平的情况下从学业里节省精力”积累了丰富的经验。几年前在F大学的BBS里，盛传过一个名为《F大学选课学概论》的帖子，里面历数了高绩点的几大“用处”，透露了许多门选修课的老师给分情况与作业要求，该帖作者明确表示其目的正是“帮助大家在学习总时间不变的情况下最大限度地提高自己的GPA（学分绩点）”。

问：那你会去看那些《选课学概论》吗？你知道这个东西吗？

王泽斌：我当然知道了！肯定那个时候都看过嘛，对吧，肯定就希望轻松一点。我选课标准就是只要轻松就行了，当然还有你给分不要太差了。当然我倒没有非要拿A啊什么的，我倒没有这个执念。

问：为什么呢？是因为你觉得已经够高了吗？

王泽斌：不是，是我觉得不值啊。就比如说我3.5对吧，然后3.5在我们理工科系已经很高了，那我觉得花那么大力气3.7、3.8，没有意义。我要是用这些时间去做别的事效益会更大。我觉得已经效益最大化了吧，用最短的时间来获得我能够满意的这个成绩。

问：你又不觉得成绩重要，但是选课你又要轻松的话……看样子你好像不打算在课上学到什么真东西？

王泽斌：（笑了）对吧，这个是核心！所以我并不指望在课上一定要学到什么高深的东西，买菜又用不到微积分的咯。但我觉得反正上大学嘛，我觉得学习也就占个不超过20%，顶多吧。其他部分就是你要体验生活啊，你要认识人啊，你要考虑你这个未来啊，不是吗？

《选课学概论》这样的学问，在机会主义者当中最受欢迎，它可以帮助学生从“水课”中拿到好成绩，又用节省出来的时间去投入更有“投资价值”的活动中去。他们早就对学校提供的价值引导和“培养”放弃了兴趣，并且早已洞察到，学校教育的东西和就业市场上需要的资本完全是两回事，一个理性的求职者理应做到根据市场的需求早做准备。迷失无从者对于学习的专注是王泽斌觉得不可理喻的，在他看来显然有比学习更要紧的事，而且学生不能指望学校去获得前途：“漫无目的的生活其实是一件没有效率的事情。所以我劝学弟学妹你们最好早点知道自己要什么，早做准备，越早越好。……很多人并不知道自己真正要的是什么，仅仅是在道听途说之下被动地选择了一条路。”王泽斌的语气中带着一种掏心窝子的恳切。他也的确在自己的求职道路上非常成功——成功地拿到了大牛公司的暑期实习，9月份就拿到了包括通用电气、强生医疗等公司的三个录用函。但他并没有在那时候停止求职，而是采取对重点行业广泛撒网，“投了咨询，还有就是市场有关的，比如百威英博，当然我也投过几家互联网”，最终他决定选择国内某知名互联网公司的游戏部门的市场营销岗位，起薪超过30万元人民币。从八竿子打不着的工科系到游戏公司的市场营销，可想而知王泽斌在求职之路上做了多少铺垫，而这正是他引以为豪的。

但与自我驱动者不同的是，王泽斌其实对自己的目标背后的价值意义并不确信。某种程度上，他对各种为学校所赞赏的价值感到虚无，似乎只有最直接的物质报酬值得他当下去追寻。或许是因为看到F大的同学实际上利己者众，谈论到F大对学生“自由而无用”的价值引导，他显得非常怀疑，也并不觉得自己在F大见过真正践行这种价值的人：“其实我觉得很多人还是一直在做‘有用’的东西，其实真正去做无用的什么东西的人很少，反正我自己觉得很少。自由无用啊，说说都是一些情怀，但我觉得现在大部分人最关心的还是自己的offer有多少钱。”他希望自己以后能够成为业界的大佬，但他也坦言这个想法说到底还是为了追求“财富或者更高的地位吧，就是获得某种被人重视的感觉吧”。

问：那你会觉得财富和地位就是你的人生理想吗？

王泽斌：目前支撑我的就是这两个，其实这个东西越简单越好。因为这个就是当你有足够的钱啊，你才会转移到精神层面的追求。……（意义问题）我现在暂时搁置吧，因为我觉得它目前对我来说，嗯……并不是一个主要的问题。而且现在想也白想，目前的人生阅历也很少，又想不出来。

身处竞争激烈的中国社会，永远早做准备的机会主义者们从不缺少运用工具理性形成最优策略的能力，在竞争中当然更容易胜出。不过，虽然机会主义者和自我驱动者同样是为职业生涯早做准备，但机会主义者制定职业方向的思路却与自我驱动者有微妙的差异：自我驱动者重视自己的意愿——“我真正想做什么”，而机会主义者则更多地考虑自己的成功概率——“做什么可以让我最成功”。

我上大学以后就没有遭遇过任何挫折，好像我想要的都拿到了，这个是因为我对自己能力认识很清楚，或者说我没有去追求那种我肯定拿不到的东西。……到大三之后我思考了一下，如果不出国的话，成绩有什么用。我当时手上已经有各种各样的途径可以直研了，不需要靠成绩直研。其实只要想清楚，这个东西有什么用、能不能用，这个东西只要有用，你就把它弄出来。……我大三时在团市委挂职，政府实习已经刷好了，现在媒体这块也做得不错。我觉得我不需要在体制内寻找一个饭碗，我要去体制当公务员没什么优势，可能还是做媒体吧。……我从来不在自己做的事情上建立意义感。我可以把自媒体做得很好，但这有什么意义，做的东西全部是虚的，意义感是很虚的东西，自己过得爽才是最重要的。（吴浩，F大文科，中部城市学生，父母为当地机关事业单位干部）

一开始还对哲学蛮有兴趣的，但是越学越发觉这些问题全是别人已经搞过的，后来就你们争你们的学术问题，我去玩摄影了。大概大四吧，开始弃绝所谓的那些国家社会价值追求，我还是认同对社会有意义

> 的努力的，但我只能说不在其位不谋其政吧。自由而无用固然是好的，但是首先得让我吃饱喝足生活幸福吧？对我来说，我能有时间玩摄影、赚钱、在海边买个房子，过上让外人从心底羡慕的生活，就可以了。那么多人追求世俗成功，我觉得大家都认同的还是有点道理的。讨论那些所谓的大事有什么用？讨论不能变成实践都是空谈！所以我基本上研究生（阶段）都是在实习，简历上现在有八份实习吧。……“做自己”是个很虚的词，我也不知道自己是什么样的。（唐世民，F 大文科，属地学生，父亲任大学中层行政干部）

由于出身于优势家庭背景，机会主义者们对通往好成绩、好工作的策略门道都相当熟悉；又因为尚未深刻地内化一种成熟的价值信念，他们其实对于“为什么要成功”的问题没有答案。虽然机会主义者看起来有时和自我驱动者很相似，但其实自我驱动者们才不会这样认同。虽然机会主义者常常有一条看起来很清晰的路，但自我驱动者会认为他们仅仅是短期知道自己的工具性目标，他们并没有在价值和意义的问题上追问过自己。就像李经纬对他们略带遗憾的评价：“在 F 大见过很多聪明的人，他们也都很成功，但无非路都走得很规矩……就像很多人出国之前并没有想好我为什么要出国，因为大家都出国，因为最优秀的学生出国，所以要出国，他其实不知道自己为什么要出国。”

新闻学院的杨国凡也来自 F 大，其实他曾怀着一腔新闻梦想来到 F 大学，然而在几年的课程、国际交流、访学和实习经历之后，他对现实了解得更加清楚，同时也在信念上遭遇了摧毁式的打击。多次实习经历让他相信，现实世界完全不是他理想中的那样，加之如今互联网对传统媒体的冲击，他因此怀着颇有点恼恨的心情彻底抛弃了原先想做一个新闻记者的梦想，决定彻底离开新闻界，转战金融。他把这个过程叫“洗白”：“洗白就是我不把自己的媒体实习经历写在简历上，然后去金融从零刷实习，去券商去银行。”他专门为此转了专业读研，为自己留下足够多的时间去准备在金融圈求职。他的求职结果也还算满意，最终接受了某家大型证券公司总裁办公室的工作邀请。总结自己的求职之路，他把自己全然描述成一个不信任何“漂亮说辞”的机会主义者：

> 杨国凡：我们虽然鼓吹自由，但谁也从来没有真正自由过。每个人都活在别人的期待里。别人怎么样跟你屁关系都没有，找工作也一样。自由这件事情其实只有自己解放自己，你别想着什么，你多挣30万元，你就能有更多自由。所以我现在找工作，我就看待遇和发展这两块，就是钱和对能力的培养。我其实就是一条狗，谁给我的骨头肉多我就给谁干活，领了钱回到家啃骨头，就这么简单。
>
> 问：那你会考虑自己喜不喜欢吗？
>
> 杨国凡：喜不喜欢是个很虚的东西。媒体我够喜欢吗？那实习干完就不喜欢了。你所有喜欢的行业，干到最后都不喜欢，一样是卖你。其实包括金融圈，大家都是狗。只不过是在哪里当狗的问题，那就去找个有肉的骨头啃啊。

虽然杨国凡的话听起来略显刺耳，但笔者注意到在F大被访者中，似乎有好几个人持类似的看法。因为他们着实很容易在F大遇到与自己完全不同想法的人，而这种“人人都有自己的道理”的秩序极易引发某种价值上的虚无感，T大的环境则恰好相反——一种统摄性的秩序使得爱国奉献的精神真的在T大有了一种神圣和光荣。如果成为自我驱动者和迷失盲目者主要是由家庭背景这种结构性因素导致的话，那么从受访者的叙述来看，我们应该有理由推测，学校的文化环境很可能影响到机会主义者和价值归顺者的形成。那部分介乎两者之间的学生在F大学的这种松散又个人主义的多元价值环境中可能更容易成为机会主义者，而在T大更具中心化和集体主义的统一价值环境中则可能更倾向于成为价值归顺者。

与机会主义者的特征相反，价值归顺者来自较为劣势的家庭背景，他们没有那么多策略和手段可供使用，不过因为他们受到学校环境或者同辈文化的影响相当深切，以至于他们在信念上比较深地内化了学校所赞赏的价值，或是同辈群体的主流价值选择。众所周知，大学作为现代社会的重要正式组织，会为其成员创造和提供多种多样的庇护和上升机会，例如嘉奖先进学生、校内工作推荐、本校直研深造机会等。在一个联系紧密的同辈群体当中，成员之间也会进行资源共享与交换。比起迷失无从者，价值归顺者的优势就在于，作为大学价值导向的响应者，自然会更容易获得来自学校的回报和机会；抑或作为同辈文化的顺应者，其圈子内部的成员也会或多或少提供一些机会。

胡海文就是一个例子。他来自一个基层警察和小学教师组成的家庭，刚入读 T 大时，他其实对未来的职业发展方向并无任何计划，只是对自己的信念有一个大而化之的认知："我就一直秉承一点，我就想做一点对社会有用的事。然后这个有用的事具体问我是什么，我刚进 T 大的时候真不知道，或者说哪条路都在考虑中。"至于如何实现所谓的对社会有用的事，他更是完全没有概念。但大一时的一次申请加入某个因材施教培养计划的经历让他迅速受到了目标意识的启发："在最后一轮面试的时候（面试老师）问我一个非常严肃的问题，把我问倒了，他问我'以后想做什么职业'，然后我的确脑子一蒙，我就很坦诚地说，我并没有清晰的职业规划，我就认为我想做一点对社会有用的事情就够了，政治也可以，科研也可以，商业也可以，这些都可以。可能同时来面试的是建筑专业、数学专业的同学，他们回答起来就非常贴近自己的专业，但是我那个时候并不清楚我的专业能干什么。所以我这个问题的确答得不好，而且输在这个规划上，从那之后我就自己主动去寻求、去探索。"在这次失败的面试经历中深受震动的胡海文，自那以后开始了主动寻求职业前景的历程，他一股脑儿讲述了这个过程："我大一暑假跟着我的班主任建立的一个支队，去调研绿色小城镇的发展状况，第一次了解专业能干什么事；然后跟着新生导师开始听会，报名参加××计划，然后督促自己去做项目，就发现了专业到底分为哪几个领域，专业到底能做什么事情；再就是和学长交流，就是在大一暑假的时候带我支队的那个学长，跟我说我们专业除了冷这一块，农村这块还有很大的一块（研究潜力）在热力，我就开始对这一块感兴趣。但我们课程培养体系对热的培养不是特别足，特别是对于城市能源这一块的热没有太多，到了大三才会有，所以我大二的时候就主动申请那个大学生研究训练计划，跟着那个做热项目的老师做项目，就了解了热，从那之后也定下我以后就要做热的方向。”

现在，大四的胡海文已经在本系直升博士，致力于热能源的研究。并且，他在科研学习过程中深受系里老师们学术人格的影响，树立了将科学研究服务于百姓生活的理想。我请他再回答一遍曾经那个问题，他爽朗地说出一串：“我希望用自己的力量给我们国家的城市能源利用带来一些改变，为煤、电、气、热、可再生能源的协同利用做出贡献。有可能跟规划、能源政策相关的部门，或者说跟工程相关的部门都可以，总之哪里需要我就去哪里。”现在回想起来，胡海文还是很感谢T大，感谢那次面试经历，“尽管最后没录取我，但它逼着我去提早探索我自己要做什么”。“做贡献”“哪里需要我就去哪里”“相关部门”……我们能够从胡海文的话语里听到很多在T大相当常见的用语和词汇，而他所投入和所选择的出路也与学校提供的机会结构紧密相连——这就是本文所谓的“价值归顺”的主要含义——指学生对于外部环境中的主流文化的强烈认同与跟随。在笔者访谈的多位T大辅导员中，这种对T大文化的高度认同和践行意识让笔者颇为震撼，而的确T大也从机会结构上为这些“认同者”们提供了足够多的资源支持。

来自甘肃农村的林大成就是辅导员中的一员，经历了举全家之力支持他在县城的高中苦读三年后，他以全省前十的成绩进了T大最热门的金融专业——其实“没想着选了这个以后能干啥，就是觉得要进那个最好最难进的，给我妈争口气，也不知道还有啥其他更好的选择”。不过身处T大与市场经济最接轨的院系，他却发现经济金融似乎并不适合他，因为在T大学习的过程中，他在学校文化的熏陶下逐渐树立了从政的理想——进入体制内，“去关心和试图解决当下社会的问题，这是我觉得真正值得去做的”，可见他对这一目标寄予了相当强的价值感。他在校团委任职，不仅担任辅导员，还在每个假期到学校基层研究会组织的基层挂职，在大四毕业的时候，为了让自己掌握更多分析社会问题的知识与方法，他毅然选择了从金融学院转入社科学院读研。他决定响应国家号召，硕士毕业后去乡镇做一名基层公务员。考虑到T大校友网络在各地政界的有力影响，林大成的从政之路还是颇有前景的。总而言之，从结果来看，依托于学校和体制内强有力的资源庇护，价值归顺者们的出路虽然可能从薪酬和物质条件上比不过自我驱动者和机会主义者，但从精神回报和声望上很可能相当理想。

我们T大一直倡导的就是去重点行业重点领域，为国家做事，追求的有一个口号叫作“入主流上大舞台”。反正实际上每年的确有相当数量的同学去了这样的地方。身边一批批的学长学姐，其实都是在学校里头非常优秀，其实他们完全可以去社会上找钱更多的工作。比如说那种60万元年薪的外企，T大是绝不会在官方场合宣传的，他们根本就不是学校鼓励和支持的。……我现在选了省委组织部，虽然工资确实低，但不管从事什么岗位，你始终是在为国家做事对吧。那种私企和外企，你干了一辈子之后，你感觉你除了为这个大老板赚钱，你好像并没有做出什么特别值得称道的事，但是我去的政府，它是在基层在为国家做事，而不是在为某一个人做事，感觉这个更有意义。而且这个位置它的社会地位还是挺高的。（高程，T大社科，东部城市学生，第一代大学生，父亲为工厂经营者）

我们老师经常说的一句话就是很多年轻人的思想就是一片空白，你不进入的话，其他思想就会进去。所以我觉得这个教育的话，你所需要的是给他提供一种思想的选择，是关于价值观的全面体验，就可能会有反馈。年轻人会看很多东西，比如说会追求花花世界，太想赚钱，怎么样，但是心中只要有一个声音在的话，我觉得他还是会去想个人价值的一个体现。……“爱国奉献追求卓越”一定程度上就是这种把集体主义的奉献精神和你的自我价值统一起来，你并不觉得它们两个是对立的关系。我觉得T大人就是要追求卓越，而且并不是我奉献了我就没有我自己了，你会觉得它是你的自我价值的一种体现。当你有一天做了爱国奉献之类的事情的时候，你就会觉得有一种欣喜感，或者一种自我满足感。……虽然那些企业的offer能给我几十万元年薪，但我觉得去航天研发部门平台更大。我做到了我应该做的，我从来不会说什么，我有很多朋友也是这样。(吴凡，T大工科，中部农村学生，父母务农)

当然，虽然F大的价值环境不如T大那样整合，但作为一个正式组织，其价值影响力和机会结构还是健全的。来自云南农村的王梓桐其实曾经一度在迷失无从的状态中。虽然他一直对所学的文学颇有兴趣，但他在大一大二阶段其实并不知道自己的生涯目标在哪里，特别是从台湾交流回来之后，他几乎彻底失去了方向："因为（两地）话语环境不一样，等你回来以后就会怀疑自己，我做的这些事有意思吗？当时我很纠结，非常迷茫，两个月的时间不知道自己在干吗。成天想工作到底有什么意义呢？我到底要怎样？搞学术又有什么意义呢？看到身边的一些同学，以前也爱读书的，他们也有准备去工作的，大二、大三就开始到处实习，然后就拿到了比较好的offer，这个时候就会有强烈的反差，就会经常想搞这些有什么意义，要不还是找工作赚钱去算了！"身处经济理性发达的上海，他当然发现大批同学在择业的时候"还是最看重钱"，不过，他坦言F大的教育让他很难下决定去赚钱，"我对大一大二时X校长的讲话印象非常深。他讲作为这个社会的精英，不能只盯着眼前利益，要对自己的使命有更高的要求之类的。他在开学典礼上一直这么讲，那个时候懵懵懂懂，但是记住了这些话。我是同意的……如果你把F大的人全部教成一个个出去赚钱的工具，那这个国家难道还指望那些来自二本、三本院校的学生出来做那些赚不了钱但很重要的事吗？……读了F大，你占用了这么多好的资源，你追求小确幸，发发朋友圈，如果你的生活只满足于这样的话，我觉得你是没良心的"。在跟着一位老师做研究项目的经历中，他逐渐从老师身上感受到了老师所追求的价值，即"首先立足于自己的学科，在自己深耕的领域有所建树"——就他所钟爱的古代文学而言，就是中国古典文化的思想继承。他非常认同这一理想。他回忆起了导师对他说过的一席话："我没有为这个社会创造GDP，是社会的废人。虽然从这个意义上讲我是废人，但我至少把这个东西传承下去了。现在的人天天想着搞大新闻，整天想着提出个什么惊世骇俗的理论，你不要这样。你先把前人的东西读读懂，传下去，不要让它断掉。”王梓桐淡然笑笑，他十分认同导师的话，也希望自己日后投身学术职业，因而选择了本系直研，“如果我真的在这条路上走得好，我就只求在我的研究领域里面有点影响。你研究那个人，至少你要提出一个有启发的洞见或者一种观念，能够帮助今天的人理解自己的处境，这是我最想做的事”。王梓桐直言，正是在F大的几年让他经历了价值观的重塑：

> 王梓桐：之前本来就没怎么想过，想也就是以后要跳出农门，过上更好的日子。后来（到大学里才）慢慢开始考虑一些真正的问题，到了这个时候你慢慢搞清楚你想要什么，你会怎么样，大概知道一点。这个可能跟个人生活经验有关，因为我在之前的生活经历还是很局限，不像江浙沪的孩子，他们高中阶段就出国的出国，到处去长见识，这个也是个人局限吧。所以到了大学会有很大的转变。
>
> 问：学术理想确实值得追求……可你会担心你走这条路赚得少吗？
>
> 王梓桐：这个确实很难！……有的事情可以算计，有的事情是不能算计的。或者说看你怎么衡量利益。我在选择这条道路的时候并非没有一个利益的计算，是有的。只是我着眼的点不一样：如果把这个利益单纯定义为金钱的话，那肯定我们这种人就很冷僻，但如果把这个定义范围稍微圈宽一点，比如声望，或者乐趣，那我还算不错。……而且做学术至少不会饿死，这点自信还是有的，比上不足比下有余吧。所以这取决于你觉得什么是真正有意义的。说一千道一万，喜欢还是最主要的，至少我还是在做自己喜欢的事情，我能从中体会想问题的乐趣，而且这些思考是有意义的，暂时这么狂妄地有这个意识吧。

在F大的求学经历，让王梓桐心目中对“什么是真正有意义的”这一问题终于有了一个经过自己省察的答案，对自身的现实处境和行动目的有了相对清晰的认识，“你总得找个东西来做你的价值支撑，不然你的行动就会无意义，前一个行动和后一个行动连不成一条线，你说服不了自己，那样的人会过得很惶恐。就像我有些同学不知道自己要干嘛，比较慌，到毕业季就看出来了，有的人真的慌。一开始是准备保研，保到一半就要出国，出国到一半又要去工作……我看到过有这种。他可能没有太注意反思自己到底适合做什么或者他想做什么，所以到了选择的关头就非常慌。所以想想跟他们比至少挺幸运的”。的确，与迷失无从者相比，价值归顺者是幸运的。虽出身于弱势社会背景，但在大学教育过程中基于学校和老师的教导，初步内化了为正式体制所赞赏的价值，使得他们在出路选择上得以获得来自组织的强有力的支持——在王梓桐直研出现问题的关头，他的老师“马上找了另外两个教授给我写了三封推荐信一起交上去”，使他最终免于出路上的风险。

至此，四类大学生的主要特征已经清晰可见了。上述个案鲜明地向我们呈现出，同在名校，不同学生的职业成功之路是如何被他们自己铺就或堵上的。在每个人的故事里，阶层的限制与个体的能动性、理性计算与价值理想相互交织，共同组成了一个看似纷繁复杂难以解释的现实图景。不过，当我们运用理性选择和文化社会学的理论所赋予的视角仔细观察，会发现大学生毕业出路分化的原因还是有迹可循的（见表1）。

**表1　四种类型的毕业生特征一览与毕业出路**

| | 优势家庭背景 | | 劣势家庭背景 | |
|---|---|---|---|---|
| | 自我驱动者 | 机会主义者 | 迷失无从者 | 价值归顺者 |
| 作为“工具箱”的文化作用特征 | | | | |
| 对毕业出路有清晰的目标 | √ | √ | × | √ |
| 自己对实现目标有多种有效策略 | √ | √ | × | × |
| 作为价值驱力的文化作用特征 | | | | |
| 个人价值观和信念驱动清晰的目标 | √ | × | × | √ |
| 价值信念源于自身而非外部媒介（学校） | √ | √ | × | × |
| 毕业出路结果 | 获得自主设定的理想职位 | 获得世俗标准下的高级职位 | 被动求职/直研或延迟毕业 | 进入正式体制内的职业轨道 |

如表1所示，因为优势家庭背景提供了足够的信息、策略和探索自我的机会，自我驱动者在为自己树立目标和实现目标方面都享有大量的优势，这使得他们最终将轻松获得自己的目标职业；家境相仿的机会主义者与此类

似，只不过出于某种生活经历或环境原因他们未能树立起有意义的价值目标，但至少他们知道如何利用自身的优势取得令人欣羡的高级职业；而家庭背景优势不足的学生则很容易因缺乏信息、道听途说和相互冲突的信念而迷失职业目标，导致在毕业关头成为处境被动的迷失无从者；不过如果他们当中有人对学校、政府等掌握权力和资源的正式组织参与频繁，并以该组织倡导的价值观念作为自身的理想信念，他们就可能在体制和组织庇护的轨道上获得职业机会。如果以薪酬来测量他们的出路高低，其位次势必是自我驱动者/机会主义者最高，迷失无从者最低；如果将权力和声望也纳入测量，那么价值归顺者可被视为获得了相当精英的职业。实际上，真正感到难以在名校学习期间改变命运的，就是迷失无从者了。

## 五　结论与讨论

为何连名校都不能阻断低阶层学生的家庭背景劣势？两种主流理论视角对此给予的解释尚有未尽之处：分层与地位获得研究的分析重点并不在于行动者的主观意愿与能动性（Lehmann，2014），而重视行动者的理性选择研究则要么完全忽略价值观，要么简化假定行动者都是由世俗工具利益驱动的（Hechter and Kanazawa，1997）。然而，被访者当中五花八门的衡量过程，和许多人最终的职业选择都表明，工具性利益并非总是统摄着大学生的选择，他们当中的一些人并未选择薪酬最高的录用邀请。“钱对你来说意味着什么？”无论是否被意识到，其实它都是所有的毕业生们考虑出路时必经的一问。如果说笔者在整个研究过程中有一个最大的感触，那就是笔者从未料到人们在这一问题上的看法会有如此之大的差异性。钱固然对人人都重要，但对某人而言究竟有多重要，是由这个人的价值观念对金钱、名誉、舒适等各样的价值对象比较后赋予其权重的结果，因而其赋值人人各异。尤其是在我国体制与市场的职业路径二元分割下，毕业生对这一问题的看法更是难以预设的。倘若研究者仅仅对毕业生抱有一种简化动机的理性人假设，我们就会无从解释那些抛弃了更高薪水而选择了远赴基层或扎根学术研究的学生，也难以置信迷失无从者究竟是缘何不能尽早为自己铺就生涯发展之路。

一言以蔽之，理性选择假设确有不容忽视的解释力，但仍有未尽之处。首先，虽然追求世俗利益者众，但大学生群体的动机和目的可能是多样化的，忽略价值观的驱动作用非常遗憾——作为正式组织的学校，其内部的价值观教育和同辈文化对个体价值观很可能产生系统性的制约和导向作用。其次，正如正文所说，行动者进行理性计算的意识和能力在人群中并不是随机分配的，而是根据其身份和资源发生着系统性的偏斜，这会潜在地导致理性选择理论的误差。当我们试图通过理解行动的意图，寻求对名校生的出路分化现象做出解释，这些千差万别的意图已经向读者证明了，仅仅立足于成本-效益计算的理性选择模型作为一种理论假设，在解释和预判人的行为时的确有用但也有缺憾。因而，本文在此基础上提出了一种补充性的解释框架。基于文化社会学中关于信念与行动之关系的论争，本文在目的-手段合理性的维度（即文化“工具箱”理论代表的立场）之外添加了价值观驱动行动目的的维度（即韦伯-帕森斯意义上的经典理论立场），并根据个案在不同维度上的特征，将大学生分为四种类型：自我驱动者、机会主义者、迷失无从者和价值归顺者。其中，机会主义者完全符合理性选择理论的假设，自我驱动者在多数情况下符合①，迷失无从者和价值归顺者则并不符合——迷失无从者并不是没有任何能力去追求目标，而是不知道目标在哪儿，因为树立目标的意识和工具理性被对大学的陌生感、道听途说的误解和专注学习的惯性所掩盖了，更不用说在受到学校价值教育的影响后，即便他们知道很多机会主义者致力于赚钱，他们也不会轻易上船；而价值归顺者因为内化了学校或同辈倡导的价值观，走上了一条备受外界价值嘉许的道路——其行动有时甚至可能与理性选择理论的预测是相反的——想想林大成从鼎鼎大名的金融学院转到较为边缘的社科学院，家境平平的王梓桐不去市场里赚钱反而有志于做一个清贫的文科研究者，来自T大的吴凡，因为认同在“国家重点行业重点企业”工作，硬是拒绝了某建筑咨询公司年薪30万元人民币的

① 除非追求违背主流精英选择的特殊职业目标。

录用通知，最终选择了某国家航天开发部门，薪水只有前者的一半。当我们不了解他们的价值观念时，会认为他们的选择从理性选择的角度似乎是不可理解的，而当我们将他们的客观处境和主观信念并置，就会发现他们这样选择具备充分的合理性。

若说本文试图对理解高等教育不平等现象提供一丝微薄的贡献，那就是本文力求说明，仅仅透过理性人假设的棱镜审视大学生可能是不够的，因为这一假设并未考虑到文化能力和价值观对行动的强烈影响，再考虑到工具理性在阶层中的不均衡性，研究者很可能系统性地损失对于低阶层学生的弱势的合理解释。布迪厄在《继承人》一书中说："处于最不利地位的阶级……对于实现命运的途径过于不觉悟，从而促进了自己命运的实现，因而学校教育系统的合法性权威可以加剧社会不平等。"（Bourdieu and Passeron，1979：72）弱势学生的确对于实现命运的途径过于不觉悟，在此意义上，问题的症结不在于资本的多少，而在于意识和信念的强弱。

本文立足于精英层次的大学，并非意味着其他层次的高校中的出路分化现象不需要探讨，而是正如开篇所言，在名校中教育和阶级之间的理论张力最为凸显、现实矛盾最为迫切。某种程度上，理解不平等在名校中的发生机制，是理解其他层次的高校中的毕业生出路不平等现象的开端。本文的发现也为改善现阶段大学生的教育结果不平等问题带来了新的启发：要最大限度地打破阶级对学生发展前景的制约，学生自身需要一种对手段和目的的双重反思性。大学不会甘心将所有人都培养成机会主义者。仅仅在手段和短期目标上精打细算的，正是被大学教授们所批评的"精致的利己主义者"，[①] 只有在手段和目标的价值意义上进行成熟的反思，才可能真正为未来长期的职业生涯做好准备，为自己带来意义感，也更可能对社群产生价值。首先，资源倾斜和能力提升并不能完全解决问题——能力强不一定有方向，特别是对弱势背景的迷失无从者，生涯价值观和目标的树立需要得到更多的重视。其次，增强弱势学生对于正式制度和组织的参与和认同，将迷失无从者转化为

① 见 http：//www. sohu. com/a/137851257_ 479698。

价值归顺者，也不失为一条提升弱势背景学生出路的好方法。不过，本文作为一项探索性研究，所提出的解释模型和假设仅仅是结合案例和理论的猜想，对于四类学生的区分也仅仅是一种归纳理想类型的尝试，其结论尚未通过实证研究的检验。大样本的学生调查能否证实这些猜想？上述四类学生有多大可能会迁移转化？迁移转化又是由哪些因素引起的？这些问题为下一步的研究指明了方向。

## 参考文献


李春玲，2003，《社会政治变迁与教育机会不平等——家庭背景及制度因素对教育获得的影响（1940—2001）》，《中国社会科学》第3期。

李春玲，2010，《高等教育扩张与教育机会不平等——高校扩招的平等化效应考查》，《社会学研究》第3期。

李春玲，2012，《80后大学毕业生就业状况及影响因素分析——基于6所985高校毕业生的调查》，《江苏社会科学》第3期。

李煜，2006，《制度变迁与教育不平等的产生机制——中国城市子女的教育获得（1966—2003）》，《中国社会科学》第4期。

李煜，2007，《家庭背景在初职地位获得中的作用及变迁》，《江苏社会科学》第5期。

牛新春、郑雅君，2018，《精英大学城乡学生的生涯定向：横向分流和纵向轨迹》，待刊出。

田丰，2015，《高等教育体系与精英阶层再生产——基于12所高校调查数据》，《社会发展研究》第1期。

谢作栩、王伟宜，2005，《社会阶层子女高等教育入学机会差异研究——从科类、专业角度谈起》，《大学教育科学》第4期。

杨善华、孙飞宇，2005，《作为意义探究的深度访谈》，《社会学研究》第5期。

叶晓阳、丁延庆，2015，《扩张的中国高等教育：教育质量与社会分层》，《社会》第3期。

岳昌君、周丽萍，2016，《经济新常态与高校毕业生就业特点——基于2015年全国高校毕业生抽样调查数据的实证分析》，《北京大学教育评论》第2期。

张华峰、郭菲、史静寰，2017，《促进家庭第一代大学生参与高影响力教育活动的研究》，《教育研究》第6期。

郑雅君，2017，《名校优等生的未来：大学过程与职业地位再生产之谜》，硕士学位论文，复旦大学高等教育研究所。

郑雅君，2018，《初始习性与“目标失焦”：关于精英大学城乡学生表现差距的一种解释》，《中国农村教育评论》第3期。

郑育琛、武毅英，2014，《我国高等教育社会分层功能的再审视——基于对某省两所高校毕业生的调查》，《现代教育管理》第6期。

周怡，2004，《文化社会学发展之争辩：概念、关系及思考》，《社会学研究》第5期。

Abell, Peter. 2000. "Sociological Theory and Rational Choice Theory." The Blackwell Companion to Social Theory 2: 223-244.

Apple, Michael W. 2017. *Cultural and Economic Reproduction in Education: Essays on Class, Ideology and the State, Vol. 53*. Routledge.

Arksey, Hilary, and Peter T. Knight. 1999. *Interviewing for Social Scientists: An introductory Resource with Examples*. Sage.

Armstrong, Elizabeth A. and Laura T. Hamilton. 2013. *Paying for the Party*. Harvard University Press.

Aschaffenburg, Karen and Ineke Maas. 1997. "Cultural and Educational Careers: The Dynamics of Social Reproduction." *American Sociological Review* 62 (4): 573-587.

Binder, Amy J., Daniel B. Davis and Nick Bloom. 2016. "Career Funneling: How Elite Students Learn to Define and Desire 'Prestigious' Jobs." *Sociology of Education* 89 (1): 20-39.

Blau, Peter M. and Otis Dudley Duncan. 1967. *The American Occupational Structure*. New York, NY: John Wiley & Sons, Inc.

Boudon, Raymond. 1974. *Education, Opportunity, and Social Inequality: Changing Prospects in Western Society*. John Wiley & Sons Canada.

Boudon, Raymond. 2001. *The Origin of Values: Essays in the Sociology and Philosophy of Beliefs*. Transaction Publishers.

Boudon, Raymond. 2008. "Rational Choice Theory." In *The New Blackwell Companion to Social Theory*, edited by B. S. Turner. Oxford, UK: Wiley-Blackwell.

Bourdieu, Pierre and Jean-Claude Passeron. 1977. "Reproduction in Society, Education and Culture." Trans. R. Nice. London: Sage.

Bourdieu, Pierre and Jean Claude Passeron. 1979. *The Inheritors: French Students and Their Relation to Culture*. Univ of Chicago Pr.

Bowles, Samuel and Herbert Gintis. 1976. *Schooling in Capitalist America, Vol. 57*. New York: Basic Books.

Breen, Richard and John H. Goldthorpe. 1997. "Explaining Educational Differentials: Towards a Formal Rational Action Theory." *Rationality and Society* 9 (3): 275-305.

D'Andrade, Roy G. 1995. *The Development of Cognitive Anthropology*. Cambridge University Press.

DeGraaf, Paul M. 1989. "Cultural Reproduction and Educational Stratification." *Educational Opportunities in the Welfare State*: 39-57.

DiMaggio, Paul. 1997. "Culture and Cognition." *Annual Review of Sociology* 23 (1): 263-287.

Featherman, David L. and Robert Mason Hauser. 1978. *Opportunity and Change*. New York:

Academic Press.

Gambetta, Diego. 1987. *Were They Pushed or Did They Jump? Individual Decision Mechanisms in Education.* Cambridge University Press.

Giddens, Anthony. 1984. *The Constitution of Society: Outline of the Theory of Structuration.* Univ of California Press.

Grusky, David B. 1994. *Social Stratification.* Boulder: Westview.

Hechter, Michael. 1992. "Should Values Be Written out of the Social Scientist's Lexicon?" *Sociological Theory* 10 (2): 214 – 230.

Hechter, Michael. 1994. "The Role of Values in Rational Choice Theory." *Rationality and Society* 6 (3): 318 – 333.

Hechter, Michael and Satoshi Kanazawa. 1997. "Sociological Rational Choice Theory." *Annual Review of Sociology* 23 (1): 191 – 214.

Hodkinson, Phil and Andrew C. Sparkes. 1997. "Careership: A Sociological Theory of Career Decision Making." *British Journal of Sociology of Education* 18 (1): 29 – 44.

Hout, Michael. 2012. "Social and Economic Returns to College Education in the United States." *Annual Review of Sociology* 38: 379 – 400.

Kalberg, Stephen. 1980. "Max Weber's Types of Rationality: Cornerstones for the Analysis of Rationalization Processes in History." *American Journal of Sociology* 85 (5): 1145 – 1179.

Kaufman, Jason. 2004. "Endogenous Explanation in the Sociology of Culture." *Annual Review Sociology* 30: 335 – 357.

Lamont, Michèle. 1992. *Money, Morals, and Manners: The Culture of the French and the American Upper-Middle Class.* University of Chicago Press.

Latham, Gary P. and Craig C. Pinder. 2005. "Work Motivation Theory and Research at the Dawn of the Twenty-First Century." *Annual Review Psychology* 56: 485 – 516.

Lehmann, Wolfgang. 2014. *Choosing to Labour? School-Work Transitions and Social Class.* McGill-Queen's Press-MQUP.

Mare, Robert D. 1980. "Social Background and School Continuation Decisions." *Journal of the American Statistical Association* 75 (370): 295 – 305.

Parsons, Talcott. 1937. "The Structure of Social Action." *Sociology. Thought and Action* 1 (1): 32 – 46.

Parsons, Talcott. 1991. *The Social System.* Psychology Press.

Pitirim, Sorokin. 1927. *Social Mobility.* New York: Harperand Brothers.

Sewell, William H. and Vimal P. Shah. 1968. "Parents' Educational Aspiration and Achievements." *American Sociological Review* 33: 191 – 209.

Shavit, Yossi and Walter Muller. 1998. *From School to Work. A Comparative Study of Educational Qualifications and Occupational Destinations.* ERIC.

Stephens, Nicole M., Sarah SM Townsend, Hazel Rose Markus and L. Taylor Phillips. 2012. "A Cultural Mismatch: Independent Cultural Norms Produce Greater Increases in Cortisol and More Negative Emotions among First-Generation College Students." *Journal of Experimental Social Psychology* 48 (6): 1389 - 1393.

Stevens, Mitchell L. 2008. "Culture and Education." *The Annals of the American Academy of Political and Social Science* 619 (1): 97 - 113.

Stuber, Jenny M. 2011. *Inside the College Gates: How Class and Culture Matter in Higher Education*. Lexington Books.

Swartz, David. 2012. *Culture and Power: The Sociology of Pierre Bourdieu*. University of Chicago Press.

Swidler, Ann. 1986. "Culture in Action: Symbols and Strategies." *American Sociological Review* 51 (2): 273 - 286.

Thompson, Michael, Richard Ellis and Aaron Wildavsky. 1990. *Cultural Theory*. Westview Press.

Treiman, Donald J. 1970. "Industrialization and Social Stratification." *Sociological Inquiry* 40 (2): 207 - 234.

Vaisey, Stephen. 2009. "Motivation and Justification: A Dual-Process Model of Culture in Action." *American Journal of Sociology* 114 (6): 1675 - 1715.

Weber, Max. 1978 [1921]. *Economy and Society: An Outline of Interpretive Sociology, Vol. 1*. Univ of California Press.

Weber, Max. 2002. *The Protestant Ethic and the "Spirit" of Capitalism and Other Writings*. Penguin.

Yee, April. 2016. "The Unwritten Rules of Engagement: Social Class Differences in Undergraduates' Academic Strategies." *The Journal of Higher Education* 87 (6): 831 - 858.

《社会学刊》第 1 期
第 142 ~170 页
© SSAP, 2018

# 广场舞团队的凝聚：一项“类仪式”共同体的社会学研究*

于佳煖
复旦大学社会学系

**摘　要**：“仪式”是有特定的情境，伴随着行为的重复性，并能唤起参与者特定情感的活动。在日常生活中，与仪式行为具有相似性的活动，可被称作“类仪式”行为。本文通过对上海市 11 个广场舞团体的研究，探讨了类仪式群体的生成与凝聚机制。首先，多数广场舞参与者面临着由工作向退休的生命阶段过渡体验，在这一过程中，她们需要一个互动并重新生成社会关系的空间。而广场舞活动作为一种具有“类仪式”特征的阈限性情境，是一个合适的场所，这使得广场舞群体得以生成。在群体生成之后，基于不同的群体边界形成与社会比较机制，不同类型的广场舞团体得以完成其凝聚过程。本文通过实证研究证明，群内符号边界的形成对于类仪式群体的凝聚和发展有重要作用。

**关键词**：广场舞　类仪式　符号边界　群体凝聚

* 作者非常感谢导师周怡教授在田野调查和论文写作过程中的悉心指导，也非常感谢刘欣教授、田丰副教授、刘红教授、洛秦教授的帮助和谢思岚、杜世超在日常讨论中的启发。本文初稿曾在2017年中国社会学学术年会（上海）“文化社会学分论坛”上宣读，感谢评审人肖文明副教授的宝贵建议。同时，也对参与资料收集的李心仪、马颖怡、王单科、严之帆、周可人、朱明皓、张华昕表示诚挚的感谢。本文为国家自然科学基金重大项目“代际均衡与多元共治——老龄社会的社会支持体系研究”（项目批准号：71490733）的阶段性成果之一。

广场舞是一种目前在我国非常流行的都市文化现象。在晨练或是晚餐后的下班时间，城市的开阔地上，经常有成群结队的人伴着配乐跳着动作整齐的舞蹈，并且周围往往有一些群众在围观。目前广场舞在国内越来越流行，已成为一种普及度较高的群众活动。

然而，在整齐划一的表面特征之下，广场舞隐含着耐人寻味的复杂特性。从团体的特征来看，广场舞团体往往有稳定的成员、活动形式和活动时间，并且成员对于团体有归属感和认同感（刘婷，2014；黄勇军、米莉，2015；高洪墨，2015；张兆曙，2016；于佳煖，2017）。但也正是这样一种兼具稳定性和向心力的团体，其成员在音乐品味与社会经济地位上却具有可观的分散性，是异质性很强的群体（于佳煖，2017）。并且，就群体本身的特征来看，虽然广场舞团体的规模有大有小，但往往都能形成很强的凝聚力。

那么，具有不同的品味和经济地位的个体，是怎样成为具有凝聚力，并共享“广场舞”这一具有鲜明特征的活动的团体呢？基于这一问题，本文拟运用仪式与群体边界的相关文化理论，分析广场舞群体的生成及其凝聚过程，进而对仪式理论中与群体生成相关的部分进行拓展。具体而言，源自对仪式理论的思考，本文关注的主要经验问题是：不同类型的广场舞团体通过怎样的途径实现了成员的凝聚，从而成为较为稳定的团体？与之相关的理论问题则是：作为“仪式”得以形成的基础的有效的“仪式群体”，其产生过程具备怎样的机制？

本文发现，广场舞的参与者们对自身与群体内部其他成员之间的差异的感知，对群体凝聚力的形成有重要作用。尤其在部分结构较为复杂的大型群体中，通过构建群内符号边界（symbolic boundary），个体对群体的长期参与和认同得以形成，群体的凝聚力也得以产生。以往对于类仪式群体凝聚的机制所进行的研究多着重于论述群体成员根据群内身份与群外的人之间所形成的“群际边界”，即“我群”与“他群”的区分（特纳，［1969］2006：113；Austin，2009；Chaney and Goulding，2016）。本文通过对广场舞这一“类仪式”群体的分析，试图指出：在群际边界以外，具有类仪式行为的群体内部经由群体成员的角色分化所形成的“群内边界”，对于凝聚力的形成及群体的发展有重要的影响。

## 一 社会科学中的仪式研究

### （一）“仪式”的定义

“仪式”（ritual）是一个复杂的概念，不同研究者对它有不同的界定。维克多·特纳（Victor Turner）（［1967］2006：21）认为，仪式是人们“不运用技术性的程序，而在向神秘物质或神秘力量求助的场合中所进行的规定性正式行为”，并往往具有神圣感；大卫·科泽（David Kertzer）（［1988］2015：11～12）则将仪式定义为一种“体现社会规范的、重复性的象征行为……它依循高度结构化和标准化的程序，有其特定的展演场所和时间，并具有特殊的象征意义”；兰德尔·柯林斯（Randal Collins）（［1986］2009：79）基于微观互动的视角，认为仪式是一种在特定的情境中发生，伴随着成员的高度相互关注和情感连带，通过身体协调和神经系统的相互唤起而形成认知符号联结的互动行为。总体来说，“仪式”定义较为公认，达成共识的三大要素是：（1）有特定的情境（包括物理性的情境和群体情境）；（2）具有重复的行为或符号；（3）引起参与者的交流和内心活动。

从仪式定义的指涉范围来看，研究者们也给出过两种不同的界定方式。第一种界定认为，“仪式”这一概念仅能指代那些具有宗教神圣性，或业已文本化、典礼化的正式行为。与之相对的是，其他一些具有仪式特征，但不具备文本化和典礼化的仪式性行为，应被称作“类仪式”行为（特纳，［1969］2006；科泽，［1988］2015；亚历山大，［2004］2015；Snoek，2006）。扬·斯诺克（Jan Snoek）认为，如果把仪式这一定义拓展到日常生活中的一切方面，这一概念就会失去有效性（Snoek，2006，转引自王霄冰，2008：7）。第二种界定则用“仪式”概念作为一个分析范式，探讨日常生活中的所有行为，再在各类仪式中区分出用于表达相当于第一种界定中

“仪式”与“类仪式”的差异的子分类。例如，柯林斯将“仪式”区分为“正式仪式”和“自然仪式”（柯林斯，［1986］2009：89），扬·普拉特弗特（Jan Platvoet）则使用“狭义的仪式”和“广义的仪式”来做出这种区分（Platvoet，2006，转引自王霄冰，2008：52）。本文认为，第一种界定方式中的概念划分更为清晰，因此在分析过程中将予以采纳。

### （二）不同视角的仪式研究：关注点与分析方式的分化

涂尔干（Emile Durkheim）在《宗教生活的基本形式》（［1912］1999）中指出，一方面，仪式行为具有令个体对于共同体形成感知的作用；而另一方面，仪式也象征着超出个体而存在的集体符号和共同道德，即集体表征（collective representation）。然而，虽然绝大多数仪式研究者都视涂尔干所提出的初民社会仪式分析框架和“神圣 - 世俗”二分的分析视角为其理论的最初源流，但是他们对于仪式研究的关注点和理论立场却大相径庭。人类学的仪式研究精于对仪式中所包含的各类行为模式与象征做出阐释和分析（特纳，［1969］2006；格尔茨，［1973］2014），其最终的论证和理论框架落在仪式及其参与者与地方社会的结构整合的关系上（柯林斯，［1986］2009）。例如，特纳基于仪式的“结构—反结构—结构”三阶段过程，阐明了参与者在两种不同状态之间进行转变，从而实现被地方社会重新整合的过程。在第一阶段，人们还维持着原有的社会位置和关系，但到了被称作“阈限阶段”[①] 的第二阶段后，仪式参与者原有的差异会被消除，从而形成一个新的共同体。在阈限阶段中，仪式对于仪式参与者产生整合作用。阈限阶段过后，在仪式临近尾声时，大家会回到自己原有的社会位置上（特纳［1969］2006）。[②]

① 根据范·盖内普（Arnold Van Gennep）和维克多·特纳对于仪式过程中“阈限阶段”的定义，阈限阶段是一个过渡阶段，是一种“模糊不定的时空”，能抹平人们在世俗世界的所有差异。这样的过程在代表着个体在不同生命阶段间转换的通过仪式中尤为重要（特纳，［1969］2006）。

② 对于社会中其他具有阈限性特征的整合现象，特纳使用“类阈限形式”这一概念来对其进行指代，从而赋予了将仪式理论转化为具有普适性的社会理论的可能性（陈霞，1993）。

社会学的研究则立足于仪式本身，探讨行动者将仪式作为一个特定情境的互动过程，并尝试抽象出这些情境和互动的特征，从而发展出具有普遍性的社会理论。宏观社会学研究关注仪式行为在政治权力和公共舆论建构过程中的表现方式，往往分析一个政治或社会过程借助仪式环境“从无到有”的过程（如 Alexander and Smith，1993；亚历山大，［2003］2011 等）。微观社会学则关注在特定情境下，个体在仪式情境中的重复性、具有情感连带性的互动过程，并将这种行为作为仪式行为的原型，用于对各类社会现象的分析。微观社会学分析只关注研究中的具体情境、行动者和互动本身，而不关注这一情境与更大的地方社会的关系。仪式作为一个互动发生的情境而存在，在这一情境中，行动者传递共享的符号和情感（柯林斯，［1986］2009）。社会心理学则更关注仪式化行为“对于个人认识自我、建立对生活的稳定感的意义”（关键、诺特那若斯，2002；吴艳红、诺特那若斯，2005，2007），在此基础上，也会探讨一些影响个体生活经验与感受的个体间的互动。总体来看，对于关注“仪式”的社会科学学科取向，其分析重点、理论关注和发展源流可用表 1 来概括。

**表 1　不同研究取向中的“仪式”的差异**

| | 人类学取向 | 社会学取向 | 社会心理学取向 |
|---|---|---|---|
| 分析对象 | 仪式过程、符号和象征的解释 | 情境中的互动机制 | 特定行为的有无对于个人生活的影响 |
| 主要的理论关注 | 仪式行为与地方社会整合，及生命历程变迁历程中个体与社会的再整合 | “仪式”作为一种理论视角，在各类社会过程分析中的普适性 | 仪式“对于个人认识自我、建立对生活的稳定感的意义” |
| 发展源流（与经典涂尔干理论对话的主要方面） | 仪式及仪式中的象征元素对于地方社会结构的反映 | “神圣”（仪式的）与“世俗”（非仪式的）行为的分异及前者对于事件、交往或互动过程的影响 | 仪式中的兴奋状态对于个人心灵的影响 |

注：当然，不同学科领域的仪式研究有重叠之处。本文此处仅试图梳理不同领域中仪式研究的主要内容，而不是进行一种绝对性的划分。

## 二　仪式群体形成机制：符号边界与认同的再生产

可以看到，虽然关注点和理论立场大有不同，但这些研究都肯定了仪式行为对于社会、个人生活或群体互动的重要性。然而，既然仪式行为与人们对群体建立认同、构造边界的过程存在关联，并且仪式也是集体的符号，那么，作为产生仪式行为的基础，具有强烈认同感和凝聚力的群体，即“有效的群体”（柯林斯，［1986］2009：89～93），就是必不可少的（格尔茨，［1973］2014；柯林斯，［1986］2009；关键、诺特那若斯，2002；吴艳红、诺特那若斯，2007）。因此，本文的核心问题就是：“有效的群体”怎样形成？对于这一实体的产生，是否能进行生成过程的分析呢？对于这一问题，人类学的解释往往牵涉地方社会发展的悠久历史，因为这些研究将仪式群体当作一个既定事实，假定它是某种社会结构或生命历程的象征（特纳，［1969］2006；格尔茨，［1973］2014）。在这一视角下，由于地方社会的团结是不证自明的事实，仪式的形成也就自然得到解释。在微观社会学领域，兰德尔·柯林斯在《互动仪式链》一书中给出的解释是，仪式群体的产生源自情境中人与人之间自然产生的情感连带，而这些情感连带产生于人的一些自然过程（例如姿势、交谈中的重音、荷尔蒙水平等）（柯林斯，［1986］2009：106～125）。如果集体情感是一个真实的且超越个体的存在，那么这一类将集体的形成归因为个体层面基于自然过程的互动的观点，就存在过于还原主义①的问题。而从个体的角度来看，由于这些自然过程是下意识、不经选择的，在更大范围的社会过程中会包含更多行动者于情境动员下所做的有意识的能动选择过程及复杂的体验转化过程（例如选择性进入或退出某个群体、参与某个群体过程中的目的变化等）。因此本文认为，如果以这种解释为起点，直接应用到更大范围的社会过程，不能完全解释集体层面的情

① 还原主义：又称简化论，指一种认为复杂的事物或现象能够通过化约为简单事物的组合的方式来进行理解和描述的思想。在本文中指认为复杂的仪式现象的生成能够通过化约为个体的互动来进行研究的思潮。

感或团结现象的具体原因。

若将有效的群体与群体中的个体同时视为客观事实，那么，仪式群体就应基于两者互动而生成。仪式群体的凝聚过程，实质上就是个体意识与集体表征相互勾连，共同促进生成的过程。基于这一判断，本文将借鉴更一般化的群体边界形成理论，来对仪式（或类仪式）情境中有效群体的生成机制进行分析。这是因为，对于群体边界的认识既是个体对于自身位置的判断，也预设了群体本身的存在（陈涛，2012）。在群体边界形成的过程中，群体成员会认识到自身与“外群”和“他群”的差异，由此在认识上以自己所在的群体为基础，在内心形成与其他人划分的边界。沿袭自拉蒙特（Michèle Lamont）关于符号边界的讨论（Lamont and Fournier，1992），方文（2005）基于对北京基督教群体的研究提出：社会群体之间都存在符号边界，这种符号边界是以社会范畴化作为认知基础的。在此基础上，“我群”与“他群”的区分，通过社会比较得以强化，并产生内群分化和外群同质性。在这一区分形成后，“我群”在社会行动中，通过群体记忆，不断表征、再生产自身的群体风格和表征体系，从而对符号边界进行再生产（方文，2005）。

以往采用仪式视角的群体研究往往更加关注群体内成员与群体外部间的边界，在这类研究中，仪式群体成员在阈限空间中的异质性对于群体凝聚的作用较少被关注（Austin，2009；Hannerz，2015；Chaney and Goulding，2016）。本文认为，内群的分化对于仪式群体及其行为也有非常重要的作用。一些已有研究虽然对内群分化现象有所涉及，但未能具体分析其对于仪式社群的具体作用机制。例如，杜靖（2007）在对鲁南秧歌的研究中发现，观众和秧歌演员之间有着清晰的界限，二者在仪式过程中有明确的角色区分——观众既不会参与演出，也不会在仪式过程中与演员产生互动。本文在已有研究的基础上，对群内所产生的“内群分化”现象的作用也进行关注，试图对个体、社群和仪式符号的互动生成机制做出进一步的拓展分析。

通过比较、总结和整合各类理论，本文将沿以下逻辑建立分析框架：根据已获得的田野资料，广场舞并不是一种宗教仪式，也尚未成文化、典礼化，但由于它具备诸多的仪式特征（例如，在特定情境中周期性地活动，并引发参与者共同的内心体验），在概念界定中，本文在采纳“仪式”与“类仪式”的概念分类方法的基础上，将广场舞定义为一种“类仪式”行为。在研究取向上，由于广场舞是一种特定的、参与对象并不涵盖社会中所有群体的活动，因此本文主要采用微观社会学的研究取向，探索在“广场舞”这一特定情境中，广场舞参与者进行互动，进而生成有凝聚力的群体的过程。本文的基本分析框架如图1所示。

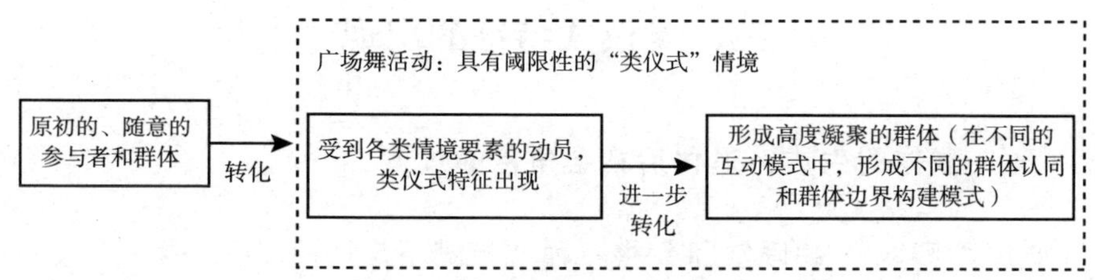


**图1　本文的基本分析框架**

本文的分析策略如下。首先，作为分析的起点，本文将探讨广场舞参与者加入广场舞活动的动机和广场舞活动本身所具备的“类仪式”特性，进而关注这些参与者在广场舞这一“类仪式”情境中对于群体的感知的变化。在此基础上，通过分析不同团体在互动中进行群体比较和认同的差异，阐明广场舞群体的凝聚过程。微观社会学中仪式研究的视角为这一框架奠定了基础，人类学和社会心理学的相关理论也为解释其中部分环节的发生机制提供了一些思路。第一，在参与者加入广场舞活动的动机和群体形成原因的分析中，由于广场舞参与者确实处于从工作到退休的过渡阶段，因此本文认为特纳关于“阈限性”的理论具有启发性的意义，并且“阈限性”也确实是广场舞作为一个互动情境的重要特征。故将其作为理论框架中情境分析的要点。第二，虽然群体的凝聚力是在互动过程中产生的，但这一互动过程必然与个体的参与感受有关，因此与仪式互动中的社会心理过程有关的理论对于本文也有重大意义。

本文的研究对象是上海市广场舞群体。资料收集过程始于2014年7月，在此后的两年时间内，笔者与本次研究的其他成员走访了上海市的11个广场舞群体（为了保护受访者隐私，分别采用字母A－K作为代号，其中A－F团体为核心观察对象），逾100名广场舞参与者接受了笔者及研究团队的直接访问。资料收集的过程主要运用了个案访谈法、焦点小组访谈法、问卷调查法（用于了解人口学指标及具体的品位差异）和观察法。

## 三 类仪式特征的出现

### （一）群体的生成：退休后社会角色的过渡

如上文所述，“阈限空间”指一种“模糊不定的时空”，能抹平人们在世俗世界的所有差异。这样的过程在表征个体于不同生命阶段间转换的通过仪式中尤为重要（特纳，［1969］2006）。而广场舞恰巧为她们提供了“类阈限空间”的作用，让她们得到了在不同人生阶段间转换所需的过渡空间。

从生命历程的视角来看，许多广场舞参与者正处于人生中比较重大的转折点——作为社会角色过渡的“退休”事件。虽然很多人已经退休数年甚至十几年、几十年，但仍然没有成功探索出与工作相对的另一套健康、成熟的生活模式，始终在令自己不甚满意的状态中徘徊。待在家里看电视和玩电脑是这些参与者在接触广场舞之前最常采用的消遣方式。D003受访者抱怨称，在参加广场舞之前，“待在家里实在是闷”，“电视一天到晚地看，看得眼睛又坏了”（访谈－D003，2014.07）。

这样的过渡效应在那些领舞和组织者的身上显得尤为突出，她们的主动发起是单个广场舞群体诞生的最直接要素。在经历自身的转折之余，她们能更多地感应到其他女性与自己面临的相似问题。D004是一个30人左右的小型广场舞群体的领舞，她感到老年人多，平时没事做，就“弄点事做”（访谈－D004，2014.07）；A008是一个退休干部，目前志愿到街道工作，她视组织广场舞活动为自己工作的一部分，她认为，通过广场舞，这些参与者可以得到一个互相认识的平台（访谈 - A008，2014.07）。不仅如此，与特纳的“类阈限阶段”中的模糊性更相吻合的是，这些受人尊敬的领舞和组织者并不必然是在日常生活中占据较高社会经济地位的人，而是体现出了很强的非相关性。表 2 列举了本次研究中所访谈到的最有核心声望成员的职业。①

**表 2　各广场舞群体最核心声望者的职业**

| 编号 | 职业 | 编号 | 职业 |
|---|---|---|---|
| A008 | 街道志愿领导* | E020 | 统计师 |
| A004 | 失业 | E019 | 公务员 |
| B002 | 厨师 | F011 | 药厂化验员 |
| C004 | 幼儿园老师 | G002 | 打工(仍在职) |
| D004 | 轮渡公司摆渡 | H005 | 干部 |
| E011 | 工人 | K(未到场) | 专业舞蹈老师** |

* A008 是退休后被返聘到街道的，虽然在文体方面有领导权，但她自称为街道的志愿者。

** K 广场舞群体的情况比较特殊，属于舞蹈水平较高的半专业性团体。后文会对其进行详述。

这些人既有富有声望的街道领导、干部，也有制药检验员、公务员或厨师等普通职业者，甚至还有打工者和失业者，这种现象对上文所述的“类阈限阶段”的特征进行了印证。

广场舞活动为参与者在一天中的某个固定时间（通常是清晨或傍晚）提供了接触外界的途径，使她们至少在从“出门参加广场舞”到“完成互动，回到家中”这段时间内得到完全不一样的生活体验。与参与广场舞活动相伴随的是生活状态的悄然变化。变化的第一个原因是参与者退休后社交圈子的出现。广场舞参与者在广场上是共同舞蹈的“舞伴”，在广场舞之余

① I 和 J 广场舞群体在研究过程中均未遇到最核心组织者，因此未能详细了解她们的职业。此外，由于 A 和 E 规模较大，所以存在不止一个核心声望成员。判断是否为核心声望人员的标准是：（1）被整个群体的绝大部分人认识；（2）受人尊敬，在广场舞中有使其他人“令行禁止”的影响力。

的生活中，则成为可以一起逛超市、旅游、吃饭的朋友，建立了与以往工作中迥异的交往模式，也生成了另一套行为习惯与规范。“现在不像以前了，现代社会工作很紧张的，但退休了以后回到个人的社区（在此处指广场舞）里面，个人有个人的生活了。”（访谈 - B000，2016.03）甚至有参与者认为，以前在工作中与同事的关系是“斗争中的交往”，而现在在广场舞群体中再也没有相互利用，是放松的交往（访谈 - A000，2016.01）。第二个原因则是广场舞活动本身的调节作用。部分参与者虽然每日在广场舞之余，还是以看电脑、电视为主要消遣方式，但心态发生很大的变化。C002 称：“其实我们是闭在家里的，一般是不出去的，就是早上一小时，晚上一小时（广场舞），对吧，完了就是在家里看看电脑啊，看看电视啊。但是到晚上大家愿意出来碰个头打打招呼，跳跳舞挺开心的。”（访谈 - C002，2014.07）由此，在社会结构中，经由广场舞这一过渡阶段，参与者能够成功地从一种结构（工作）转移到另一种结构（退休后的稳定家庭生活）中。但她们在日常生活中并不经常谈论舞蹈，所以广场舞在这一过程中始终是一个独立场景，对参与者所归属的社会结构起到重要的再整合作用。根据笔者在2016年所进行的问卷调查（$N=98$），广场舞参与者的出生年在1950～1959年的占比最高，占当次问卷调查样本总体的60.71%（于佳煖，2017）。基于相似的生命阶段，不同背景和经济条件的广场舞参与者们聚集到了一起。

### （二）空间、音声、舞蹈要素的动员作用

在进行田野调查的过程中，笔者发现这样一个有趣的现象：所有受访者在一开始被问及参与广场舞活动的动机及好处时，总会给出“锻炼身体”“身心健康”之类的答案。这一现象被一些研究者称作“健康话语机制”（徐海东，2015）。但如果对其进行追问，他们往往会更强烈地认同广场舞对于社交和日常生活的助益，并且一天不跳就难受，甚至“不知怎么的，有一种上瘾的感觉”（访谈 - C004，2014.07）。这样的现象恰好揭示了广场舞潜在的仪式性特征：对于广场舞参与者来说，她们在广场舞活动过程中“走进来”和“留下来”的原因是不同的。在刚开始加入的时候，这些参与

者的动机确实是锻炼身体，但真正让她们留下来的，则是在广场舞这一类阈限空间中所获得的仪式感。由上文所述，仪式的三个要素是参与者的交流及内心活动、特定的情境及重复的行为或符号。在群体的生成初期，参与者的交流就已经生成，而广场舞群体之所以会逐步定型为类仪式群体，则是因为后两个要素的进一步动员作用。

第一个要素是作为情境要素而存在的物理性空间。特纳认为，仪式之所以能给人以神圣感，就是源于它的“阈限作用”，而阈限作用的一个重要组成部分就是与普通生活区域的隔离（金泽，2009）。对于广场舞参与者而言，虽然跳舞的地点和居住的地点在地理位置上非常相近（通常步行不会超过10分钟），但“在家”与“在广场”的空间特征迥异。她们在日常生活中，往往处于一个封闭、安静的空间（多数参与者是待在家中）；而广场舞的空间是临街、开放的，并且很多都处于灯火通明的商业广场上。F广场舞团体位于上海市中心城区，其开展活动的空间是某地标性商业街。该商业街位于上海市中心，是来自世界各地的游客的必经之地。街上每晚灯火通明，人群川流不息。而紧邻这条街的住宅区，也就是广场舞参与者们所居住的地方，则是破旧、宁静的“老公房①”。参与者们说，在这条街上跳舞，可以体验到“与国际大都市接轨”的感觉。每当有外国游客给她们拍照，她们会感到“外国人很欣赏我们”，内心非常自豪（访谈－F000，2016.04）。这样的体验，与她们平淡的日常生活完全构成了一组具有强烈冲击力的二元对立，充斥着“宁静－喧嚣”“灰暗－明亮”“个体－集体”的两极对比。

第二个要素是作为重复行为和共享符号而存在的，群体内部统一的音乐与舞蹈动作。这既是类仪式行为的要素，也与群体中边界与角色的建立有关。虽然多数人参与广场舞活动的动机是锻炼身体，但“广场舞”之所以被命名为“舞”，这说明舞蹈元素是它本身属性的一部分（张兆曙，2016），因此，与之相匹配的音乐也是不可或缺的组成部分。曹本冶（2010）提出，

① 老公房：指20世纪八九十年代由政府和国有企业、事业单位投资兴建的住宅。通常比较老旧，面积也较小。

仪式音声的音乐性类似一个连续变量，以“近音乐”和“远音乐”为两极。① 借鉴这类理论视角，作为一种类仪式行动的要素，广场舞所采用的音乐从表面形式上来看，是“近音乐”的，但从参与者对其认知上来看，则具有潜在的“远音乐”性。这是因为，在访谈过程中，笔者发现，除了直接参与编舞的广场舞成员以外，许多其他的参与者对使用音乐的种类和质量几乎没有要求或预期，往往认为“有就好了”，或者只是有一点模糊的要求，比如“节奏感强就可以”。

> （问：那这边的歌曲就是什么民歌、流行都有的咯?）哎，都有的。（问：那你在广场舞里最喜欢哪一种歌呢?）我一般也不是说特别喜欢哪种，我基本上都是还可以的。（那这边歌还蛮丰富的哈。）对。（访谈 – C003，2014.07）

值得一提的是，广场舞参与者在生活中有完全不同的音乐品味，甚至不乏交响乐、芭蕾舞等高雅艺术品类的爱好者（于佳煖等，2017）。如 C003，她在平常会去文化馆，伴着舒缓的音乐“跳形体（一种较为专业的舞蹈训练，会压筋、拉肩等）”（访谈 – C003，2014.07）；在不同群体内，笔者甚至发现有广场舞参与者在日常生活中喜欢到音乐厅去观摩交响乐、越剧的演出（H011、I001 等，来自访谈 H011，2016.04；I001，2016.04），对音乐鉴赏表现出很高的热情，但在广场舞中，就对于音乐和舞蹈种类没有任何要求。从参与者对广场舞音乐的这类理解和认知来看，广场舞中的音乐对于大部分参与者来说，在本质属性上主要不是用来进行艺术欣赏的音乐，而更像是一种具有象征意义的“仪式音声”，与仪式性活动中常见的哭喊、念词、敲打等非音乐性音声行为有很高的类似性。

---

① 仪式中“近音乐”的音声指乐器、法器等发出的，旋律性、节奏性较强的仪式音声（不等同于直属于音乐范畴的仪式音乐），“远音乐”的音声则指念咒、呼喊等听起来更不像音乐的音声。“近音乐”的仪式音声与“远音乐”的仪式音声构成一个连续统的两极（参见曹本冶，2010：46～47）。

伴随着音声的进行，舞蹈也是仪式行为展现的重要因素（曹本冶，2010）。与广场舞音乐所具有的“远音乐”性相类似，广场舞中的舞蹈动作在其舞蹈属性以外，也应被视为有缘身性①（embodiment）的类仪式行动。萧梅（2010）认为，仪式中的身体践行既是思想的外化，也是思想的原动力，在这个过程中，思想（信仰，在本文中应是对广场舞的热爱）与行为（跳舞本身）构成一组互动。许多广场舞参与者对跳舞的过程描述都是一种“混合的体验”，既包含身体的舒畅，也包含心灵的愉悦。

> 我喜欢的就是稍微慢一点的，那样跳起来很抒情的。跳起来感觉也很舒畅的，感情感觉有点释放的那种。像我们这次教的那个舞啊，《烟花三月》啊什么的都很好的。各有味道，之前的也很好的。（访谈-A003，2014.07）

经由组织者发起，基于空间、音声、舞蹈要素的动员和吸引作用，广场舞群体会不断有人加入。在这一过程中，互联网的传播是广场舞音乐与舞蹈得以实现的重要推手。“在广场上舞蹈”这一形式本身有类似于仪式的文本化和典礼化程序的作用，是众多可供援引的活动形式的一种，而互联网使这种形式得以储存和传播。赵诗凝（2016）认为，广场舞参与者是被互联网时代抛弃的“脱网人群”，但本文的研究发现与这一论断有不同之处。本次研究发现，互联网的资源是很多广场舞得以开展和维持的重要保障。绝大部分广场舞的领舞表示，她们从各自广场舞的发起阶段开始，就是靠着网上的资源来学舞。从学舞到教舞的一般顺序是：她们自己先对着视频将舞蹈学会，再对其进行改编。这些领舞一般不会进行整体性的改动，只去掉个别难度较大的动作。在自己学会并改编完成之后，再走到广场上，将改编后的舞蹈教给其他参与者。许多人在广场上学不会，就回家用手机、电脑或者 iPad 观看领舞指定的视频网站，进行自学。经过这一学习过程，广场舞群体在很

① 本译名参照：萧梅，2010：319～373。

短的时间内（通常为两到三天）就能够整齐划一地跳新的舞蹈，这无疑对广场舞参与者的仪式感生成有很强的促进作用。

## 四 “群体有效性”的形成：类仪式共同体的边界生成机制分析

从上文的分析中可以得出，由于各类情境与符号要素的共同作用，广场舞作为一种类仪式行为，为恰逢生命重大转折点的广场舞参与者们提供了一个合适的类阈限空间，使他们得以真正地从工作阶段过渡到退休后的家庭生活中。在这样的条件下，已经初步形成的广场舞群体进一步凝聚，形成团结的、稳定的团体。然而，通过对广场舞群体的观察，不难发现，虽然广场舞活动都开展于相似的类阈限空间，并且所运用的音乐与舞蹈的来源也都相似，但这些群体的形成过程与最终形态往往不尽相同。一些群体自出现以来就每天稳定地开展活动，并且其规模总是稳中有升；而另一些群体则始终保持较小的规模，或在发展过程中出现比较明显的波动甚至分裂。

虽然与以往对于类仪式群体的研究呈现出相似特征——无论形成何种特征的群体，广场舞参与者们对于群体均有强烈认同和明确的群际边界感知，即对于“我群”和“他群”有鲜明的区分。但本文认为，生成了群际边界的“群际比较”，即参与者对于自己的广场舞群体与其他的广场舞群体之间的比较，在凝聚力生成的过程中未必能起到决定性作用。首先，由于参与者在初见群体时无法立刻得知群体成员的责任或声望差异，所以能够贯穿参与者对于群体的整个感知过程的群际比较依据只有群体之间音乐与舞蹈的风格或水平差异。而如上文所述，对于大多数参与者来说，音乐与舞蹈风格对她们来说并没有那么重要。因此，她们对群体的感知必有更重要的来源。其次，由于所有的群体最终都会对“我群”生成认同，并产生群际符号边界，因此这一特征仍无法解释“有效性”的产生要素。

本文认为，群体的凝聚和发展的情况与群体内部边界（即“群内边界”）的形成情况有更密切的联系。群内边界的形成源自“群内比较”，即成员们在广场舞团体内部所产生的互相比较过程。群内比较的主要依据可能是在群体内根据贡献所建立的声望，也可能是群体内部舞蹈水平的差异。为了阐述参与者的群内和群际比较过程及由此产生的群体边界对于群体的凝聚产生的作用，以这两种主观比较作用的强弱为两个维度，本文区分了四种类型的广场舞群体，以探索广场舞群体自发起始，不同类型的主观社会比较模式所导致的不同的群体凝聚和发展机制，进而对两种比较机制在群体凝聚过程中的重要性进行分析（见表3）。

**表3　四种比较模式的广场舞群体划分**

| | 弱群际比较 | 强群际比较 |
|---|---|---|
| 强群内比较 | 责任分级的群体 | 水平分级的群体 |
| 弱群内比较 | 友谊的小群体 | 专业的小群体 |

### （一）责任分级的群体（强群内比较 + 弱群际比较）

当一个广场舞群体不强调自己与其他团体的风格区别，但又形成了比较明确的群内等级边界区分时，就会生成具有明显层级的“责任分级的群体”。这类群体围绕着某一个非常有声望和权威的组织者而展开，该组织者负责群体内所有事务，并且为了辅助团体的运作，会发展出与他关系紧密的核心群体。这类团体没有特定的音乐与舞蹈风格，对自身风格的定位就是普通的“广场舞”。但它会发展出高度的稳定性，并始终保持比较大的规模。

A广场舞群体的组织者A008即是一个这样的人物。依靠着在社区里挂职所能动员的资源，她为A广场舞争取到了场地和音响，成为深受群体内成员爱戴的领袖人物，管理大大小小的事情，其他人都听她的。A广场舞群体的规模始终非常稳定，A008会记录每位参与者的基本信息，在她所保存的资料中，A广场舞群体①登记在册的参与者规模从2014年起就始终保持在

① A广场舞群体是一个非常有趣的团体，对于它的详细描述请参考于佳煖等，2017：137～153。

200人以上。参与者A003说："她是老娘舅呀，啥都管的。别的人会来叫她的，'A008老师啊那两个人吵起来了啊'，那么她就来协调了。她现在不来我们都想她啦，我们跳舞跳到一半看到她不来，都要想她的咯。"（访谈-A003，2015.05）为了维持每日的活动，A008请了一个舞蹈老师来教舞，还在每日活动比较积极的人中指定了8位负责轮流保管音响的志愿者，并且发展出了一个10人左右的舞蹈核心小团体（与之前的8位志愿者有人员上的重叠），其目标是代表整个团体去参加各级广场舞比赛和展示活动。这些核心小团体的成员在各种与广场舞有关的活动中也确实非常积极、有责任感，会主动承担各种事务。

> 这个音乐呢有时候轻有时候响，所以要在旁边，去拧音量（时刻注意调整音量）。因为这边（离音响近的人听到的声音）就响，有的（时候）那边（离音响远的人听到的声音太小）嘛，就不行。（访谈-A000，2016.01）

其他的广场舞参与者也非常认可她们的工作。

> 那几个志愿者可好了，不论你是谁，不论年纪多大，哪怕你跳都跳不来，还是苦口婆心，这个这个不厌其烦地教你，教到九点十点呢，有一个，有几个呢。因为A008老师一说，人家就听了，她就有号召力，有吸引力，而且她有能量，人家就听她的。（访谈-A006，2014.07）

然而，在谈及所跳的舞蹈时，她们完全不在意编舞的具体内容，也并不会感知到自己的群体有任何特别的艺术风格，认为所学的舞蹈与其他地方没有差异。

> 反正广场舞大同小异的，都是这样跳的，对吧？外地也很多的，兰

州啊这个还有叫什么这个海南岛那边，这广场舞也很多的……我们这里是因为没有门槛，这里呢任何人只要想来都可以来的。（访谈 - A012，2015.05）

由此可见，这类群体非常关注自己在群体内与其他成员的位置差异，但并不关注“我群”的舞蹈风格和水平特征。然而，当核心圈子开始围绕着领袖人物发展出来，以“是否和领袖人物保持紧密关系”为评判标准，这个群体的群内比较体系却得到了强有力的发展。领袖群体和核心圈子的职责就是为其他人着想，安排广场舞的各种事务，并且组织和带头参加特殊活动（例如在广场舞群体中发起农家乐、旅游、K 歌等活动），而其他普通参与者只跟着参与这些核心群体所安排的各种活动。

### （二）水平分级的群体（强群内比较 + 强群际比较）

当一个广场舞群体通过各种方式，形成了独特的团体风格象征，同时也形成了比较明确的群内边界区分时，就会形成“水平分级的群体”。这类群体也能形成较大的规模，并且通过严格、精确的分时段的舞蹈来开展活动，也是仪式色彩最强烈的一类广场舞群体。

E 是一个平时活动规模介于 200 人到 300 人的广场舞团体，在本次研究所涉及的广场舞群体中具有最复杂的层级结构，内部等级也最为严格。每日的活动顺序大致为：6 点 45 分到 8 点是所有广场舞参与者的活动时间，8 点到 8 点半，是规模为 30 ~ 40 人的、难度更高的集体舞蹈（双人舞），8 点半以后，真正的核心圈子（10 人左右）开始跳一些动作更为复杂的舞蹈。在跳舞的过程中，核心圈子团体穿风格相似的服装，穿插在宏大的队伍中进行领舞。E 广场舞群体的舞蹈都是核心圈子的成员教的，她们会有意降低 6 点 45 分至 8 点那一段活动时间的舞蹈难度，但是自己会跳一些更难的舞蹈。例如，她们在 8 点半以后，在广场上可能跳一种名为“水兵舞”的三人舞蹈，甚至自己在业余生活中可能会跳芭蕾，但在 6 点 45 分到 8 点，她们教给其他人的就是伴随着网络上《小苹果》一类歌曲所跳的简单的舞蹈。

> 如果它是很快的音乐，不适合我们跳的，那我们就改动作。有几个他们都是网上转（圈）得很厉害的，也不适合我们跳，我们就改掉。基本上我们正面跳得比较多一点，因为你这转动，毕竟年纪大了嘛，有时候考虑身体为主的……我们自己跳的一个舞叫《红色娘子军》，就当中穿插着一个红色娘子军的音乐，但是它的BASS全部两样的。很好看，网上也有，但是我们自己，就是我们觉得有点难，所以不教她们，我们自己跳着玩的。很多很多。（访谈－E019，2014.07）

E广场舞群体的人数一直非常稳定，在2014年和2016年的两次记录中，这个团队的人数一直保持在200人以上。与E广场舞群体非常相似的是G广场舞群体，这两者唯一明显的区别可能是活动开展的时间顺序。G广场舞群体是一个150人左右的团体，从7点钟开始，一个12人的核心圈子先跳半个小时非常快速的探戈风格双人舞，从7点半到9点则是教简单的舞蹈。核心圈子在跳舞时，其他参与者都会在旁边围观，等到探戈跳完再加入跳舞的队伍。通过与普通参与者分开时段活动，核心圈子得以划分自己与普通成员的边界。

此外，在“水平分级的群体”中，以舞蹈水平和风格为基础，参与者们也有群际比较的意识，这也是她们对于群体的认同感的一种来源。虽然普通成员不参与核心圈子的舞蹈，往往认为自己“不会跳舞，也不懂，就是她们老师教了嘛就跟她们了”（访谈－E004，2014.07），但会将核心圈子的这些水平更高的舞蹈视为自己所处群体的一个标签，借此凸显E广场舞群体与其他广场舞群体的区别。例如E广场舞群体的参与者就非常欣赏E广场舞群体核心圈子的“水兵舞”，认为她们跳得非常赏心悦目，彰显了E广场舞群体的与众不同之处。E008还饶有兴致地为笔者介绍水兵舞三个字的写法，以及它的别称“吉特巴”，说这是在其他地方看不到的（访谈－E008，2016.04）。

### （三）友谊的小群体（弱群内比较 + 弱群际比较）

如果一个广场舞群体未曾创建过将自身区别于其他广场舞群体的风格符号，在群内也不进行角色区分，那么就会成为“友谊的小群体”。这类群体随意性较强，一般不超过 50 人，但在城市中心人口密度较大的地方，则可能发展至 100 人以上，但很难维持这一规模。

D 广场舞群体是一个位于住宅区附近的小型团体，成员约 30 人，这类小型团体的领舞没有明显的风格偏好，往往从网上下载各种各样的广场舞视频来学习，再不分层次地教给团体内的其他成员。

> 刚开始的时候我一个个给她们一步步教的，晚上 6 点钟教到 8 点钟，（可以）教一个舞。教好了以后，好，你在这里反复，就学生读书一样的，今天上好了之后每天就复习。刚开始她们一点搞不懂的，脚步手啊都不懂的，那么一步步教她们，她们也学。我做好事嘛，我们都是姐妹们嘛，都是一个小区的。她们要学嘛，我就我学（然后）教。（访谈 - D004，2014. 07）

限于位置和场地（位于郊区的住宅区前的狭小空间），并且由于 D 广场舞群体的无差别群体组织模式（一个个教舞会导致老师精力有限，而且老师总是在一对一指导，整个团队显得并不整齐），其团体从未经历过人数扩张的过程。不过，虽然领舞在教授舞蹈的具体过程中非常用心，其成员却会觉得她们的舞蹈虽然和其他的广场舞不完全一样，但是“都差不多”（访谈 - D001，2014. 07）。

对于这类广场舞群体，F 广场舞群体应是更典型的例子。如前文所述，F 广场舞群体位于上海中心城区最繁华的商业街上，但其人数只有 20 人左右。它曾经的规模是“几百人”，但由于群体的分裂与成员的出走，该群体最终稳定在了现在的人数。

> 现在队伍多了，最起码有六七个队了，最早的时候只有我们一个，现在一个一个队伍多了。我们刚刚组的时候，好多人，几百个人，后来分散，总公司变成分公司了，自己一个一个立队了，ab路太多人，几百人怎么跳啊。（问：我看ab路中间还有一个跳舞的，是从你们这里出去的吗？）都是的，从我们总队出去的。如果我们有事，要去比赛，或者人数不够的话，再并在一起。（问：跟她们关系都好的？）对，好的。（访谈 - F011，2016.04）

可以看到，F广场舞群体经历了一个“先壮大再分裂”的过程。在上海市中心城区得天独厚的地理位置和人口密度的优势下，F广场舞群体动员起几百人自然不是什么难事，但最后F广场舞群体并没有把这些人都留住。在观察过程中，笔者发现，F广场舞群体内的成员相处非常和平，没有出现过A广场舞群体所涉及的吵架、矛盾现象，但是也没有非常明显的亲疏关系或者“小圈子”。F广场舞群体的领舞F011既不偏爱特定的风格，也没有发展自己的核心团队，体现出很强的随意性。她开始组织广场舞，仅仅是因为“电视上说要跳广场舞”，觉得这是种“流行趋势”而已。

如果这样的小型群体内部能够和平共处，因为人数少，所以形成全体都相识且成为朋友的紧密人际关系互动也并不困难。然而一旦人数扩张，就很难再维持群体间所有成员的一对一互动关系了。在这种情况下，群体就会走向分裂。所以，虽然群体本身能够靠友谊关系继续存在并稳定下来，但在规模上很难有所突破，并且会遇到群体不稳定的问题。

### （四）专业性小群体（弱群内比较 + 强群际比较）

“弱群内比较”和“强群际比较”，意味着群体内的成员水平非常相似，并且其风格也非常突出。能达到这种模式，只有一种可能，那就是群内平均舞蹈水平都比较高，身体条件也较好，品味也较为统一。这是因为，如果群体的整体水平较差，那就无法把握鲜明的舞蹈风格；如果平均水平很高，品味却不统一，那成员之间就会产生分歧，无法形成可供与其他群体比较的强烈风格。

由此，虽然这样的团体也被人称作“广场舞队”，但其性质与其他队伍有较大的差别——这类队伍中，所有的成员都会关注具体的音乐与舞蹈风格，并将其作为团体的象征。K 广场舞群体及其成员便是一个典型例子。她们内部非常团结，每个人都是不分伯仲的“高水平成员”。

> 我们的姐妹都有快十年了，都非常地关心爱护这个团队的人，每个人都是非常好，不管哪个人遇到困难了，大家都会共同地帮助她。（访谈 - K002，2016. 07）

她们中大部分人舞蹈基础非常强，经常代表街道去参加全国的广场舞比赛，有时甚至承担上海市的其他业余舞蹈团体的教学任务。这个团队门槛很高，每个人都非常强调自己与其他团体的区别。

> 我是本地的，开始组建的一个团队，当初就是 xd 买房子的人群，然后到 nq 是 2004 年和 xd 合起来，变成 cx 镇，所以我们这边本地人也有，之前的 xd 的也有。我们这支队伍一直是代表我们 x 区出来比赛的，排舞、秧歌，像去年第一届广场舞，我们拿到第一名……我们爱好舞蹈的人是有团队的，比她们稍微高一点，有专门的老师教，或者比赛演出，就是这种区分。（访谈 - K003，2016. 07）

事实上，这类小团体已经由普通的广场舞群体发展成了半专业的舞蹈团体，参与者们将舞蹈当作事业的一部分——即社会角色的一部分。这类群体的凝聚力非常强，因为这类群体中的成员既能产生全体性的深厚友谊，也能在长期的舞蹈训练中对自己的舞蹈水平进行把握和确认，逐渐形成较高的自我认同，最终形成直接的“群际比较”。

> 广场舞很多人都可以参加，但是作为一个锻炼身体的街道的舞蹈

队，就要看这个人有没有资格参加我们的舞蹈队。年纪、身材、舞姿、节奏，门槛相对来讲高一点，广场舞不需要的，这个概念不一样的。（访谈 - K000，2016.07）

由于整个团体的鲜明风格需要全体成员较高的舞蹈水平及强有力的特殊资源来支撑（例如街道所聘请的专业老师、街道或居委较强的经费投入等），这类群体的“群际比较”其实是群体本身的水平与较之于其他团体明显更强的外来资源共同作用的结果。从这一点来看，能够在“专业性小群体”本身自发形成，并促成群体凝聚的要素，还是她们在群体内部所缔结的全体性友谊。①

根据上述经验事实，本文整理出不同群体的特性，如表4所示。

**表4　不同比较模式的广场舞群体的分析性总结**

| 群体类型 | 群际比较 | 群内比较 | 规模 | 人数的扩张性 | 身份确认的来源与依据 |
|---|---|---|---|---|---|
| 责任分级的群体 | - | + | 大 | 强 | 与核心圈子的责任比较 |
| 水平分级的群体 | + | + | 大 | 强 | 与核心圈子的水平比较 |
| 友谊的小群体 | - | - | 小 | 弱 | 全体性的友谊纽带 |
| 专业性小群体 | + | - | 小 | 弱 | 友谊纽带与舞蹈水平（需特殊资源支持） |

从表4中不难发现，在各个广场舞群体中，大致存在两种不同的团体凝聚机制。当一个广场舞群体存在稳定的群内比较体系时，就能较好地使整个团队进入稳定的运行状态，发展成大规模的团体。而当群体内不存在这种群内比较体系时，就会通过缔结友谊的方式形成较小的群体，但这类群体在规模上有很大局限，并且一旦发生扩张，就会有分裂的风险。以范畴化的相关理论作为分析框架，对于这种分化，本文给出如下解释。

① 并且，从实际情况来看，这种强有力的资源支持是其他群体难以复制的，因此这样的群体情况比较特殊，数量也较少。至少从K广场舞群体成员的叙述来看，只有少部分人能够进入这样的群体，因此这一类群体的情况难以向其他广场舞群体推广。

总体而言，对于广场舞活动来说，虽然每个群体都在类阈限情境下生成了对“我群”的强烈认同，但群体的边界不是通过直接的群际比较，而是通过群内身份稳定后的重复行为、再生产群体表征（在广场舞群体中，表现为每日重复相同的音乐和舞蹈）而间接生成的。在实现了成功整合的大规模团体中，群体身份的强化并不是通过直接比较并建立与其他广场舞群体的边界而建立的，而是通过群内自身的比较和分化过程，通过形成较为稳定的身份而间接巩固的。在最后定型为较小规模的团体中，则通过形成全体性的友谊纽带来确认团体身份，从而形成群际边界。

第一，之所以群际比较对于群体凝聚过程的解释力不足，是因为广场舞参与者对于他们自己所真正参与的广场舞活动的理解，这往往不是一个强有力的差异来源。在广场舞活动中，音乐与舞蹈在参与者认知中始终具有一定的“远音乐”性——参与者们对于广场舞活动中所采用的音乐的认知模式，主要作为一种“仪式性音声”而存在。他们对自己在广场舞中所跳的舞蹈是否满意，与音乐审美的关系不大。在大多数普通参与者眼里，这些音乐和舞蹈反正都是“广场舞歌曲”和“广场舞”，差别并不大，所以去哪里跳都无所谓。就算在水平分级的群体中，虽然参与者们也会喜欢看核心圈子的高级舞蹈，并把它当成群体认同的一部分。但基于群内业已形成的边界，他们也会觉得那些高级舞蹈与自己真正参与的舞蹈“没有关系”。

第二，之所以群内稳定的比较体系和层级分化，有助于广场舞群体维持一个稳定的规模（甚至持续扩张），是因为群内的比较更有利于每个参与者通过群内的“范畴化”认识自己的位置。如上文所述，广场舞群体为参与者们提供了一个具有阈限性的空间，这使得她们有机会在广场舞活动的情境中分化出不同的角色，从而在群内依据角色的差异树立内心的边界，而本文中所研究的大型团体也确实做到了这一点。在责任分级的群体中，核心圈子会坚定地认为“我是核心成员，我该努力地协助团体运行，为别人着想或者教别人跳舞”，而其他人会认为“我就是一个普通的参与者，我只要听老师的话，和大家一起跳，就已经很好了”。在水平分级的群体中，核心圈子会认为自己就是比别人水平高，所以自己的圈子是区别于团体的其他人的。而团体中的其他人也会认为自己跳不了那些高级舞蹈，为群体“增光添彩”的事让核心圈子来完成就可以，自己只要跳一些简单的舞蹈，顺便分享群体的声誉即可。这样的机制既能稳定留住核心圈子，也能像滚雪球一般发展出越来越多的普通成员。而如果没有这套体系，参与者对于自己在群体中的位置认知就总是不稳定的。在这一过程中，发起者的团队发展偏好非常重要。如A广场舞群体的负责人A008就会人为指定一些“核心圈子”成员，其他成员则自发听从“核心圈子”的安排。从群内比较的视角来看，这一分化措施实质上反而促进了团队的整合。总体来看，若将这一比较过程置于图1的分析框架中，可以将广场舞团体凝聚的过程完善为图2。

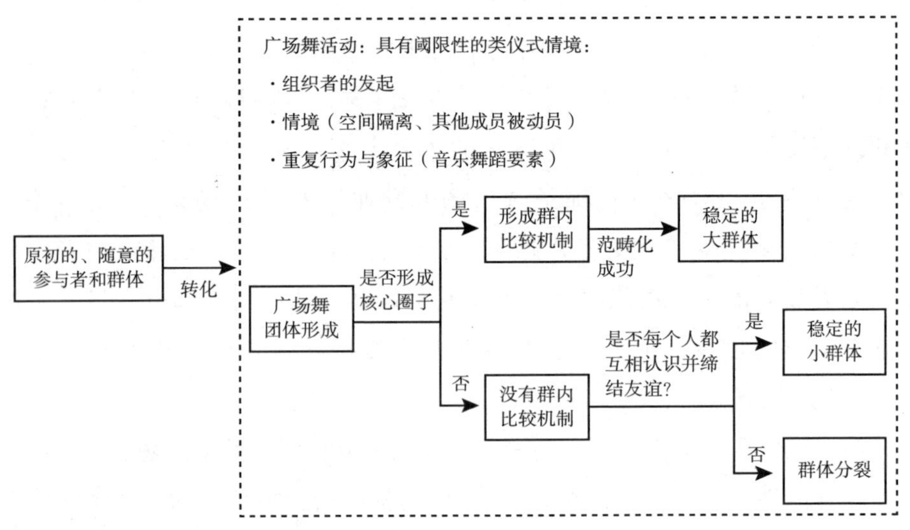


**图2　广场舞群体的生成与凝聚机制**

一旦在群体中的角色稳定下来，大多数参与者就会日复一日地、按照固定的模式重复自己的活动，既不会向上产生“分家”的想法，导致广场舞群体的分裂，也更容易形成习惯，不会突然退出广场舞活动，这样就保证了大型群体运作的稳定性，与“仪式群体”的功能类似，广场舞作为一种类仪式群体，也就获得了长期的有效性。可以证明这种习惯的力量是许多参与者对于下雨天的讨厌之情。如果因为天气原因导致不能跳广场舞，他们的内心会感觉十分难受，甚至冒着雨、冒着雾霾出门跳舞。A009 这样描述他们的热情：“人多了氛围就不一样，下雨了有的人戴着浴帽撑着伞还要跳。吃完饭大家习惯了要来跳，尽管是一个小时，很愉快。”（访谈 - A009，2014.07）

一旦群体边界稳定落成，那么它就会十分坚固，就算一个小团体人数再少，它的成员也不会再对其他团体轻易产生认同。由此，群体本身也会成为一种稳固存在的事实。A 广场舞群体就曾试图合并周边小区中的广场舞团队，也成功动员了几个较小舞队的领舞，带着他们的小团体来与 A 广场舞群体“会合”。但这些小团体并入 A 广场舞群体之后，始终只在圈子内进行互动，并且只关注原来的领舞，而丝毫不关注 A 广场舞群体的组织者 A008，即使她比起自己的领袖能动员更多的资源。对于这一现象，A008 这样描述：“一开始也从几个小区里合并了一些团队，但最后留下来的，都是后来一个个加入的人。”因此，有的时候同一个广场上同时存在两个以上的团体，但她们往往不会选择相互合并。

分析到此处，本文试图引出一直存在于本文标题中的，对于广场舞群体的一个重要定义——“类仪式”的共同体。在这之前，本文一直用“群体”这个词，然而，在进行了以上分析之后，本文提出，至少在每一个广场舞群体进行活动的现场，广场舞群体就是一种基于类仪式的动员作用而持久存在，进而能产生强烈的身份认同和集体情感的共同体。滕尼斯（［1957］2010）认为，“共同体”概念与社会相对，是一种原始或天然状态的人的“本质意志”的完善统一体，“指依据共享的经验组成的团体或社会”（转引自周怡，2006）。由于广场舞参与者们在类仪式情境中已经生成了新的交往模式，并由此完成生命中的阶段转折，所以对于广场舞群体，本文认为可以称之为“共同体”。这一“共同体”概念，既指“广场舞群体”这一大范围概念下的所有参与群体，也指每一个广场舞参与者所属的、独立的小群体。在广场舞共同体所共享的类阈限空间中，她们得以摆脱现实存在的种种结构性特征，在一个与日常生活相对隔离的环境中重组社会关系，并生成新的、属于自己和广场舞活动本身的团体结构。“广场舞参与者”既是她们在广场上所共享的身份，也是日常生活中交往、友谊中无形的共享符号。

## 五 结论与讨论

本文对于类仪式群体的生成机制做出了一次过程分析的尝试。通过分析广场舞这样一种与正式的仪式行为有诸多相似之处的“类仪式”行为，本文探讨了在一个阈限性的情境下，群体的参与者如何从简单的互动，逐渐形成一种具有稳定边界且持续有效的仪式群体的过程。实证研究结果主要为：由于广场舞参与者们恰逢生命中的重大转折点（即退休），在组织者的发起下，广场舞为参与者们提供了一个合适的类阈限空间，使她们得以真正地从工作阶段过渡到退休后的稳定生活中。在各类情境要素的影响下和符号传递的过程中，广场舞群体的各类类仪式特性被强化，其社会关系开始重新整合。

在此基础上，广场舞参与者们逐渐形成具有身份认同和集体情感的共同体。基于群内边界的生成或群内友谊纽带的产生，共同体的群际边界被间接巩固。在已经形成稳定团结的广场舞共同体中，若其内部能够形成有效的群内边界，就能通过范畴化的过程，使每一位参与者获得稳定的身份认同，从而稳定成长为较大的团体；而如果不能形成这类边界，就会最终通过友谊纽带形成较小的团体。由此，本文以上海市广场舞群体为例，对于类仪式群体的凝聚，直至稳定的过程进行了分析。可以看到，群内比较作为一种社会过程，对于群体的形成和稳定过程有非常重要的作用。

当然，本次研究也有一些值得探讨的地方。首先，由于本次研究的受访者全部来自上海市，所以，虽然这些受访者对于上海地区有较强的代表性，但与全国其他地区的广场舞开展情况可能存在一定差异，有待于与其他地区进行比较研究。其次，由于经费和条件限制，本次研究无法邀请所有受访者进行专门的焦点小组访谈和深度访谈。因此，在本次研究中，很多访谈材料是在广场舞活动现场收集的，从每个受访者所能获得的资料比较有限，这一遗憾有待于日后开展更详尽的访谈、观察来补足。

## 参考文献

曹本冶，2010，《仪式音声研究的理论与实践》，上海：上海音乐学院出版社。
陈涛，2012，《社会的制造与集体表象》，《社会》第5期。
陈霞，1993，《维克多·特纳的仪式象征分析述评》，《宗教学研究》第1期。
杜靖，2007，《作为一种集体表象和过渡仪式的鲁南春节秧歌》，《社会科学》第8期。
方文，2005，《群体符号边界如何形成——以北京基督新教群体为例》，《社会学研究》第1期。
高洪墨，2015，《基于多视角的广场舞现象及对策分析》，硕士学位论文，大连理工大学。
格尔茨，［1973］2014，《文化的解释》，南京：译林出版社。
关键、诺特那若斯，2002，《美国华裔的边缘化及涵化进程中的结构仪式分析》，单纯译，《世界民族》第1期。
黄勇军、米莉，2015，《喧嚣的个体与静默的大众：广场舞中的当代中国社会生态考察》，北京：中国社会科学出版社。
金泽，2009，《宗教人类学学说史纲要》，北京：中国社会科学出版社。
柯林斯，［1986］2009，《互动仪式链》，林聚任、王鹏、宋丽君译，北京：商务印书馆。
科泽，［1988］2015，《仪式，政治与权力》，王海洲译，南京：江苏人民出版社。
李沛，2011，《祠堂、祠堂戏剧与社会整合——对温州夏村的研究》，博士学位论文，复旦大学。
刘婷，2014，《一项关于武汉市Y镇广场舞舞蹈队的质性研究——考察趣缘群体的互动与认同》，硕士学位论文，华中师范大学。
米莉，2015，《重建女性主体价值：广场舞者的历史镜像与意义世界》，载黄勇军、米莉等，2015，《喧嚣的个体与静默的大众：广场舞中的当代中国社会生态考察》，北京：中国社会科学出版社。
特纳，［1967］2006，《象征之林：恩登布人仪式散论》，赵玉燕、欧阳敏、徐洪峰译，北京：商务印书馆。
特纳，［1969］2006，《仪式过程：结构与反结构》，黄剑波、柳博赟译，北京：中国人民大学出版社。
滕尼斯，［1957］2010，《共同体与社会：纯粹社会学的基本概念》，林荣远译，北京：北京大学出版社。
涂尔干，［1912］1999，《宗教生活的基本形式》，渠东译，上海：上海人民出版社。
王霄冰主编，2008，《仪式与信仰：当代文化人类学新视野》，北京：民族出版社。
吴艳红、戴维·诺特纳若斯，2005，《日常仪式化行为：以知青为例的研究》，《社会》第6期。

吴艳红、戴维·诺特纳若斯，2007，《日常仪式化行为的形成：从雷锋日记到知青日记》，《社会》第1期。

萧梅，2010，《"仪式中音声"——"缘身而现"：迷幻中的仪式音声》，转引自曹本冶，2010，《仪式音声研究的理论与实践》，上海：上海音乐学院出版社。

徐海东，2015，《健康话语、排斥和再生产：广场舞的社会参与机制研究——基于七个地区的实证调查》，转引自黄勇军、米莉，2015，《喧嚣的个体与静默的大众：广场舞中的当代中国社会生态考察》，北京：中国社会科学出版社。

亚历山大，[2003] 2011，《社会生活的意义：一种文化社会学的视角》，周怡等译，北京：北京大学出版社。

亚历山大，[2004] 2015，《在仪式和策略之间建立文化语用学模型（上）》，候园园译，《社会》第3期。

于佳煖，2017，《广场舞参与者的品味分层研究——以上海市中心城区广场舞群体为例》，《中国研究》第22期。

于佳煖、马颖怡、王单科、严之帆、周可人、周怡，2017，《上海大型广场舞组织的个案研究》，转引自《上海公共文化服务发展报告（2017）》，上海：上海人民出版社、上海书店出版社。

张兆曙，2016，《个体化时代的群体性兴奋——社会学视野中的广场舞和"中国大妈"》，《人文杂志》第3期。

赵诗凝，2016，《城市广场舞：从传播仪式到群体认同——以南京市N舞队为例》，硕士学位论文，南京大学。

周怡，2006，《中国第一村——华西村转型经济中的后集体主义》，牛津：牛津大学出版社。

Alexander, Jeffery C. and Philip Smith. 1993. "The Discourse of American Civil Society: A New Proposal for Cultural Studies." *Theory and Society* 22 (2): 151-207.

Austin, Mark. 2009. "Ritual and Boundary Distinction in a Recreational Community: A Case Study of Motorcycle Rallies and Riders." *Qualitative Sociology Review* V (2): 70-93. (http://www.qualitativesociologyreview.org/ENG/archive_eng.php)

Chaney, Damien and Christina Goulding. 2016. "Dress, Transformation, and Conformity in the Heavy Rock Subculture." *Journal of Business Research* 69 (1): 155-165.

Hannerz, Eric. 2015. *Performing Punk*. New York: Palgrave Macmillan.

Lamont, Michele, Fournier, M. eds. 1992. *Cultivating Differences: Symbolic Boundaries and the Making of Inequality*. The University of Chicago Press.

Platvoet, Jan A. M. 2006. "Ritual: Religious and Secular." In *Theorizing Rituals, Issues, Topics, Approaches, Concepts*, edited by Jens Kreinath, Jan Snoek and Micheal Stausberg, pp. 161-205. Leiden/Boston: Brill.

Snoek, Jan A. M. 2006. "Defining Rituals." In *Theorizing Rituals, Issues, Topics, Approaches, Concepts*, edited by Jens Kreinath, Jan Snoek and Micheal Stausberg, pp. 3-14. Leiden/Boston: Brill.

《社会学刊》第 1 期
第 171 ~ 183 页
© SSAP，2018

# “公共领域”的文化社会学新探

李皓玥（Haoyue C. Li） Ronald N. Jacobs
纽约州立大学奥尔巴尼分校社会学系

**摘　要**：作为现代社会的重要标志，“公共领域”是社会学研究中的一个核心议题。本文以哈贝马斯的公共领域理论为基础，考察了文化社会学在当代公共领域与公共话语研究中的理论创新。文章重点探讨了公众交流如何在公共领域中真实地展开，公共议题如何由多元公众所建构与争论，以及不同媒体组织与媒体形式如何影响公共话语的形成。结合对于中国公共领域的文化社会学分析，笔者认为，当代中国的社会经验与文化实践提供了超越西方传统公共领域理论的可能性。

**关键词**：公共领域　文化社会学　媒体　公共话语

## 一　文化社会学视野下的“公共领域”

公共领域（the public sphere）是美国文化社会学（cultural sociology）研究中的一个重要议题。它指代一种特定类型的交流实践（communicative practice），即公众对所关注的议题进行公开讨论的实践。该概念的普及在很大程度上应归功于哈贝马斯（Jurgen Habermas）及其经典著作《公共领域的结构转型》（*The Structural Transformation of the Public Sphere*）的出版。哈贝马斯认为，创立公共领域代表着首次提出人们在公共空间中运用理性

(people's public use of their reason)，这在民主化的历程中发挥着重要的作用。在书中，哈贝马斯探讨了18世纪欧洲的公共生活（civic life）。其中，公众创建了公共的话语空间，要求国家这一主体就其关心的话题，与他们展开理性的对话与辩论。该实践最终成功地替代了西方资产阶级社会中曾占主导地位的议会保密的政治实践，确立了公共讨论的全新政治原则。哈贝马斯在书中所确立的公共领域的规范理论（a normative theory of the public sphere）则开启了其后学界对于民主的学术讨论，催生出大批有关公共生活的政治学、历史学以及社会学著作。然而，文化社会学家亚历山大的观点(Jeffrey Alexander，1998，2006）不同于以往对于公共领域与民主生活关系的规范认知，他强调，文化社会学，因其对于真正的非规范的公共领域的关注，而在百姓日常民主生活研究中具有独特的重要性。换句话说，固守某种规范的政治理论，局限于特定的理想型民主生活，来衡量实际社会与规范之间的差距并不是文化社会学研究者所追求的。相反，文化社会学的研究是始于真实存在的公共领域的，它们是那种非整体性的、多重的、混杂的以及矛盾的交流空间。它们既可以产生包容，又可以制造排斥；既可以创造团结，又可以带来冲突。在这个前提下，文化社会学是区别于以往规范的公共话语研究的。

文化社会学的核心贡献之一是发展出了一套以意义为中心的公共领域理论（a meaning-centered theory of the public sphere）来探讨公共话语（public discourses)。文化社会学旨在研究公共话语本身，而非着力于评估真实社会与理想化原则之间的匹配程度。以往的规范理论方法强调批判理性（critical rationality）（Habermas，1989，1996）、自主性（autonomy）（Fraser，1992)、包容性（inclusion）（Young，2000）、商议（deliberation）(Benhabib，2002）以及普遍信任（generalized trust）（Putnam，2000）等原则。当然，这些都是极其重要的原则，绘制出了公共领域的理想化图像。然而，从相反的角度，又可以将它们看作对真实的公共领域在实践操作中的不完整表述。此外，在对战争（Smith，2005）、种族（Jacobs，2000；Alexander，2006)、宗教（Alexander，2006；Lichterman，2005）以及民主化（Baiocchi，2006）的研究中，文化社会学家已经证明，这些理想化原则并非只发挥积极正向的作用，它们始终是更大的符号系统的一部分，可被用来打开抑或关闭公共领域。例如，理性既可以被当作一种标准来争取，又可以作为一种符号武器来排除那些被认为缺乏足够理性的群体；信任既可以用来促成团结和相互理解（solidarity and intersubjectivity），又可以被用来在象征意义上诬蔑（symbolically pollute）和排除那些被认为不可信赖的人。重点在于，公共领域并非唯有理性讨论，它事实上是由各种符号创造与竞争构成的场所。

此外，所有的公共话语都具有美学的维度（an aesthetic dimension）。公民在公共领域进行争论时，不会静静地等待他人去确认其论点是否最具合理性。相反，他们会依靠各类沟通的技巧，例如采用现有的文化风格、传统的叙事结构以及众所周知的人物类型等，来表达和阐述其论点，使其具有较强的说服力。通常，论点的合法性有赖于特定的文化表演（cultural performances），它不只聚焦于论点本身的内容，更致力于达成围绕当下问题的戏剧以及美学维度（the dramatic and aesthetic dimensions）的共同体验，提出该论点是基于对公共利益（public good）的共同理解，并以此来说服受众。亚历山大（Jeffrey Alexander，2006，2010）、史密斯（Philip Smith，1997）以及雅克布斯（Ron Jacobs，1996，1997，2000）等文化社会学家利用叙事（narrative）以及表演（performance）的概念来研究公共话语的美学维度。雅克布斯和史密斯（Jacobs and Smith，1997）认为，叙事（narrative）在实证研究中具有核心的地位，其出发点是人们通过将事件放入故事中来理解自己和周围的世界，这些故事有其开端、发展和结局，有其可被理解的结构。而人们使用"叙事"把事件植入潜在的故事中是一个普遍的文化现象，这一现象塑造着各类形式的社会活动，而揭示这些叙事结构构成了文化社会学者的中心任务。他们提出，研究者应关注叙事的情节（plot）、人物（character）和风格（genre）三方面的特点。情节是指故事中对于事件的选择、评价以及排序；人物是指故事中不同的行动者；风格指的是不同类型的故事，如浪漫的、讽刺的、悲剧或喜剧，它有助于受众发展出对故事情节以及故事中不同人物行动的共同期待。此外，雅克布斯及其合作者们进行了相关的实证研究，有效地揭示了媒体知识分子如何在政治公共领域中熟练运用多样的文化表演（cultural performances）（Jacobs and Townsley，2011）、政治精英如何掌握文化结构以及通过文化表演的创造性，让自己占据中心位置，以英雄角色的政策来叙事，从而成功地将他们提出的政策，他们的合法性需求，以及公众的需求联系在一起（Jacobs and Sobieraj，2007）。这些研究的共同结论则是，在公共领域发生的讨论或辩论不仅仅是在寻求一个最理性的共识。文化社会学家应对抗谴责非理性交流的冲动，对公共领域的交流进行全方位的关注。目的是提供一套有效的阐释话语来说明不同类型的交流是如何通过一个可理解的意义结构体系而构建在一起的，即一套公共领域的文化理论。

## 二　当代公共领域：多元、重叠公众的崛起

当今公共领域的理论发展与哈贝马斯所引入的规范理论已经产生了显著的区别。哈贝马斯将公共领域视作一种可以参与的、规范的甚至可以挑战当局的政治空间，强调面对面的沟通，理性批判的话语，以及单一的公共领域（one single universal public sphere in a nation-state）。前面已经概述了理性批判话语的局限性，提出了一种更注重叙事与表演的文化社会学方法。这里，我们将注意力转向哈贝马斯对于单一公共领域的强调及其理论问题。事实上，如果问题仅仅是哈贝马斯忽视了非资产阶级的（non-bourgeois）、非主导地位的（non-dominant）以及更多身份导向的（more identity-oriented）公共领域，那么多元公众（multiple publics）的争论（Fraser，1992；Jacobs，1996；Keane，1995）并不会带来根本性的理论挑战，承认其他的公众只有助于提供一个更细化或分化更明显的民间社会。然而，多元公众的理论挑战比这更为根本，它表明民间社会有一种破碎化的特征，它并没有由某种整合趋势主导。哈贝马斯（Habermas，1992：425）在1989年的一次学术会议上承认了这一点，他写道："如果一开始便承认竞争的公共领域是共存的，以

及考虑到那些被排除在主流公共领域之外的交流传播，就会出现一种不同的场景。"雅克布斯（Jacobs，2000）在其《种族、媒体与民间社会的危机》一书中，通过对非裔美国人公共领域及其新闻历史的详尽阐释证实了独立的公共领域所具有的现实和政治重要性。而非裔美国人的公共领域在历史上既不是独立的，也不是某个例外。大量历史学研究为非资产阶级的、非男性主导的以及其他非官方的公共领域的存在提供了强有力的证据。早在18世纪，就出现了平民公众、女性公众以及一整套围绕"节日交流"而组织起来的公共领域（Eley，1992；Ryan，1992）。在19世纪西方妇女选举运动期间，出现了国家的、区域的以及不同地域的女性报纸，对女性权利的各类原则进行探讨，并构想与倡导一种可能的新型媒体组织。而世纪之交的工人阶级新闻则通过上百种报刊、几十种语言传播。这些"另类的"公众及其媒体表明，哈贝马斯对于资产阶级公共领域崛起的阐释仅仅是"发生在18世纪末与19世纪初的"，"极端理想化的、抽象的"一种政治文化（Eley，1992：307）。而真实的公共领域总是包含着多元的、某一部分的公众（plural and partial publics）。

一旦接受了多元的、重叠的公众这种理论设定，我们就可以把精力集中于对比不同的公众，可以衡量他们之间相互重叠的程度，可以探讨权力及其影响是如何深入具体的或某些特定的公众之中的。这是《种族、媒体与民间社会的危机》一书所讨论的最重要的经验问题。此外，这些问题也有助于我们对当今全球化背景下公共领域的研究。换言之，不去假设全球化促成更为一体化的交流空间，而关注于多元的公众，鼓励研究者们去探究不同国家的或跨国的公众之间交流与重叠的程度。例如，在笔者与雅克布斯合作的有关中国空气污染危机的研究中，我们比较了不同的公众，即国家媒体、民间环境组织、世界权威的科学组织是如何构建中国的环境危机的。此外，笔者的博士论文《危机、合法性与争议：中国的环境健康与安全危机》（*Crisis, Legitimation and Contention: Chinese Environmental Health and Safety Crises in Global Public Spheres*），便是基于多个不同时段的环境污染与食品安全危机的案例研究，文中比较了国家媒体、自由媒体和国际媒体对于中国环境健康问题的构建及其发展，并探讨它们之间的互动与影响。在这些研究项目中，我们都可以发现在当今全球化背景下，中国政府合法性叙事的成功与其他国家和跨国公众的叙事紧密相连，尤其需要那种机智有效地对话西方国家与国际组织的叙事。

在西方的公共领域研究中，对抗型公众（counter-publics）在多元的公众中有着特殊的地位。这是因为这些反抗公众及其构成的公共领域的存在从一定程度上可以抗衡资产阶级及其主流公共领域的文化霸权（cultural hegemony）。具体而言，资产阶级公共领域，正如弗雷泽（Nancy Fraser）精确指出的，是“一个资产阶级的训练场所，或从根本上讲，是资产阶级将自己看作普世阶级（a universal class），以其利益来统治的一个权力基础”（Calhoun，1992：14）。因而，这些被哈贝马斯完全忽视的小型反抗公众及其媒体空间提供了另外的场所，可供培养新的共同经验，推广新的共同理解，尝试新的政治参与形式等。换言之，它们成为社会变迁潜在的推动力。然而，研究者应认识到西方对于对抗型公众的理论讨论，并不能有效地诠释中国的情境。笔者在对中国另类的公共领域（the Chinese alternative public sphere）的研究文章中，明确指出西方理论强调对抗型公众的新闻空间与主流媒体存在天然的对抗性关系是基于两个基本前提，即这类公众本身是被边缘化的非优势群体，并且享有充分的自主权。也就是说，一个媒体自由、拥有强大民间社会以及民主机构保障的西方社会模式是这些反抗公众存在的不可或缺的前提。当然，这并不意味着对抗型公众的概念对于认知中国社会缺乏有意义的启示，或者从根本上不适于去理解中国社会。相反，关注中国另类的公共领域的研究，例如，调查性新闻，批判性新闻以及互联网等（Zhao，1998；Yang，2009），可以针对西方研究中完全自主性的假定所带来的理论缺陷进行改善，可以补充我们对于对抗型公众的认识。在西方理论的假设下，一个受到媒体限制、非对抗性的、不具备充分自主权的公共领域，非但不能进行有效的政治批判，而且会被权力与利益所污染。然而，笔者在研究中发现，策略沟通（strategic communication）作为一种有效处理媒体限制并可以传达不满的方式，在中国的另类公共领域中发挥着重要的作用。关于环境公众

(environmental publics)在中国公共领域发展中的特殊作用，杨国斌认为，环境公众以及互联网的崛起在中国的公共领域中发展出了一个新的"绿色的"话语空间。在此基础上，笔者强调，环境话语不断增加的重要性正在加深当今中国主流与另类公共领域之间的交流程度，并改变着两者的关系。

## 三 "新"娱乐领域

在研究和比较实际存在的公共领域时，我们不可避免地要面临一个问题，即当下的公共话语都经过了媒体组织的过滤。而任何的媒体组织，虽然会在某种程度上服务于公众的利益，但商业上的成功则是其更为现实的追求。于是，我们看到在当今的媒体领域，娱乐已经大幅度替代了新闻而成为主导。大多数观众花在娱乐媒体上的时间远远超过花在新闻媒体上的时间，媒体集团也更愿意将更多的资金投入娱乐平台。在传统的媒体理论中，娱乐媒体的繁荣往往伴随着公共领域的衰落。学者们强调媒体的实质是有效信息的传播，因而，需要赋予基于严肃事实的媒体更高的可靠性，并谴责娱乐媒体去政治化的导向。他们认为当今娱乐媒体污染了严肃的公共讨论，使其变得更低端、更情绪化、更肤浅。换言之，娱乐媒体将具有批判理性的公民变成了娱乐的消费者，使得公众的视线偏离了公共生活的核心——对政治事务的了解、谈论与行动，使他们不断去个体化，变得更加无知，并且更易满足于现状，进而成功剥夺了他们公民参与（civic engagement）的实践权利（Postman，1986；Hart，1999；Putman，2000）。然而，仅仅止于对娱乐媒体的批判是无意义的。在当今的媒体时代，我们不可能靠强制手段令受众降低对娱乐的关注程度，抑或增加其对更为严肃的社会问题的关心。文化学者Miller（2007：51）提出了"文化公民"（cultural citizenship）这一概念，强调"公民实践一直以来都是文化的"（citizenship has always been cultural）。许多学者也指出，作为一个公民，他/她所参与的不仅仅是涉及政治秩序的活动，还包括其他经常出现的、大量的与政治无关的活动。研究者应关注日常生活中的公民实践，即那些在日常的工作、休闲活动中所开展的公民实践，而非仅仅是那些严肃的政治辩论与正式的政治活动（Coleman，2007；Hermes，2006；Miller，2007）。

顺应这一建构性而非批判性的理论发展方向，雅克布斯（Jacobs，2012）提出了“审美公共领域”（the aesthetic public sphere）的概念来具体阐释娱乐媒体及其公共影响①。这个概念的建立是基于哈贝马斯对于文学公共领域（the literary public sphere）的讨论，并将其推衍到更为社会的、历史的、文化的方向。在《公共领域的结构转型》的前半部分，哈贝马斯注意到娱乐媒体与民主交流规范之间存在着重要的联系。他将关注点集中在小说及围绕小说建立起来的一系列交流机构上。在社会想象层面，资产阶级在十八九世纪所阅读的小说致力于“渲染私人家庭领域的共情，传达给读者相互理解的价值观”（Habermas，1989：51）。这些资产阶级小说与文学公共领域的创立紧密相连。文学公共领域最终被确立为“一个批评公共权力的领域，并配备了公共的机构和讨论的论坛”（Habermas，1989：51）。这些公共的、非个体的公众论坛对于区别辩论内容与辩论者的地位身份至关重要，并且其组织基础与逻辑逐渐延伸到了政治领域，促成了话语权的公开性原则与批判理性原则（principles of publicity and critical rationality）。然而，哈贝马斯并没能将书中前半部分所展示出来的、对于娱乐媒体的敏锐观察进一步发展。这是因为他从未设想过娱乐媒体除了形成一套不同的公共领域，以及偶然间促成了附属的公民价值，还能起到其他任何有益的作用。简言之，哈贝马斯未曾设想过娱乐媒体会发挥任何实质的社会价值。此外，如上文所述，他没能意识到民间社会是由多元的、重叠的公众（及其不同的媒体类型）所构成的。哈贝马斯分割出了一个“严肃的”（serious）文本空间与一个“流行的”（popular）文本空间，认定两个空间彼此独立。因此，他忽视了娱乐与严肃新闻之间可能存在的互为文本（intertextuality）或相互引证。这里的关键点在于，读者在媒体上阅读新闻时不会刻意加入严肃的、公民性的诠释，而在浏

① 更多对审美公共领域的诠释与发展，参见 Jacobs，2007，2012；Jones，2007；Mckernan，2015；Roberge，2011；Wu，2011。

览娱乐版面时也不会有意地回避严肃认真的思考。事实上，那些优秀的电影、小说、戏剧甚至是电视节目，都能够将重要的社会问题通过比严肃新闻更具冲击力的呈现方式传达给受众，并引发集体思考与公共讨论。更为重要的是，这些流行的作品有可能扩展公众对于共同关心议题的想象和理解，打破常规的公与私的界限，以深刻的社会学方式，将一些看似个体化的问题与社会、历史结构紧密相连。笔者这里强调的是一种可能性，即娱乐媒体及流行文本有可能为严肃的社会问题提供有益的、开放式的讨论平台。我们不可对这一存在的可能性视而不见，也不能夸大其重要性，任何具体的案例都有待于经验的检验。

娱乐对于今日中国的影响亦不容忽视。21 世纪，伴随着娱乐媒体的蓬勃发展，围绕大众娱乐经验所组织的公共讨论及其公共领域应运而生。尽管有人可能会质疑为什么要反复援引西方理论来探讨中国经验，然而不可否认的是，西方话语与思想，随着现代化的推进，已经深深渗透到当代中国公共话语的体系之中。当然，从另一个角度来看，利用西方理论来检视中国的案例，往往容易犯一个错误，即忽视中国社会自身的传统与特征。正如日本学者 Ikegami 在对日本审美公众（aesthetic publics）的研究中不断重申的，非西方经验有其独特性，西方理论不能完全捕捉非西方的经验。因此，在探讨中国情境之前，有必要简述 Ikegami（2005）的著作 *Bonds of Civility* 带给我们的启示，以便更好地理解东西方的异同。该书描绘了东西方现代社会发展的趋同与分歧，提供了一个极具价值的、非西方视角的案例，展示了文化活动与公民结社之间的深层联结，并揭示了民间社会的形成有着更多的可能性。作者提出的“审美公众”的概念与上文提到的“审美公共领域”的概念异曲同工。具体而言，Ikegami 指出，欧洲现代早期与日本封建德川时代（17 ~ 19 世纪）比人们所能想象的更为相似，因为日本公众展现出了其现代政体中才有的那种人际交往与互动模式，以及成熟民间社会才有的极为活跃的结社活动。[①] 广泛的历史研究表明，日本传统的文化习俗，例如诗歌与茶道，在很大程度上具有表演性

① 考虑到现代早期欧洲与前现代日本存在的巨大差异，Ikegami 将前现代日本社会定义为“civility without civil society”。其中 civility 是指一套人际交往的仪式技术，它塑造了一种介于亲密与敌对之间的社会关系的中间区域。

和互动性。公众在专制的德川幕府统治下，也会聚集在一起，交换诗歌或者享受茶道带来的集体体验。在这种体验中，人们暂时抛弃了由社会地位与等级所标记的个体差异。审美公众从这些结社生活中蓬勃发展起来。其中，人际关系（civility）由具有开放性与灵活性的弱关系（weak ties）表现出来，而非理想型民间社会里的强联结（intense bonds）。这些审美公众的形成不同于托克维尔所描绘的现代民主的美国，或者规范理论中所强调的西方社会的正规民间组织，但是构成了日本现代民间社会的基石，并且避免了西方理想化的民间社会对于普通民众的排斥与限制。从这个意义上看，非西方的经验可以提供给研究者一个重新审视西方理论的机会，甚至重新评估西方理想化的民主原则。更重要的是，它有助于研究者跨越东西方社会差异，更好地理解审美活动及其社会的、政治的意义。回到中国的情境，那些围绕娱乐经验所组织的公共话语是否具有更广泛的社会意义？新兴的网络与社交媒体是否有能力激发具有公民价值的讨论，发挥审美公共领域的社会重要性？吴静思（Wu，2017）在其新著 *Entertainment and Politics in Contemporary China* 中尝试回答这些问题。她利用审美公共领域的概念框架，以及具有大众知名度的案例，例如真人秀《超级女声》、电视剧《蜗居》与《裸婚时代》等，探讨了娱乐话语与互动是否对公共生活具有重要性（civic significance），是否能为公众提供独特的、有价值的公民参与方式（civic engagement），培养公民的想象力与必要的技能。在书中，她详细阐述了普通受众是如何在公共讨论中交流他们的娱乐体验的，这些娱乐体验又是如何从纯粹的美学体验转变为激发公众想象、塑造公共价值，并且对于更为重要的社会议题与公共政策的讨论的。一些西方读者可能会认为，中国受众这种非直接的公民参与方式是因缺乏媒体自由，便退而求其次，不得已做出的选择。然而，事实上，西方民众大多数情况下也是通过非政治的方式来进行公民实践的。而中国案例所揭示的重要结论，即娱乐话语可以延伸为对于重要社会议题的公共讨论这一点，在西方娱乐媒体污名化的语境下，特别是当下许多民众因唐纳德·川普这位娱乐大亨在2016年的当选而哀叹美国民主消亡之时，极具启发性。

总结起来，审美公共领域从文化视角挑战了西方传统政治观点中对于工具性和制度性的过分强调，及其对日常生活中情感与审美的忽视。利用这一概念对文化自主性的强调，文化学者们揭示了公共生活中一个重要的方面，即那些表面上纯粹的审美体验，在公共领域中，深深连接着更广阔的社会话语，受众不但可以积极解读娱乐媒体文本，而且可以借助在这些娱乐媒介中的体验来构建有价值的社会评论，参与有意义的公共生活。当然，研究者在拥抱娱乐媒体之于公共生活重要性的同时，也应保持一定的谨慎态度。赵月枝（Zhao，2008）在其具有影响力的著作 *Communication in China：Political Economy，Power，and Conflict* 中指出，在中国，随着经济和媒体方面不断推进的新自由主义改革，加上政治限制，普通公民很容易沉浸在前所未有的、充满生机的娱乐媒体当中，而愉快的沉溺往往导致其产生虚假的自主性。

## 四　结语

本文对西方传统的、主流的政治与媒体理论，即哈贝马斯的公共领域理论，结合具有影响力的文化社会学研究，进行了文化视角上的修正。而这一视角的进一步发展迫切需要更多的经验证据，尤其是非西方传统的经验。在本文结束之际，笔者想再次回应关于西方理论适用性的问题。强调本土化的学者们可能会觉得，哈贝马斯的公共领域概念并不适用于中国这样的政治文化背景。然而，事实上，即使是在西方的背景下，哈贝马斯的公共领域理论也被认为是一个最好条件下的理想模型，而不是一个被期待的现实。在非西方的背景下研究公共领域，反而会提供更多新颖的见解，打破原理论对于各种民主条件的假定。从这个意义上讲，研究者不应以中国具有不同的政治文化系统为由，急于拒绝源自西方语境下的理论，而应重视文化的层面，基于踏实的实证研究，为公共领域理论提供有益的修正，增强其适用性与普遍性。最后，多元公众，例如环境公众、审美公众等这些非正式的公共领域，已经向我们证明：公共话语的来源可以是多样的，话语生产的公共领域可以是多样的，而集体体验的感受也可以是不同的，可以是严肃的抑或娱乐的。

在现实中，普通民众可以在不同领域的各类语境中，培养并形成他们的公民意识，积极参与具有社会价值的公共生活。

## 参考文献


Alexander, Jeffrey C. 1998. "Civil Society I, II, III: Constructing an Empirical Concept from Normative Controversies and Historical Transformations," in *Real Civil Societies: Dilemmas of Institutionalization*, pp. 1 - 19: London: Sage.

Alexander, Jeffrey C. 2006. *The Civil Sphere.* Oxford University Press.

Alexander, Jeffrey C. 2010. *The Performance of Politics: Obama's Victory and the Democratic Struggle for Power.* Oxford University Press.

Baiocchi, Gianpaolo. 2006. "The Civilizing Force of Social Movements: Corporate and Liberal Codes in Brazil's Public Sphere." *Sociological Theory* 24 (4): 285 - 311.

Benhabib, Seyla. 2002. *The Claims of Culture.* Princeton, NJ: Princeton University Press.

Coleman, Stephen. 2007. "Mediated Politics and Everyday Life." *International Journal of Communication* 1: 49 - 60.

Calhoun. 1992. *Habermas and the Public Sphere.* Cambridge, MA: The MIT Press.

Eley, Geoff. 1992. "Nations, Publics, and Political Cultures: Placing Habermas in the Nineteenth Century." in *Habermas and the Public Sphere*, edited by C. Calhoun, pp. 289 - 339. Cambridge, MA: The MIT Press.

Fraser, Nancy. 1992. "Rethinking the Public Sphere: A Contribution to the Critique of Actually Existing Democracy." in *Habermas and the Public Sphere*, edited by C. Calhoun, pp. 109 - 142. Cambridge: The MIT Press.

Habermas, Jurgen. 1989 [1962]. *The Structural Transformation of the Public Sphere.* Translated by Thomas Burger. Cambridge, MA: MIT Press.

Habermas, Jurgen. 1992. "Further Reflections on the Public Sphere." in *Habermas and the Public Sphere*, edited by C. Calhoun, pp. 421 - 461. Cambridge, MA: The MIT Press.

Habermas, Jurgen. 1996. *Between Facts and Norms: Contributions to a Discourse Theory of Law and Democracy.* Cambridge, MA: MIT Press.

Hart, Roderick P. 1999. *Seducing America: How Television Charms the Modern Voter.* Thousand Oaks: Sage Publications.

Hermes, Joke. 2006. "Hidden Debates: Rethinking the Relationship between Popular Culture and the Public Sphere." *Javnost-the Public* 13 (4): 27 - 44.

Ikegami, Eiko. 2005. *Bonds of Civility: Aesthetic Networks and the Political Origins of Japanese Culture.* New York, NY: Oxford.

Jacobs, Ronald N. 1996. "Civil Society and Crisis: Culture, Discourse, and the Rodney King Beating." *American Journal of Sociology* 101 (5): 1238 - 1272.

Jacobs, Ronald N. 2000. *Race, Media, and the Crisis of Civil Society: From Watts to Rodney King*. Cambridge University Press.

Jacobs, Ronald N. 2012. "Entertainment Media and the Aesthetic Public Sphere." in *Oxford Handbook of Cultural Sociology*, edited by J. Alexander, R. Jacobs, and P. Smith, pp. 318 - 342. Oxford University Press.

Jacobs, Ronald N. and Sarah Sobieraj. 2007. "Narrative and Legitimacy: US Congressional Debates about the Nonprofit Sector." *Sociological Theory* 25 (1): 1 - 25.

Jacobs, Ronald N. and Eleanor Townsley. 2011. *The Space of Opinion: Media Intellectuals and the Public Sphere*. Oxford University Press.

Jacobs, Ronald N. and Smith, Philip. 1997. "Romance, Irony, and Solidarity." *Sociological Theory*, *15* (1): 60 - 80.

Keane, John. 1995. "Structural Transformations of the Public Sphere." *Communication Review* 1 (1): 1 - 22.

Li, Haoyue Cecilia. 2017. *Crisis, Legitimation and Contention: Chinese Environmental Health and Safety Crises in Global Public Spheres*. Dissertation.

Lichterman, Paul. 2005. *Elusive Togetherness: Church Groups Trying to Bridge America's Divisions*. Princeton, NJ: Princeton University Press.

Miller, Toby. 2007. *Cultural Citizenship: Cosmopolitanism, Consumerism, and Television in a Neoliberal Age*. Philadelphia: Temple University Press.

Postman, Neil. 1986. *Amusing Ourselves to Death: Public Discourse in the Age of Show Business*. New York: Penguin Books.

Putnam, Robert D. 2000. *Bowling Alone: The Collapse and Revival of American Community*. New York: Simon & Schuster.

Ryan, Mary. 1992. "Gender and Public Access: Women's Politics in Nineteenth-Century America." in *Habermas and the Public Sphere*, edited by C. Calhoun, pp. 259 - 288. Cambridge, MA: The MIT Press.

Smith, Philip. 2005. *Why War? The Cultural Logic of Iraq, the Gulf War, and Suez*. Chicago: Chicago University Press.

Wu, Jingsi Christina. 2017. *Entertainment and Politics in Contemporary China*. Palgrave Macmillan.

Yang, Guobin. 2009. *The Power of Internet in China: Citizen Activism Online*. New York: Columbia University Press.

Young, Iris Marion. 2000. *Inclusion and Democracy*. Oxford: Oxford University Press.

Zhao, Yuezhi. 1998. *Media, Market, and Democracy in China: Between the Party Line and the Bottom Line*. Vol. 131. University of Illinois Press.

Zhao, Yuezhi. 2008. *Communication in China: Political Economy, Power, and Conflict*. New York: Rowman & Littlefield Publishers.

《社会学刊》第 1 期
第 184 ~ 200 页
© SSAP，2018

# 文化政治抑或政治文化

## ——以德国文化政策与欧盟政治叙事建构为例

周睿睿
德国汉堡大学社会与经济学院

**摘　要**：本文致力于以德国当代文化政策转型和欧盟叙事构建的新模式为契机探讨文化政策对社会和政治的影响。本文始于一种观察：传统理论认为政治共同体的成功在于它提供了一种社会的共同身份建构，而欧盟并无传统理论假设的叙事“尽头”。这似与当代德国文化政策的某些逻辑有某种相通之处。20 世纪 70 年代末的新文化政策带来了由被动向主动的转型，个体公民首次以主要行动者的身份出现，并通过文化活动积极参与社会空间的构建。如今，这种新机制已从社会的微观和中观层面向上渗透，开始在宏观层面上获得政治表达。本文认为，德国在欧盟的“领导”作用，并不仅仅与其经济实力的领先有关。本文也试图展示，这是一个由文化过渡到政治实力的范例。

**关键词**：欧盟　德国　文化政策

## 一　引言

本文有两个初衷，它们分别出自两方面的观察。（1）文化政策尽管逐渐成为一个独立领域，所获的重视却依然不够。这部分是因为人们对文化以及文化政策的理解还停留在相对传统的层面，部分也是因为学界对这个话题依然未能给出足够兼具说服力和影响力的论据。尽管已有学者意识到并指出，文化可以被当成某种社会调控以及管理手段来看待。但这些研究绝大多数都把注意力放在微观和中观层面，而缺少对宏观层面的把握。（2）欧盟作为迄今唯一成功的跨国政治共同体吸引了很多人的兴趣，这些兴趣有出自对欧盟的单纯好奇，也有出自对国际政治的考量。一个相对普遍存在的认知是：德国在欧盟的地位并非仅仅依靠其经济力量的强大。“二战”结束不到一个世纪，给欧洲国家留下惨痛记忆的德国就不再以战后一二十年那种谨小慎微的姿态出现，而是成为欧盟——世界上最大的经济共同体和最有话语权的政治共同体之一——颇具分量的领导者之一。这篇文章，既出于笔者对欧盟、德国、文化政策等具体话题的兴趣，又希望从理论上抛砖引玉，填补研究上的空白。

## 二　欧盟政治的叙事新形态及其制度化

与常见的政治叙事相比，欧盟政治的叙事有其特有形态。毋庸置疑，欧盟如今的政治管理形态脱胎于传统的联邦制——今日的德国和美国都是这种制度的典型代表——而后者又由中古时代欧洲领主分封的雏形演变而来。但欧盟如今的制度与德国或美国的联邦制早已有根本不同：除了并不意在因此建立一个民族国家，更深刻的不同在于欧盟政治的叙事有别于传统的叙事。

### （一）传统政治叙事的机制

叙事并非自然产生，而是人为的后果。正如一本小说由人创作、要有头有尾有宗旨一样，社会和政治领域叙事的产生在于人为从历史和现实的无数个事件当中挑选出部分事件，构成某种“叙事链”，使其成为某个完整的故事，并赋予该故事特定含义。“叙事即观察者使社会现象变得有意义。”（Czarniawska，2004）观察及研究政治叙事构建过程的文献不可谓不多，对于组成部分，各位学者亦自有主张。此文并非旨在做理论探讨，因此不加详述，暂且粗浅地总结为三个部分：定义了政治共同体为何诞生、怎样诞生的原基础神话；从其历史中选择性提炼为其成员提供忠诚度依据并为其当下存在正名的神圣品质；揭示其终极理想的终极神话（Bouchard，2013；Bouchard，2014：137－152；Bottici，2007；Flood，2001）。

所有的构建过程都指向一个明确的结尾，也就是第三步：这个故事的组成变得神圣不可侵犯，而其中所体现出来的“品质”则成为某个政治共同体赖以存在的价值基础。该结尾的意义在于：虽然这些神圣或宏大的品质或许不能于短期内达到，但它们为叙事提供了明确的终极目标，这些“终极存在”成为共同体成员身份认同的组成部分。它们在当下的社会功能是：提高忠诚度和增强凝聚力，敦促共同体整体的努力（Bal，2009；Eder，2006）。它们在当下的政治文化功能是：为理解某个政治共同体（political community）为何而生及其作为提供了一种“官方”的指南，不仅解释其来源，也为其存在和行为的意义正名（Bottici，2007；Flood，2001；Tudor，1972）。

直到现当代，这些叙事服务的一直是传统的政治共同体，即民族国家以及有行政权力的城镇或联邦州。它不仅可以使一个政治共同体的诞生和存在合理化，也可以保证其制度在将来的延续。这也为其成员提供了某种“本体安全”。后者指的是大多数人对其身份认同将会延续、对其行为所面对的社会和物质环境将会稳定的信心（Giddens，1990）。而这种信心是叙事得以继续的基础动力。

### （二）欧盟叙事的特性

自第二次世界大战及冷战结束以来，“终极目标”变得越来越不重要。利奥塔德（Lyotard）将其形容为“宏大叙事的终结”（Lyotard，1985）。忒尔邦（Therborn）也指出，战后东西方看似在追求不同的“现代性”，然而作为过程的“现代化”道路的前进模式却是相同的：重要的不再是处于道路尽头的“现代性”，而是确保“现代化”的过程处于某种既定轨道上

（Therborn，1995）。但尽管如此，叙事中有“终极目标”的传统民族国家还是政治共同体存在的主要形式。直到欧盟诞生，唯一的超国际政治组织是联合国。虽然有学者指出，全球化带来了“民族国家的消解”，但无论是世界贸易组织还是北约都至多只是有共同的行政纲领，既无政治叙事，也不涉及身份认同。联合国虽有一定的政治叙事，却既无实质的行政权力，至今也未给其成员提供身份认同。因此，欧盟之前出现的联合国、世界贸易组织、北约等泛国际或国际组织都不能被称为政治共同体。而欧盟的出现却赋予政治共同体以新的形式：不仅是欧盟对自己“欧洲共同体”（European Community）的定位表达清晰明确，而且它还有上至公元纪年前、下至冷战，以古希腊罗马、基督教的诞生及改良、文艺复兴和启蒙运动为重要标记，以“理性”“人权”“法制”等为核心价值的宏大且完整的叙事结构。这一切无不为其成员提供身份认同和“本体安全”。

与传统的政治叙事相比，欧盟政治叙事的最大特征在于它没有清晰的终极目标。无论在欧盟宪法还是在其他文献当中，都找不到叙事所想表达的终极目的。“融合”（integration）是欧盟作为政治共同体的叙事的开始，也是其标志特性。它始于欧洲国家对两次世界大战的回忆和被纳粹的“国家社会主义”玷污了的“民族国家主义”的认识。在冷战后期和冷战结束后，为了在美国的单边霸权主义中保持一定独立，“融合”又得到了进一步发展，被当作克服带来战争的极端民族国家主义以及保证和平与繁荣的唯一途径。在一次又一次的条约和会议中，“融合”从政治上被制度化了，成了欧盟政治神话的首要组成部分。与此同时，“融合”也在社会中获得认可，成为普遍共识。2012年的欧洲调查显示，60%的人认为欧洲的繁荣和稳定主要归功于融合（Eurobarometer，2013）。但是，在各种文件中反复出现的“促进融合”只是表明了叙事的渐进式方向，并没有明确表述“融合”这个方向最终意在到达什么“终点”。试对比若干以民族国家为形式的传统政治共同体的政治叙事：

> 国家的根本任务是，沿着中国特色社会主义道路，集中力量进行社会主义现代化建设。……坚持人民民主专政，坚持社会主义道路，坚持改革

开放……实现工业、农业、国防和科学技术的现代化……把我国建设成为富强、民主、文明的社会主义国家。……完成统一祖国的大业是包括台湾同胞在内的全中国人民的神圣职责。(《中华人民共和国宪法》序言)

我德意志人民，认识到对上帝与人类所承担之责任，志在维护民族和国家统一，并受此志鼓舞，愿以联合欧洲中平等一员之身份服务于世界和平，特以立法之权力立此宪法。

我巴登-符腾堡、拜仁、柏林、勃兰登堡、不来梅、汉堡、黑森、梅克伦堡-前波美拉尼亚、下萨克森、北莱茵-威斯特法伦、莱茵兰-普法尔茨、萨兰、萨克森、萨克森-安哈特、石勒苏益格-荷尔斯泰因和图林根的德国人民凭借自由自主精神完成德国的统一和自由。(《德意志联邦共和国宪法》2010 年版序言：1)

我们合众国人民，为建立更完善的联邦，树立正义，保障国内安宁，提供共同防务，促进公共福利，并使我们自己和后代得享自由的幸福，特为美利坚合众国制定本宪法。(《美利坚合众国宪法》序言：1)

我们认为下面这些真理是不言而喻的：造物者创造了平等的个人，并赋予他们若干不可剥夺的权利，其中包括生命权、自由权和追求幸福的权利。(《独立宣言》序文及前言：1)

无论是在《马斯特里赫条约》还是当今欧盟运作方式范本的《里斯本条约》中，都没有出现这样的定性和终极目标，而仅仅表示要从政治上扩大欧共体超国家机构的权力和从经济上实现统一市场。从意识形态的角度上来说，人们可以说中国是为了最终实现共产主义的“社会主义国家”，德国和美国是意在实现自由与人权的“资本主义国家”，但这样的解释无法适用于欧盟。也就是说，以传统的经验看，“政治叙事”的建构过程在此并未完成。比照之前总结的叙事构建的三个组成部分，不难看出，对欧盟这个政治共同体来说，“原基础神话”是有的，“神圣特质”也是有的，而对于“终极神话”，在欧盟成立业已 20 多年后，既始终语焉不详，又在短期内似乎无意树立。

## 三 德国现当代公共文化政策的兴起和制度化转型

笔者首先要说明的是，“兴起”和“制度化”是两个不同的概念：“兴起”仅仅表明某种机制开始有了思想和结构上的雏形，而“制度化”则表示某种渐进的过程，并且其过程中的一环和下一环很难做精准的切割。虽然人们倾向于给某种行为或措施“定性”，但在研究操作上实际应该更多地考虑行为者的具体位置以及角色。制度化并非非黑即白的存在，而是在到达最终“定型”之前，有许多步骤使其渐渐地从无到有（Zucker，1977）。

文化政策这个概念的从无到有本身就说明了认识的转变。法国外交家和人文学者多洛（Dollot）说过，20 世纪世界范围内文化有三大革命，其中之一就是国家作为行为者有意识地领导和利用文化。这种“作风的转变”归结为理论就是：文化政策正如其他社会政策一样是功能性的。它是基于某种对公共道德的理解，由公共讨论而产生，致力于实现生活在某个政治共同体内的所有成员的共同福利，并带有某种强制性的、以文化活动为对象的规范和准则。正如北欧学者维斯特海姆（Vestheim）总结的那样：文化政策的合理性在于民众，而不在于文化（Vestheim，2014）。所以当我们讨论文化政策时，其落脚点是在“政策”二字上，而非文化本身。

德国学者克莱因（Klein）在分析文化政策时，曾把政策做“广义政策”和“狭义政策”二解：“狭义政策”指的仅仅是由国家政府颁布的条文和指令，而“广义政策”指的是国家和社会的共同行为（Heinrichs & Klein，2001）。至于是什么行为，由于克莱因并非政治学家，所以在此并未给出更精确的定义。但从其他学者的研究和若干文献中，不难概括出他说的“行为”就是政策的目的和方式。克莱因的论断高明之处在于，他拓宽了政策的决定者和执行者的领域，使其从国家拓展到社会的范畴，而这正是现当代德国文化政策自兴起之日起的发展方向。

在开始论述前，首先要强调的是，德国的“文化政策”（Kulturpolitik）这个概念中的“政策”（Politik）实则在英语中对应三个概念：politics， polity 和 policy。虽然前两个单词在中文中常常被翻译为“政治”，但 polity 指代的是结构和制度层面，也就是说，它回答的问题类似于“某政治共同体的使命和任务是什么”；而 politics 指代的是政治的过程层面，也就是说，它回答的问题类似于“某种政治制度如何运行”“如何做出决定”；而 policy 在中文中常被译为“政策”，即内容层面，它回答的问题类似于“政府做了什么”“某项措施的内涵是什么”（Coleman，1990）。而德语的 Politik 这个概念是以上三个概念的总和。也就是说，虽然德国的 Kulturpolitik 在绝大多数讨论中指代“文化政策”，但其概念本身包括了关于文化活动的政治/政策的结构、制度、过程和内涵。

### （一）转型前的德国文化政策

如上文所述，文化政策的主要特征是政策，是以文化活动为主体实践对象的政策。正如每个国家对政策、政治有不同的理解一样，各国各民族对文化的理解也不同：怎样定义文化，何为文化的宗旨，如何理解文化与诸如社会、政治、经济等其他因素的关系。德国文化政策学者认为，文化政策的目标和任务是什么，取决于人们怎样理解文化（Fuchs，2007）。虽然同属西方文明体系，但德国对于文化的理解与英法等其他国家有很大不同。这首先是由其历史决定的。直到 19 世纪末期，普鲁士宰相俾斯麦统一全德，自罗马帝国后期、中世纪直至欧洲逐渐进入现代化工业社会，德国在漫长的时间内都是分裂的诸侯国。“德意志”仅仅是一个文化概念。随着现代化开始，民族国家作为政治共同体取代了传统氏族、村落等生活共同体，对比英法等早已建立了统一国家的邻居，对“德意志文化”的认同成为很长时间内德意志知识分子们对于“统一国家”的想象。在此，文化有一种替代政治、把社会共同体成员牢牢抓在一起的作用。

当代德国文化始于“二战”结束。对“二战”以及极权的反思贯穿了从 1945 年至今的整个德国文化史。战后的德国文化一言以蔽之就是重回轨道，其中起到重要作用的一是对古典文化的复兴，二是现代艺术对纳粹极权的揭发。在这个时期，相较而言，更为重要的是对古典文化的复兴。废墟时代，以贝多芬、歌德等大师为代表的德国古典文化的复兴在德意志民族重新找回定位的努力中扮演了至关重要的角色。尽管当时人们对“文化政策”这个概念没有认识，但其基调在此时已逐渐形成：意识到文化的社会作用以及有意识地利用文化活动达到某种目标。以被炸成废墟的德累斯顿为例，战争结束后一星期，人们就开始聚集在教堂里演奏贝多芬的作品。7 月，莱辛的《智者纳旦》经过排练之后于战后首演。8 月，圣十字合唱团重回舞台。“在废墟年代，严肃的古典音乐在人们的愿望和价值中有崇高地位。‘人们希望——“绝对战争”曾经削弱了文化——能再度感受古典音乐，作为一种慰藉以及抵御残忍现实的屏障，作为一种对现实生活的平衡和鼓励。’不久，不仅在大城市出现许多杰出的乐团和合唱团，高素质的音乐家也随着难民一起来到西德并在此寻找工作的机会了。”（Glaser，2016：98）

固然，对“真善美”的纯粹欣赏在艰难的战后时光，帮助德国人民以最快的速度从“罪犯和凶手的民族”回归“诗人和思想家的民族”。然而，它并不能被免除接受随后对历史和社会的反思。物质化的文化理解被称为“肯定性文化”，用以批评文化被当作一成不变的纯客观物质，而这种态度则是一种缺少反思能力且“对彻头彻尾的自私自利的美化行为”。在稍后为文化政策转型奠定理论基础的思潮中，“肯定性文化”被形容为“传统文化遵循的是一种古旧的、只唱赞歌的美学”（Glaser，2016：98）。

### （二）文化政策的转型

20 世纪 60 年代的各种“叛逆”潮流——比如 1968 年学运以及 20 世纪 60 年代女权运动的兴起——实际上是以“二战”和极权为契机，对整个西方世界的现代化的一个集体反思。20 世纪 50 年代的重建和 60 年代的反思为 70 年代的转变打下了经济和精神基础。“新文化政策”对文化政策给出了新的定义：“文化政策应有以下特征：文化政策首先是社区的文化政策。它服务于人的解放。它致力于文化民主的搭建。它从本质上来说是社会文化。它是对工业社会产生的需求与压力的平衡。在它对自己的理解里，放在第一位的是教育政策，而教育政策的核心是公民们的社会、交流和审美的需

求以及上述能力的发展甚至进化。”（Heinrich & Klein，2001：210）

同之前备受批评的“肯定性文化”相比，新的文化政策概念有很多立场的改变。试对比一下1952年德国城市议会的《斯图加特纲领》：“对各个城市来说，文化的维护是一项重要而且急迫的任务。其重要性和急迫性既在于文化本身值得维护的价值及通过维护体现出来的精神面貌，也在于维护本身给社会生活带来的意义。”（德国城市议会档案：104ff）以“新文化政策”对比1952年纲领，改变主要在以下三个方面。

第一，作为政治主体的文化从纯物质性到超越物质性。在1952年的文化政策概念里，文化是纯物质性的存在。事实上，熟悉德国文化史的人不难看出：“文化维护”这个概念，灵感得自“纪念碑维护”。而在新文化政策里，文化的概念似乎被大大地“抽象化”了。它更多被理解为某种带有审美和交流特质的精神规范的存在。第二，文化从被动变为主动。作为纯物质性理解的文化，在1952年纲领中，始终处于被动的地位。而在“新文化政策”的定义中，文化以主动的姿态，成为改变和构建的主体。在此，文化不再是需要被投资、被维护的对象，而是如同经济和政治一样，成为推动社会生活的积极因素。第三，文化从游离于社会生活之外变为社会生活的组成部分。在1952年纲领中，文化还是如同纪念碑一样，不仅需要被维护，而且是一成不变的。而“新文化政策”定义的宗旨就是明确了文化参与社会构建，并随时对不同的社会状况做出反应和调节。

### （三）被“解构”的文化政策

“新文化政策”重新定义了文化和政治的关系：一方面，文化政策作为社会政策领域的一部分独立性越来越强；另一方面，在某种程度上，它对于现实的意义却又恰好体现在传统的文化、社会、政治的疆域变得模糊。在新的语境下，文化不再仅仅是游离于社会生活之外、赞颂真善美的“为了艺术的艺术”，而是人们必须一再在流动的社会环境中，不断重新追问它与社会的关联及它对社会的影响。在这种定义下的文化不仅具有了社会性，也获得了政治意义。相应地，由于环境不断变化，自顶层而下的决策未免后知后觉，文化的权力不得不被一级级“下放”。这就导致了在“新文化政策”里，作为文化活动参与者的公民的自我责任和能力培养成为政策实施的落脚点。这次转型的两个主要方面——当事人由被动变为主动和文化权力的“被解构”——是相辅相成的。

先说第一个方面。“新文化政策”中的当事人是作为许多个个体的公民。直到转型完成，公民一向被当作文化活动的被动接收者。也就是说，政府或者抽象的社会负责提供文化产品以及文化活动，而公民只需要被动接收即可。而“新文化政策”在把主动权交给公民的同时也赋予公民更多责任。它要求公民积极参与到文化活动中，以参与文化活动的方式参与构建社会。“文化公民权”和“文化为所有人”这两个概念是“新文化政策”实践的理论基石。前者把文化能力和文化表达同“公民权”的概念联系起来，指个体的公民是国家政策的落脚点（Heinrichs，1999；Scheytt，2008），同时认为，国家不仅有义务对公民的文化表达提供法律以及结构上的支持，而且有义务在具体操作上保证每位公民有机会、更有能力进行文化表达。公民在文化能力教育上的平等被视为实现机会平等的出发点。这解释了“新文化政策”中“在它对自己的理解里，放在第一位的是教育政策，而教育政策的核心是公民们的社会、交流和审美的需求以及上述能力的发展甚至进化”（Heinrich & Klein，2001：210）。而“文化为所有人”同“文化从所有人”是文化民主的一体两面。“文化为所有人”着重强调所有人接触文化活动的途径应不受阻碍，意指“不仅仅在于普及和传播‘经典文化遗产’，也不仅仅在于单纯地介绍孤立于受众和社会现实以外、需要受众花费足够时间以及拥有足够智力才能理解的专业艺术，而是每个公民都必须切实地接受所有艺术分类、不同专业程度的文化产品，他们为此付出的时间和财力必须要计算到任何收入的人都不会受到限制”（Hoffmann，1981：11）。而“文化从所有人”则以广义的文化概念为出发点，认为因其生活方式的不同，所有社会阶层、所有社会团体都自有文化，因而其表现都是值得支持的。

再说第二个方面。如上文所述，“新文化政策”的核心在于把建构的能力交给民众，增进文化民主。其出发点在于，文化能力的民主是所有平等和民主的开端。这并非国家完全放权，而是有意识地使民众参与到社会建构过程中，从而在赋予民众能力和权利的同时亦减轻国家压力。有关于此，对“新文化政策”的定义也说得很清楚：“文化政策首先是社区的文化政策。”根据德国联邦统计局2015年发布的报告，2011年，德国境内对文化的支出主要由联邦州和地方社区承担，分别以39亿和42亿欧元占总支出的41.9%和44.8%。与之相较，国家中央的支出仅有12亿欧元，占总支出的13.3%。2012年，联邦州和地方社区分别以38亿和44亿欧元承担总支出的40.3%和45.9%（见德国联邦统计局）。同样值得一提的是，从2000年到2012年，德国国家专门用于文化管理的支出从4.92亿欧元缩减至2.26亿欧元。然而，“社区的文化政策”的意义远远不止于经济。根据德国联邦宪法法院的意见，“那些植根于当地，或者同当地风土有特定联系并可以由当地社区自主完成、承担后果的活动”（联邦宪法法院意见书：11、226），都应由社区主导完成。而社区自主组织的最大意义在于调动当地民众、增加他们对小家乡的责任感，并且学会为了公共目标团结起来、发挥积极性、承担责任。而这样做也是为了“促进当地民众的满意度、保护当地历史人文特色”（联邦宪法法院意见书：11、226）。在这样的大框架下，社区文化政策的主要任务有：资助和维持当地文化机构、组织文化活动、促进（尤其是在经济上帮助）文化团体的活跃、保持当地的文化独创性。

伴随着权力“下放”的是文化与政治界限的模糊。以往，固然一切由“上层”决定，但权责也在“上层”。如今，对地方社区来说，权利伴随义务而来，由设计到具体实施都需要“自负盈亏”。这样一种建构模式不仅是一种自下而上、贴近现实的模式，更需要建构参与者——也就是个体公民不仅有足够自主意识，更有足够的能力。这一切，都是以往那种只是单纯重复“真善美”或者举办各种“节庆活动”的文化政策所不需要也不能激发的。文化政策的转型实际上跟随着文化观念的转型：文化，对国家不再意味着需要被动接受投资的“阳春白雪”，而是推动社会发展的一大版块；对个人不再意味着单纯是个人情绪的表达和体验的抒发，而是从审美、交流能力演化成的一种对个人生活空间的构建能力；对社会不再意味着它附属于政治或者经济之下，而是一个独立的政策领域，并通过它对于个体公民能力的激发，上升到对于社会空间的建构，最终转而作用于宏观层面的政治和经济领域。

## 四　对德国文化政策和欧盟政治叙事建构的过程机制追踪

与类似的“路径依赖”理论相比，“过程追踪”更像是一种方法论。从“过程追踪”的角度去研究社会机制，首先是找出能为A和B之间的联系提供可靠解读的观点体系。然而，无论是从横向还是纵向的角度都同时存在许许多多的“事件”。仅仅是任意事件的“发生”并不能保证变量产生改变。“过程追踪”意在寻找因果关系，因此本文在“过程追踪”的时候引入“机制”。从研究方法上来说，研究社会关系中的机制并不追踪和描述由事件形成的“线索链”，而着重寻找把各个事件联结在一起的逻辑。研究者在对机制进行“过程追踪”时需要从整个“链条”中抽象出某些为所有方面共有的原则（Mahoney，2012），正是这些原则构成了制度。也就是说，那些共有的原则应该在结构的每一层都得到体现。对于机制分层，众多政治及社会学者已有许多高论。本文意不在探讨社会机制理论，因此略过不表。仅以此方法，分析德国的文化政策同欧盟政治叙事建构的关系。以较为公认的机制分层为例，见图1。

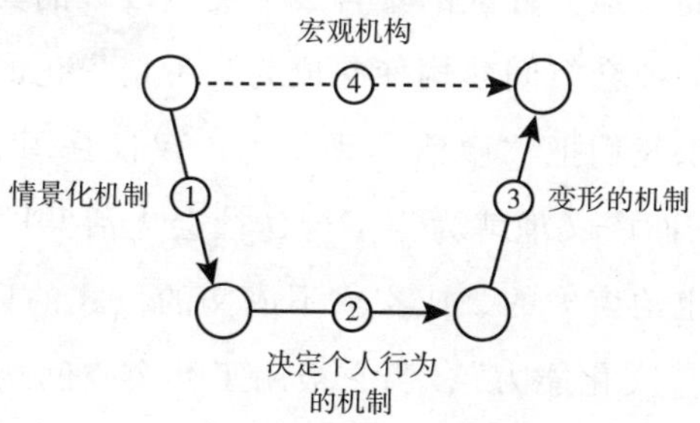


**图1　社会机制分层**

说明：连线1表示社会结构约束个人的行为，文化环境则决定人们的诉求和信念，连线2表示这些诉求和信念转化为行动，连线3表示无数个人的行为通过行动本身或人与人之间的互动产生的社会效应，连线4表示所有的宏观机构之间亦有联系和互动。

资料来源：Hedstroem & Swedberg，1998。

图1清晰表明，各个层面并非独立存在，它们之间都有互相渗透和转化的过程。在本案例里，处于最底层的“决定个人行为的机制”可以理解为个人的认知及个人从社会获得的经验，中间层的“情景化机制”和“变形的机制”可以理解为人际之间出于类同诉求和认知创造出来并有传播效果的社会“场域”，最高层的“宏观机构”可以理解为最终形成某种相对固定的模式，并影响到同一社会结构里的所有成员的“官方”制度范式。如果我们把制度理解为一整套融汇自洽、规定了个人以及人际社会行为的规则，那么，那些构成了规则的原则可以在同一个社会结构内的不同分层之间产生、重复、交流、循环甚至成为某种定式。

以本文所举案例而论，最明显、影响最大的原则就是权力的被解构。德国的“新文化政策”旨在从最底层调动公民并赋予公民建构自己生活空间的权力。当“新文化政策”声称自己的核心是教育政策时，它所指的也绝不是单纯教授公民知识，而是授予他们能力——此处的能力由传统的“文化”，即审美能力开始，最终意在反思和创新的能力。此种能力指向的“社会建构”并不会随某一类知识的习得或某一项社会工程的完成而结束。在中层，它意在于文化和政治/社会之间搭建起一座双向的桥梁，而并非使文化活动、审美只是鹦鹉学舌般反映社会现状。城市——而不是联邦州或者国家——作为生活空间和地方社区的集合成为文化政策的具体实践单位。许多个体公民主动参与的社会空间建构使它成为某种情景化的社会效应。像前文提到过的那样，如果我们把“政治”理解为不仅仅是国家权力机关发布的、“命令式”的规范，而广义理解为为了构建社会生活共同体、对社会所有成员的行为均具有一定约束力的、成文或不成文的范式的话，那么，“新文化政策”里面强调的“文化能力”，当它被用于社会空间构建的时候，就已经不再仅仅是传统的文化能力，而是一种政治能力了。被解构的重点也就不是政府自上而下“命令式”的行政权，而是在传统中属于“政治、政策”那一领域的决定权。最后，在最高的宏观层面，当文化脱离于“重建”现实，而是积极反映和构建现实的时候，传统的用于决定社会现状的政治权力也就被解构了——并不是完全解构，但在传统模式里依赖于政治决策自上而下决定的某部分现在变成被自下而上、渐进式、讨论式地建构起来。传统的政治共同体叙事中那种预先设置、带有命令意味、清晰明确、一口咬定的“终极神话”因此在欧盟的叙事里不再存在，取而代之的是那种通过所谓的“文化能力”建构社会空间而层层递进的讨论式抑或交流式的叙事过程。

值得强调的是，这种看似“行政权力部分缺失”的叙事方式并未导致欧盟公民对其缺少政治忠诚度。笔者认为这有两个原因。（1）尽管叙事尽头的“终极神话”似是而非，但“原基础神话”和“神圣品质”从未缺席。正如《里斯本条约》宣称的那样，欧盟的诞生和发展是“从创造了不可侵犯的人权、民主、自由、平等和法律精神的欧洲文化、宗教和人类遗产中获得灵感”（里斯本条约：12）。“故事”所需要传递出来的信息依然非常明确。（2）“行政权力的部分缺失”并不等于行政权力被架空。事实上，德国文化政策推行的这种调动公民构建社会生活空间的做法，很有些中国话里的“还政于民”的意味。正是这种积极的参与交融过程巩固了公民与国家的联系，从而对国家更加有认同感。诸如“21 世纪欧洲城市”这样的项目也证明了这种理念在欧盟的通行。试见学者论欧盟：

> 欧洲主义不仅意味着国家的抽身及权力机构与国家之间的联系减弱，更意味着对国家、公民和爱国主义的新理解。这种理解背后有一种世界主义政治的理想支撑，即所有人均属同一个超越了国家领土界线和民族国家身份认同的道德共同体。（McCormick，2010：78）

## 五　结语

本文是笔者对欧盟以及对德国文化政策的研究结果之一，也是笔者试图理清两者之间的关系的初步尝试。它旨在通过观察后者对前者的影响，引入一种新的文化及文化政策的观念。本文第二部分通过分析得出，欧盟的政治叙事建构有别于传统的政治共同体的叙事建构。至少到目前为止，我们看到欧盟的叙事建构有意或无意地采取了一种新模式，即尽管欧盟作为政治共同体需要给其公民提供身份认同和本体安全，但叙事中的终极神话却是缺失的。本文第三部分阐述并分析了德国的文化政策转型，并指出其意义超过“文化的政策”本身。本文第四部分希望证明，两者之间看似互不相干，但其实遵循了某些共同的逻辑：德国的文化政策转型导致了传统理解中的“政治”权力的被解构以及文化、政治、社会间的疆域分界变得模糊，这一点亦可以在欧盟的宏观叙事结构上有所体现。而这不是偶然。当然，如果仅以此推论，德国的文化政策转型就是欧盟这种叙事方式的成因，未免过于孟浪。笔者也认为，欧盟的这种特殊的叙事方式有许多原因值得探讨。但两者之间理念的相通以及前者对后者的影响却是可见的。正如前文表明，本文只是一个初步尝试，这种影响值得做更多细节上的深挖。除了这些具体到案例分析的“显而易见”的结论之外，笔者也认为——并且也希望进一步表明，这不仅是一个关于欧盟、德国、文化政策的案例，也是一个可以体现由文化权力转化为政治权力的案例，并且具有某种理论价值。

## 参考文献

Glaser，2016，《德意志文化（1945—2000）》，周睿睿译，北京：社会科学文献出版社。

Anderson, Benedict. 1983. *Imagined Communities.* London: Verso.

Bal, Mierke. 2009. *Narratology: Introduction to the Theory of Narrative.* University of Toronto Press.

Bartolini, Stefano. 2005. *Restructuring Europe: Centre Formation, System Building and Political Structuring between the Nation-State and the European Union.* Oxford Press.

Berenskoetter, Felix. 2014. " Parameters of a National Biography. " *European Journal of International Relations and Development* 20 (1): 262 - 288.

Bottici, Chiara. 2007. *A Philosophy of Political Myth.* Cambridge University Press.

Bottici, Chiara and Challand, Benoit. 2013. *Imaging Europe: Myth, Memory and Identity.* Cambridge University Press.

Bouchard, Gerard. 2013. " National Myths: An overview. " in *National Myth: Constructed Pasts, Contested Presents*, Edited by Bouchard, G. Routledge.

Bouchard, Gerard. 2014. *Raison et deraison du mythe. Au coeur des imaginarires collectifs.* Montreal: Borea. 1

Coleman J. S. . 1990. *Foundations of Social Theory.* Cambridge University Press.

Czarniawska, Barbara. 2004. *Narratives in Social Science Research.* London. SAGE Publications Inc.

DellaSala, Vincent. 2013. "Myth and the Postnational Polity: The Case of the European Union." in *National Myhts: Constructed Paths*, Contested Presents, edited by Bouchard, G, Routledge, pp. 157 - 172.

DellaSala, Vincent. 2015. *Narrative Form and Content in Post-National Governance, the Case of Political Mythology.* Paper presented to CGG.

Eder, K. 2006. "Europe's Borders: The Narratives Construction of the Boundaries of Europe." *European Journal of Social Theory* 9 (2): 255 - 271.

Eurobarometer. 2013. http: //ec. europa. eu/commfrontoffice/publicopinion//indexb_ en. htm.

Flood, Christopher. 2001. *Political Myth, a Theoretical Intrudoction.* New York/London. Routledge.

Fuchs, Max. 2007. *Kulturpolitik. VS Verlag für Sozialwissenschaften.*

Giddens, Anthony. 1990. *The Consequences of Modernity.* Cambridge: Polity Press.

Giddens, Anthony. 1991. *Modernity and Self-Identity.* Cambridge: Polity Press.

Glaser, Hermann. 2000. *Deutsche Kultur.* Ullenstein Verlag.

Glaser, Hermann and Stahl, Karl. 1974. *Die Wiedergewinnung des Ästhetischen.* München. Juventa Verlag.

Hedstroem, Peter and Swedberg, R. 1998. *Social Mechanisms, an Analytical Approach to Social Theory.* Cambridge University Press.

Hedstroem, Peter and Ylikosik Petri. 2010. "Causal Mechanisms in the Social Science." *Annual Review of Sociology* 36: 49 - 67.

Heinrichs, W. 1999. *Kommunales Kulturmanagement.* Baden-Baden. Transcript Verlag.

Heinrichs, Werner & Klein Armin. 2001. *Kulturmanagement von A-Z.* München. Deutscher Taschenbuch Verlag.

Hoffmann, Hilmar. 1981. *Kultur für alle.* Perspektive und Modelle. Frankfurt a. Main (1979) 2. Aufl.

Hirsch, Joachim, Jessop, Bob and Poulantzas, Nicos. 2001. *Die Zukunft des Staates.* Hamburg.

Kramer, Dieter. 2012. *Kulturpolitik neu erfinden.* Essen. Klartext Verlag.

Knoblich, Tobias. 2002. *Das Prinzip Soziokultur-Geschichte und Perspektive.* Bpb Verlag.

Loth, Wilfried. 2002. *Europäische Identität in Historische Perspektive.* Bonn.

Lyotard Jean-Francois. 1985. *Just Gaming.* University of Minnesota Press.

Lyotard Jean-Francois. 1988. *The Different Phrases in Disbuse*. University of Minnesota Press.

Mahoney, James. 2012. " The Logic of Process Tracing. " *Sociological Methods and Research*. London: Sage.

McCormick, John. 2010. *Europeanism*. Oxford University Press.

Mitzen, J. 2006a. "Anchoring Europe's Civilizing Identity: Habits, Capabilities and Ontological Security. " *Journal of European Public Policy* 13 (2): 270 - 285.

Obradovic, Daniela. 1996. " Policy Legitimacy and the European Union. " *Journal of Common Market Studies* 34 (2): 191 - 221.

Röbke, Thomas. 1993. *Zwanzig Jahre Neue Kulturpolitik*. Essen. Klartext Verlag.

Schöpflin, George. 1997. " The Functions of Myth and a Taxonomy of Myth. " *The Myths of Nationhood*, edited by Hosking, G. and Schöpflin G. London: Hurst Company.

Scheytt, Oliver. 2008. *Kulturstaat Deutschland*. Transcript Verlag.

Smith, Anthony. 1991. *National Identity*. University of Nevada Press.

Steele, B. J. 2008. *Ontological Security in International Relations: Self-identity and the IR Stats*. London: Routledge.

Therborn, Göran. 1995. *European Modernity and Beyond*. London: Sage.

Tudor, Henry. 1972. *Political Myth*. London: Macmillan.

Vestheim Geir. 2014. *Cultural Policy and Democracy*. London: Routledge.

Von Trotha, Caroline Y. 2009. *60 Jahre Studium Generale und 20 Jahre Angewandte Kulturwissenschaft*. Karlsruhe. Universität Karlsruhe Universitätsbibliothek.

Wagner, Bernd. 2009. *Fürstenhof und Bürgergesellschaft*. Bonn. Klartext Verlag.

Zucker, Lynne. 1977. "The Role of Institutionalization in Cultural Persistence. " *American Sociological Review* 42: 726 - 743.

《社会学刊》第 1 期
第 201 ~ 239 页
© SSAP, 2018

# 何者缺席？文化过程与导向不平等的因果路径*

米歇尔·拉蒙（Michèle Lamont）
史蒂芬·贝尔热（Stefan Beljean）
马修·克莱尔（Matthew Clair）著
唐俊超　钱凯羚 译
复旦大学社会学系

**摘　要：** 本文为理解社会过程如何产生社会不平等提供了一个框架。具体来说，我们集中讨论文化过程这一学术界较少关注的社会过程类型，其核心特点在于主体间性的意义建构。多数关于不平等的研究关注支配者的行动及其获取物质/非物质资源的机制，或是关注生态效应如何导致物质资源获取的不平等。与此不同，我们强调那些通过支配者和服从者例行并习以为常的行为来（再）生产不平等的过程。我们强调两类文化过程：身份化和合理化。本文具体描述和阐释了四种过程，作为这两类文化过程各自的分析范本：（对身份化这一类而言的）种族化和污名化，（对合理化这一类而言的）标准化和评价。在我们看来，关注这些文化过程至关重要，将是对当前社会不平等解释的有力补充。

**关键词：** 不平等　经济社会学　文化过程

* Republished with permission of Oxford University Press, from "What Is Missing? Cultural Processes and Causal Pathways to Inequality." *Socio-Economic Review* 12(3): 573 - 608; permission conveyed through Copyright Clearance Center, Inc.

## 一 引言

对社会不平等成因和后果的研究是当前社会科学最活跃的研究领域之一。[①] 随着社会顶层和底层人士的差距越来越大，研究者愈发忧虑当前“不平等的民主”（unequal democracies）、“赢者通吃的社会”（winner-take-all societies）和为“镍币与银币”[②]（nickel and dimed）奋斗着的穷人们的悲惨处境（Frank and Cook，1996；Ehrenreich，2001；Bartels，2008）。对不平等如何产生和扩大的分析在此情境下不断增加。在本文中，我们将首先“鸟瞰”现有研究文献，再对特定一类总体上被忽视但对理解社会不平等而言又是必不可少的社会过程做深入考察。

近期最重要的研究进展之一是微观认知过程和宏观过程之间的关系，这也成为为2013年美国社会学会年会的主题。社会学家们正在研究个人水平的认知过程如何贡献于宏观层面的现象，比如住宅和种族隔离（Massey，2007）、性别不平等（Ridgeway，2011）以及就业、住房和信用歧视（Pager and Shepherd，2008）。虽然这些研究有助于揭示微观水平的认知和社会心理模式如何影响物质资源和象征资源的分配，但许多重要的动态机制（dynamics）仍没有被纳入视野。正是这些机制展示了主体间框架（inter-subjective frameworks）或文化结构（cultural structures）是如何将**认知过程**与**宏观社会过程**联系起来的。

在本文中，我们通过聚焦于我们称之为文化过程的对象来拓宽社会不平等的研究范围。这些文化过程被主体间的意义建构（inter-subjective meaning-

---

① 我们聚焦于社会不平等，它是指个体或社会群体对于资源的不平等获取，因此与经济或收入上的不平等既有所重叠也有所区别。经济不平等关注财富和收入上的差距，而社会不平等则关注个体、群体和国家间影响生活质量和总体福利的其他差异。在 Fraser（1995）的基础上，我们把体面（dignity）的分配和认可作为不平等的两个主要方面。

② 《镍币与银币》（Nickel and Dimed）是 Barbara Ehrenreich 出版于2001年的纪实文学作品。作者记录了自己在佛罗里达州、缅因州和明尼苏达州三地住短租房、打时薪六美元零工的日子，描写了女服务员、清洁工等美国低收入劳动者的辛苦生活。——译者注。

making）所推动：它们形成于个人对共享的范畴（categories）和分类系统（classification systems）[①] 的调用，人们通过这些范畴和分类系统达成对其所处环境的观察和理解。文化过程的典型例子包括合理化（Rationalization，Weber，1978）、污名化（Stigmatization，Goffman，1963）、种族化（Racialization，Omi and Winant，1994）、通约化（Commensuration，Espeland and Stevens，1998）、身份化（Identification，Brubaker and Cooper，2000）、同化（Assimilation，Brubaker，2001）、标准化（Standardization，Timmermans and Epstein，2010）和评价（Evaluation，Lamont，2012）。[②]

这些过程之所以重要，是因为它们能够通过例行的方式生产和再生产不平等。它们常常作为**持续的**（ongoing）[③] 其他活动的副产品出现，因而不必牵涉支配行动者的有意行动。此外，它们与眼下不平等研究所考察的微－宏观连接过程——特别是那些受到分析社会学启发的研究，比如 Hedström 和 Swedberg（1998）——的不同之处在于，这些过程不仅在个体认知水平上运作，还通过共享剧本和文化结构，如“框架”（frames）、“叙事”（narratives）和“文化库”（cultural repertoires），从而在主体间运作（Lamont and Small，2008；Small et al.，2010）。

我们的核心目标是指明文化过程的主要特征并说明其如何生产和再生产了不平等。出于这个目的，我们聚焦于身份化（identification）和合理化（rationalization）两类文化过程的元范畴（meta-categories）或“家族”（families），并对每一类范畴的两个实例进行讨论：在身份化方面，我们关注种族化（racialization）和污名化（stigmatization）；而在合理化方面，我们

① 关于分类系统的经典论述来源于涂尔干和莫斯（2009）。

② 虽然此处将这些过程置于“文化”透镜下描述，它们也可被视为社会或经济过程。这同样适用于民主化（democratization）、自由化（liberalization）、国族化（nationalization）和其他产自并调用多维因果机制的过程。然而，我们之所以用“文化过程”称呼这些过程，是为了将注意力放到我们看来这些过程的基本符号学（semiotic）属性上［例如其主体间的本性（inter-subjective nature）和其对共享剧本的依赖（reliance on shared scripts）（Sewell，2005）］。

③ “ongoing”既强调“连续”（continuous）即过程的不间断，也强调过程的“持久”（durable）进行，因此译为“持续”。——译者注

关注标准化（standardization）和评价（evaluation）。我们也考察了中、微观水平的文化过程导向宏观水平社会不平等的因果路径。本文结束于对该视角附加价值的讨论。

## 二 不平等研究的三大维度

我们首先将本文的贡献更宽泛地置于讨论不平等的社会学文献中。我们参照 Lukes（1974）识别出不平等研究的三大维度，这大体上也对应着不平等研究的三个互有重叠的阶段①。每一阶段都揭示出一组解释不平等的重要且具补充性的社会过程和因果路径，逐渐加深了我们对于社会不平等是如何生产和再生产的理解。但是，这些文献也遗留了一些未被探究的重要路径。对不平等更加全面的理解需要我们将焦点延伸到一类额外的社会过程，我们将之称为“文化过程”。本文主体对这类文化过程做了描述，并对不同类型过程的典范（exemplars）进行了比较。表1概述了我们的观点，下文将进行详细阐述。

**表1 社会过程及其与不平等的关系**

| | 与第一维度不平等相关的过程：物质不平等 | 与第二维度不平等相关的过程：象征不平等 | 与第三维度不平等相关的过程：基于地域的不平等 | 文化过程 |
|---|---|---|---|---|
| 理想类型过程 | 支配、剥削、机会囤积、封闭等 | 区隔、象征暴力、自我贬低、社会资源（网络）等 | 邻里效应、网络效应、社会孤立、隔离等 | 身份化（种族化、污名化等）、合理化（标准化、评价等） |
| 主要利益后果 | 物质资源的分配 | 物质与非物质资源的分配 | 物质与非物质资源的分配 | 物质资源、象征资源和认可的分配 |

① 对于不平等文献的全面考察还需涉及对诸如工会衰落、技术变革和全球化的制度性动态机制的讨论，以及对它们在过去的几十年中如何加剧了不平等的宏观社会学和宏观经济学研究（详见 Western and Rosenfeld，2011）。但由于篇幅的限制，本文不详细讨论。

续表

| | 与第一维度不平等相关的过程：物质不平等 | 与第二维度不平等相关的过程：象征不平等 | 与第三维度不平等相关的过程：基于地域的不平等 | 文化过程 |
|---|---|---|---|---|
| 时间性 | 离散和连续的行动 | 持续和离散的行动 | 持续的 | 持续的 |
| 重要行动者 | 支配群体 | 支配群体（“支配阶级统加象征暴力”） | 无支配群体/行动者；生态/邻里/城市才是“行动者” | 支配者与服从者 |
| 行动者意向性 | 有意的（“有意的支配”，“剥削”等） | 有意的或无意的 | 很大程度上无意的 | 有意的或无意的 |
| 不平等的因果路径 | 常常是决定论式的 | 常常是决定论式的 | 概率论的 | 开放的且复杂的 |

## （一）维度1与维度2：对物质与非物质资源的控制

不平等的传统研究路径大多关注对物质资源的控制。我们会想到诸如马克思（Marx，1961）提出的剥削（exploitation）概念，即《资本论》中阐述的对剩余价值的榨取；想到韦伯（Weber，1978：212）提出的权力（power）概念，即不顾其他人抵抗情况下实现自己意志的可能性；以及想到在关于中国“士”阶层的文章中进行详细讨论的封闭（closure）概念（Weber，1978），帕金（Parkin，1979）和其他学者随后对其进行了进一步发展。这些经典论述启发了当代学者去理解那些对于不平等产生而言具有重要意义的社会过程。20世纪50年代到70年代的代表作是C. 赖特·米尔斯（Mills，2000）和Domhoff（1967）讨论权力精英的专著及其相关研究。在过去的20年中，蒂利（Tilly，1998，2008）将研究方向转向了产生不平等的社会机制，如剥削和机会囤积；诸如Massey和Denton（1993）的里程碑式研究则将隔离作为有意图、有意识的过程进行了分析，指出隔离是美国黑人贫困的根源。在资源依赖理论和世界体系理论中（Wallerstein，1974；Aldrich and Pfeffer，1976），多数研究关注的是支配方故意营造一种情境以伤害从属方的这类关系，这种伤害大部分情况下是通过物质资源上的剥夺实现的。[①] 我们将这种尝试识别出物质资源分配背后潜在因果路径的分析径路称为不平等研究的第一维度。正如表1所示，关注这一维度的研究试图探究诸如支配、剥削、机会囤积和社会封闭之类的社会过程。可以说直到20世纪80年代为止的绝大多数北美社会学家都在关注这类社会过程，只有一些社会心理学家和一些关注基于地域（place-based）的不平等的个案研究者例外。

虽然美国社会学者并未抛弃上述对于物质资源分配的关注，在过去的40年中，他们开始将注意力转移到造成不平等的其他一大类关系上，即转向对非物质资源分配如文化资本和象征资本的关注。基于韦伯、凡勃仑和其他人对文化封闭的早期洞见，从事这类研究的有关学者总体上对地位符号和象征支配在不平等研究中的角色发展出了更大的兴趣，尽管这些研究并非完全独立于维度1。

柯林斯的《文凭社会》（*The Credential Society*，Collins，1979）和布迪厄的《区分》（*Distinction*，Bourdieu，1979）对这一流派有着标志性贡献。特别是在《区分》中，布迪厄展示了文化排斥如何注入（feed into）不平等，并展示了阶级斗争如何通过垄断符号权力或者把某一阶级文化强加为支配性标准［或者信念（doxa）］而在象征领域运作。这种向社会不平等再生产中的象征和文化关系的转向代表了我们眼中不平等研究的第二维度。在维度2中，不平等主要被理解为支配阶级对从属阶级行使的有意或惯习驱动的行动。社会不平等在这里体现为象征支配，由对非物质资源的获取所决定，如文化和社会资本。[②] 这一框架在美国和国际社会学界的许多分支中都已流

---

① 在一定程度上，蒂利（Tilly，1998）考察了服从者的角色和“下层人”（people below）如何参与对抗“上层人”（people above）的抗争行动（例如 McAdam et al.，2001）。虽然他的模仿（emulation）和适应（adaption）概念包含了服从者的积极角色（Tilly，1998：97），但蒂利的核心关注点仍是剥削和机会囤积，他认为这两者“导致了组织内部的范畴边界的确立，而模仿和适应则强化了这些后果”（Tilly，1998：114）。作为对照，我们认为文化过程可以创造排斥和吸纳的范畴。文化过程要求相协调的行动，其影响对不平等的结果是开放性的，并因此是更为基础性的社会过程，涉及社会生活的方方面面。

② 当然，象征支配也是马克思和韦伯的研究重点。虽然人们可以对马克思的资本主义分析给出一种文化诠释，但在20世纪60～70年代，可以说人们几乎只从结构视角去理解它。直到E. P. 汤普森的文章产生影响后，这一情况才有所改变。

行，这在很大程度上要归功于布迪厄的影响力（Sallaz and Zavisca，2007；Coulangeon and Duval，2013）。如表 1 所示，这一维度所研究的社会过程已经倾向于将区隔、象征暴力和象征排斥纳入其中，它们都可能导致自我驱逐（self-relegation）。

### （二）维度 3：生态学效应

不平等研究的第三维度在网络（DiMaggio and Garip，2012）、邻里（neighborhood）、社区（community）和城市的分析水平上解释不平等的成因与后果。邻里效应追问邻里和城市间的社会过程，以社会－生态环境而非个体社会行动者作为其出发点，关注的是与不平等有关的特定结果，如分化的犯罪率和健康状况（Sampson，2012；Browning et al.，2013）、分化的教育成果（Wodtke et al.，2011）、代际劣势（Sharkey，2012）和失业（Wilson，1996）。这些邻里水平的社会过程是持久（durable）且连续（continuous）的；它们一般不需要一个群体有目的地去支配另一个群体。正如 Wilson（1980，2010）的著名论点所指出的：居住隔离或许酝酿出了内城邻里的产生条件，但后者的发展有其自身的逻辑，后者才导致了不平等的再生产。

出于新近生态学效应研究文献打开邻里与社会劣势之间关系“黑箱”的努力，学者们已对一些具体的“文化模式”做了考察（例如，解释了犯罪率不同的文化适应）并指出，尽管它们最初的起因也许是结构性或环境性的，这些文化模式总是具有自我复制的特点（Sampson and Wilson，1995；Harding，2010）。另一些关注社会解组（social disorganization）的学者考察了“集体效能”“邻里的社会凝聚与出于共同利益而进行干预的意愿的结合”（Sampson et al.，1997：918）在基于地域的不平等之改善中的作用。地域（place）在生态学效应研究文献中的中心地位使得注意力移向了本质上“超个人的”（supra-individual）中观水平社会过程（Sampson，2012）（见表 1）。[①] 虽然这一视角

① 生态学效应研究的关系性假设在场域、网络和地理空间研究中被共同分享，这些研究领域都关注超个人层次。感谢 Bart Bonikowski 提醒了我们这一点。

揭示了基于地域的不平等中起作用的重要社会过程和机制，但社会行动者和情境化的社会实践在这种解释中往往是缺席的①。

### （三）何者缺席？

这些研究并未抓住卷入不平等生产中的所有关系。最近，一些学者以个体层面的社会行动者为分析单位（与许多生态学效应的研究正相反），试图将社会结构和社会心理的理解联系起来，从而获得对不平等发展和存续路径的更精致的理解。比如，依据对认知边界（cognitive boundaries）和偏见（prejudice）的社会心理学研究，Massey（2007）提出，由于人类记忆是有限的，我们的大脑依赖于一些使我们能够迅速理解周遭世界的信息模式［图式（schemas）］。我们使用这类模式的其中一种方式就是自动地和潜意识地将人们分类，分类标准则是他们的热情和能力（Fiske et al.，2002）。再者，心理学研究表明我们例行性地将这样的图式运用到各类社会范畴（social categories）中去。如此一来，这些认知图式不仅在群体边界的建构和物化（reification）中扮演了重要的角色，还形塑了我们如何认知和评价不同群体的方式：我们往往将一些积极的特质与群体内高地位成员联系起来（如有能力、诚实等），而群体外低地位成员总被视为具有一些消极的特质（如无能、不诚实等）。在《范畴性不平等》（*Categorically Unequal*）（Massey，2007）一书中，Massey认为这种认知机制对于社会分层而言有广泛影响：这不仅将导致对于群体外低地位成员的歧视和排斥，还会影响重要资源的分配，因为群体内德高望重者会通过牺牲群体外低地位者来储藏（或压榨）社会、文化、经济和空间资本。与这一观点形成互补的是，Ridgeway（2011）围绕那些在20世纪女性对资源的掌控能力增强的前提下，

① 近期文化社会学和生态学效应交叉领域的研究已开始解释个体水平的地域认知。这些研究已经调查了诸如个体水平的框架（Lamont and Small，2008）、“认知景观”（Sampson and Wilson，1995）和文化视角（Harding，2010）。Sampson（2012），Sampson和Bean（2006）同时主张一个以生态学传统为出发点的更具整合性的路径。Sharkey和Faber（2014）主张要有更为复杂的关注点，考察邻里何时、如何、为何起作用，从而更好地识别社会过程以及“产生个体居住环境不平等，并导致居住环境对其居民之不平等影响的系统的运作”。

依然造成性别不平等持存的认知人际过程开展了研究。她提问道：尽管过去数十年取得了重要的进步，为什么性别不平等在日常社会关系中仍持续存在？她利用诸多研究成果揭示出人们通过性别[①]这种通常无意识的范畴化（categorization）使我们具有了共享的文化刻板印象。她同时表明了这将如何导致资源获取上的不平等。她提出，我们共享的文化偏见以及将人们划分为两种性别范畴的倾向影响了我们参与社会情境的方式，将性别差异的期望物化（reify），从而加强/再生产了现存的不平等。

这两位学者的观点都超越了对不平等的传统解释。其不同于维度1和维度2之处在于，他们强调那些以微妙的且通常是无意识的方式导致不平等的微观过程（例如通过援引布迪厄常常忽略的心理学资料）。再者，其不同于维度3（生态学效应）之处在于，他们关注具体的个人或群体及其行动。然而，这样的做法使得他们直接从个体内的认知过程跨越到了不平等的宏观模式，而未能充分考虑或精确分析两个水平之间的空缺。尤其是，这一图景对主体间共享的意义结构（如脚本、叙事、剧目和象征边界）如何推动（enable）和限制（constrain）行为缺乏理解。这就是我们所介入的地方，我们正是将文化过程理论化为现在缺少的联结认知过程和宏观水平不平等的重要一环（详见图1）。[②]

过去20年间，许多文化社会学家已经开始填补这一空缺。比如，拉蒙（Lamont，1992，2000）比较了美国和法国上层中产阶级和工人阶级对“值得”（worth）的认识，研究了这些观念是如何被文化剧目所塑造的，以及这些象征边界如何创造了社会边界的产生条件。Lareau（2003）比较了中产阶级和工人阶级抚养后代所使用的文化工具。Blair-Loy（2001）揭示了女性财务主管在划定工作与家庭间的边界时所使用的彼此互不兼容的框架。在邻里

① 原文此处疑有遗漏。——译者注

② 象征互动论（symbolic interactionism）对于社会秩序的建构和协商特征（negotiated character）给予重大关注，但是并未像我们在这里所主张的聚焦于文化过程的比较研究。然而，我们视自己的观点与Frank（1979）将结构概念化为约束（constraints）的互动论视角关系密切。

效应的研究中，几位学者已将文化概念整合到解释邻里效应的机制中。比如，Harding（2010）分析了低收入邻里中的青春期男孩对不同工具箱的调动状况以理解同辈关系中的暴力行为。在《维多利亚镇》（*Villa Victoria*）一书中，Small（2004）揭示了同一邻里的居民其差异化的理解框架如何推动（enable）或者限制（constrain）了不同世代的社区参与（更多的案例详见Lamont and Small，2008）。

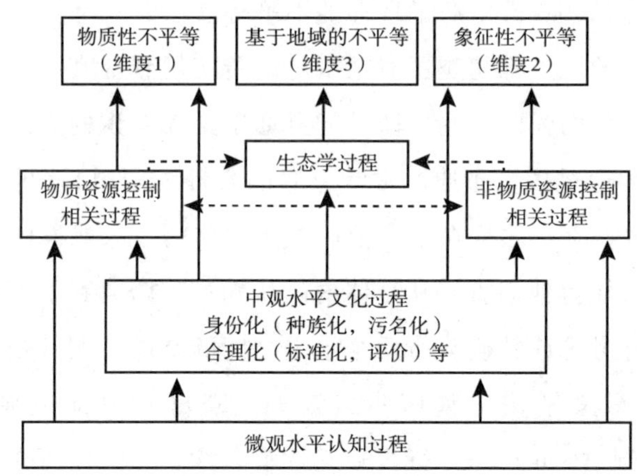


**图1　文化过程导向不平等三个维度的因果路径**

然而，虽然这些研究强调了主体间意义在不平等生产和再生产中的角色，但它们并没有系统地处理本文所关注的基础性文化过程。我们关注的是诸如评价、标准化、种族化和污名化等社会过程，它们是社会关系持续且例行的基础性特征①。虽然这些过程也许会被认为与不平等毫无瓜葛，在下文中我们将展示它们如何创造了不平等的形成条件，并指出对这些因素的忽视将遮蔽我们对生产（和再生产）不平等的关键路径的认识。事实上，我们将这些过程作为一个特别重要（privileged）但却常常被忽视的联结，将

① 需要注意的是，虽然诸如Ridgeway和Correll（2006）以及Correll和Ridgeway（2003）探究了评价如何影响性别类型化（gender typing）（比如“母亲”），但他们并未将研究的特定个案与其他评价案例或是文化过程进行比较。

Massey 和 Ridgeway 所研究的认知范畴和非文化的不平等研究者所探讨的宏观过程勾连起来。正如下一部分将详细阐述的，这些文化过程构成了不平等三个维度的基础，并对每一维度的不平等都有所贡献。它们也能增进我们对认知——不平等的一个重要但常被忽视的方面——的理解。眼下我们的任务是阐明文化过程如何贡献于不平等的每一维度，让对文化过程的系统研究成为对不平等其他维度研究的补充。

## 三　什么是文化过程？

我们在本文中提出的观点大部分受到过去 15 年中发表作品的启发。这些文献处理了以下过程：污名化（Goffman，1963）、种族化（Omi and Winant，1994）、通约化（Espeland and Stevens，1998）、身份化（Brubaker and Cooper，2000）、标准化（Timmermans and Epstein，2010）和评价（Lamont，2012）。在不平等研究中考察这些过程将打开社会不平等尚未被充分理论化的一个维度，从而将社会学经验研究导向一条新路。① 正如表 1 中所概述的，我们以一种比较的视野对这些过程进行了系统的分析，超越了以往孤立看待这些过程的现有研究——它们往往对这些过程在不平等生产中扮演（或不扮演）角色的异同缺乏系统考察。此外，我们还考虑了这些过程对分配和认知的影响。

这些论文对动用集体制造范畴（collectively produced categories）的过程［而非“状态”（states）或属性（attributes）］进行了详细的理论和经验考察。② 它们同时也强调了那些动名词所指代的持续性行动或实践［“ing”，比如说在“种族化”（racializing）或“评价”（evaluating）中的那样］，这些行动可能导致了一些特定结果，如种族化的社会结构或是地位（status）、

① 虽然福柯和其他学者已经考虑到了分类对于权力和排斥的重要意义，但他的著作没有系统地与社会学有关不平等的研究进行对话，也没有将其整合入文化过程这一更宏大的路径中。而实现这一目标正是我们眼下议程的逻辑延伸。

② Brubaker（2001）对同化提出过一个相似的论点，启发了我们在这一点上的分析。

价值（worth）层级。在下一部分中我们将更加细致地描述和诠释这些文化过程中的几个，并且通过把它们与维度1、2、3中涉及的社会过程区分开来指出它们所共享的其他特质。在阐述具体的文化过程及其在不平等生产和再生产中的作用之前，必须明确地定义“文化过程”——我们将通过对导致社会不平等的多种过程进行系统比较归纳出一个分析性定义。

第一，和维度1的过程（即对物质资源的控制）相比，意义建构（meaning-making）构成了文化过程的核心：本质上，文化过程围绕着共享的范畴或分类系统的创造而形成，人们正是通过这些系统来认识和理解他们的周遭环境。① 所有这些过程都涉及对于人、行动和环境的群分（sorting out），而这种群分需要群体边界的建构（Barth，1969；Tajfel and Turner，1986；Lamont and Molnár，2002；Wimmer，2013）与层级（hierarchies）在客观上和主体间的创建和相对固化（Douglas，1966）。② 这些界限和层级通常是一种集体成就，要求对共享传统的实际（de facto）运用及对不同行动者与制度的实际协调（Boltanski and Thévenot，1991；Thévenot，2006）。由于个体几乎意识不到它们处在（inhabit）一个范畴系统中，它们不必有意计划去部署一个个范畴系统。因此，既然这些系统是构成现实的共享框架（Berger and Luckmann，1964；DiMaggio，1997；Sewell，2005），③ 分类系统和与之相联系的文化过程就不一定要指向终极的工具性目的（ultimate

① 蒂利（Tilly，1998：10）强调了范畴化过程在不平等生产中的作用。虽然蒂利的研究阐明了剥削和机会囤积如何有意无意地（通过模仿和适应）“建立起范畴不平等的系统”，我们的研究路径系统地阐明了在中观水平上分类系统是如何在支配者和服从者双方主体间被协商的，以及特定类型的分类过程是如何利用范畴的。例如，我们说明了评价系统或标准化实践如何引起了社会不平等，而不是简单地揭示了共享的分类实践总体上导致不平等的无数方式。

② 分类斗争也是布迪厄场域理论的核心。然而，他没有将分类斗争置于文化过程的更宏大理论中加以理论化，并且预先认定它们总会导致象征支配。而我们则认为分类对不平等的影响或多或少是开放的。对场域概念和文化过程概念的全面比较超出了本文的研究范围。

③ 对文化“供给方”（或个体用以理解周遭环境的剧目）的关注是我们有别于认知心理学家的一点。我们受到John Meyer（1986）深受现象学传统影响的作品的启发。并且，我们与Lahire和Rosental（2008）一样有涂尔干式对集体表象的关注，而非心理学的二分［例如Fiske et al.（2002）对热情和能力的关注］。

instrumental goals)，比如获取资源或行使权力（就像维度 1 和维度 2 一样）。

第二，文化过程并不完全依赖于支配者的行动。正如我们在第四部分的例证中阐明的，服从者对文化**过程精致化**（elaboration of cultural process）的参与常常和支配者一样多［比如，通过自我认同（self-identification）或污名化而形成的自我种族化；可见 Jenkins，2008］。进一步地，这种群分既可以来自有意行动，也可以是非意图的后果。因此，与维度 1 和维度 2 主流理论不同的是，一种“支配意志”（a will for domination）并非是产生此类结果的主要条件。

第三，文化过程通常以例行化的方式运作（Sewell，2005：chapter10；Giddens，1984）。个体或群体在处理世界中的行动时，趋向于使用由周遭的文化工具箱所给予的、很大程度上习以为常（taken for granted）的图式（Emirbayer and Mische，1998）。因此当我们考虑文化过程的时候，就会将焦点从旨在垄断物质或非物质性资源的离散的工具性行动，移至一系列推动或限制社会行动的持续且例行的关系（Giddens，1984；Sewell，1992）。在这一方面，我们的研究路径类似生态学效应研究（维度 3），把社会过程视为持久且自我复制（self-replicating）的。不过在我们看来，这些文化过程是个体和群体行动者的行动与他们身处其中的意义系统相叠加的产物，而非生态环境的后果。

第四，维度 1 的诸过程主要事关物质资源的分配，而文化过程不仅明确地同时事关物质和非物质资源，还涉及认可（recognition）的分配。大体借用 Fraser（1995）的观点（Taylor，1992；Honneth，2012），我们把认可定义为被确认（acknowledged）并被授予有效性（validation）、合法性（legitimacy）、价值（value）、值得（worth）、尊严（dignity）和完整的文化会籍（full cultural membership）（Lamont，1992，2000）。[①] 由于我们认为社

① Fraser（1995）尤其关注文化或象征不正义（injustice）而非不平等。他给出的解药是作为“对不被尊重的身份和被诬蔑群体的文化产品的向上（upwardly）重新评价……对文化多样性的承认和补贴”的认可。亦见 Fraser，2000。

会不平等既在物质和社会资源分配上运作，也在合法性和尊严水平上运作（Taylor，1992；Honneth，2012），因此这种对于资源和认可的双重关注是至关重要的。[①] 尽管维度1、2、3的注入（feeding into）很大程度上中介了文化过程对于不平等的作用，我们将随后论证文化过程同时能通过认可及其对立面——误认（misrecognition）——而直接给养（feed）不平等。

第五，我们认为，正如一般的经验法则（a general rule of thumb），大多数文化过程所产生的和不平等相关的结果具有不确定性和开放性。文化过程在个体或群体着手（go about）追求其他目标时以一种例行的方式展开：文化过程可以注入维度1、维度2和维度3，但未必在每个特定例子中都会如此。对这类非决定性（indetermination）[②] 的考察使文化过程研究区别于维度1、2、3中对社会过程的经典和当代分析。对后一类过程的研究往往起始于解释不平等这一目的，而对于文化过程的研究则不必以此为前提。比如，对一个企业内部标准化和评价过程的研究，既可以受也可以不受分析家企图理解“企业如何导致员工间资源和认可的不平等分配”这一愿望的推动。我们主张将其作为一个经验问题对待，以更好地理解文化过程的展开何时、怎样和在多大程度上导致了不平等。

第六，这些过程并非无中生有：它们是在个体所生活的结构情景（组织和制度）下展开的。正如我们在下一节将要看到的，组织和制度同时显著地作用于分配和认可。比如说，抵押贷款行业资质甚至到20世纪90年代仍然依赖看似中立的合理化评价实践，从而导致了非裔美国人对资源的不平

---

① 尽管大多数关于不平等的研究关注的是物质和非物质资源的分配，我们认为分配和认可是不平等两个同等重要的面向。历史上，这方面的研究仅仅通过分析抵抗（resistance）及其相关现象来研究认可的斗争。其替代方式是考察用以获得认可的所有策略类型（Lamont and Mizrachi，2012）。跟随Jenkins（2008），我们提倡围绕与个体或集体社会身份有关的意义，对所有形式的范畴化和合法化斗争都进行研究。需要注意的是Lamont（2012）将范畴化和合法化识别为评价的基本特征。未来的研究应当确认它们是不是所有类型文化过程共享的特点。

② “indeterminate”译为“非决定性的”，侧重文化过程导向不平等这一因果关系的不完全固定、非完全决定。“uncertain”译为“不确定的”，侧重结果本身的不可事先预知性。——译者注

等获取。[①] 类似地，其他许多制度也根据一些理所当然（taken for granted）的规则分配资源，这些规则有赖于激活一些“中立”的分类系统，而这些系统实际上系统性地给予了某些群体以高出其他群体的特权。美国高等教育入学（Lemann，2000；Karabel，2005）和决定在职母亲收入的状况就是如此［详见 Budig 和 England 在 2001 年对母性惩罚（motherhood penalty）的研究］。顺着同一思路，社会科学家已经表明美国近期财富不平等的加剧起源于微小但累积着的政治法律变革（Hacker and Pierson，2010）和高管薪酬“基于绩效”的惊人增长（DiPrete et al.，2010）——这一增长有利于富人。

最重要的制度行动者可能是国家，因为国家既深刻影响了物质和非物质资源分配的宏观模式，也影响了不同社会群体所获得的认可。通过法律和社会项目，它在形塑和合法化范畴系统的过程中施加了重大影响，而我们业已论证范畴系统的创造和合法化是文化过程的根本前提。许多文化过程在国家水平运行，那些与合理化相联系的过程尤其如此（Gupta，2012）。这些过程——如标准化和评价——常常赋予了主要社会项目以日常运行的活力。比如说，“一个孩子也不能落下”（“No Child Left Behind”）是一个联邦水平的政府主导项目，它强制推动了州内及越来越多跨州范围内的教育系统标准化，包括教师和课堂内容的标准化。诸如这类政府出资的大规模标准化项目的例子还包括人口普查或是诸如 GDP 这样的统计指标。此外，这些过程往往和身份化（identification）过程纠缠在一起，诸如通过把种族纳入人口普查和其他表格中实现公民的种族化。正如个体水平的认知范畴化一样，此类国家行动建立在分类图示的基础上（例如 Bowker and Star，2000；Loveman and Muniz，2007；Fox，2012），我们将此视为不平等的基础性根源（Massey，2007）。然而，这些图式并非孤军作战，而是处在由规则与制裁系统所组成的特定制度环境之中，这一制度环境勾连（channel）并扩大（magnify）了分类系统的影响。

① Munnell 等于 1990 年搜集了波士顿地区金融机构的借贷申请数据并分析了放款方自认为对其决策十分重要的变量。作者总结说即使两个贷款申请人在经济上完全相同，少数族裔的申请者被拒的可能性比同等白人申请者要高 60%（详见 Munnell et al.，1996）。

简而言之，我们将文化过程概念化为在结构（组织、制度）情境中展开、能够产生多样化后果的持续的分类表象（representations）/实践（practices）。这些过程形塑了日常互动，并导致一系列可能注入资源和认可分配的结果——因此，文化过程常常招致不平等的其他三个维度加以考察的那些后果。由于这些过程是将支配者和服从者共同卷入的共享的表象系统，它们在很大程度上是一种集体成就。

我们现在将转向具体案例来给这一路径的理论骨架添上经验肉身。通过援引相关文献，我们将聚焦于种族化、污名化、标准化和评价这四个案例。虽然一些作者明确考察了文化过程在不平等再生产中所扮演的分析性角色，但尚未有人将文化过程作为分析上有意义的产生社会后果不平等的因果路径，并对并行的文化过程加以系统的分析。我们通过本文提供的分析透镜对不同的研究加以考察，从而揭示了文化过程如何在一个持续的基础上对个体和群体进行群分。这一群分过程打开了一些机会也关闭了另一些机会，从而推动或限制了个人的生命历程轨迹。这些文化过程的结果是开放的或不确定的，而非总是导致剥削（维度1）、排斥（维度2）或是隔离（维度3）。

## 四 例证

出于启发性（heuristic）目的，我们将诸文化过程组织为两类过程“族”（families）：身份化和合理化。我们将以种族化和污名化为具体范例来阐释身份化，以标准化和评价来阐释合理化。我们将描述不同类型的实践如何将这些过程锚定（anchor）下来，并展示这些过程如何以时常不可预料的方式注入不平等。虽然我们可能会把这些过程描述得像是“真实世界”（real-world）中的具体事件，但事实上它们只是我们出于捕捉和阐明社会动态机制的目的而设计的分析性建构（analytical constructs）。

### （一）身份化

文化过程的第一种类型事关身份化，亦即个体和群体作为更大集体的成员认同（identify）自身并被他人认同的过程。大量社会学和人类学研究指出这一类过程可以在许多个体范畴属性的基础上产生，如种族（race）、族群（ethnicity）、性别（gender）、语言（language）、国籍（nationality）、公民身份（citizenship）、性取向（sexual orientation）及其他类似属性（Owens et al.，2010）。就这些范畴而言，群体可以将自身认同为或多或少具备清晰定义和边界的超实体的成员［如国族（nation）、教派（church）、运动（sport）、意识形态共同体（ideological community）、生活方式圈子（lifestyle enclave）[①] 等］。

Brubaker 和 Cooper（2000）主张使用身份化（identification）概念取代"身份"（identity）。身份化源于一个主动动词，因此是一个"去除了'身份'所具有的物化（reifying）内涵"的过程性概念。"身份"这一术语暗示某种内在固有的特征，而身份化则避免了这种本质主义（essentialism），"邀请我们去识别那些进行认同（identifying）的能动者（agent）"（Brubaker and Cooper，2000：41；Wimmer，2013）。类似地，受 Jenkins（2008）启发，我们在研究文化过程时通过追踪两种具体的边界运作微观实践来考察身份化，既包括个体和群体（通过自我认同）建构起自身身份的实践，也包括其身份由其他个体、群体和制度（通过集体范畴化）的方式被建构起来的实践。将人们类别化（classification）到群体和范畴中对种族化和污名化来说都是至关重要的。

**1. 种族化**

种族化是指人类躯体间的社会标记或生物和显性（phenotypic）差异被社会行动者灌入重要性的过程（Murji and Solomos，2005）。由于显性标记本身不能为自身辩护，而必须通过共享的、嵌入当地的范畴来获得其诠释，意

① "生活方式圈子"（lifestyle enclave）是罗伯特·贝拉在《心灵的习性》（*Habits of the Heart*）中采用的术语，由共享一些私人生活特征的人所组成。其成员通过共享的外表、消费和休闲活动的样态表示其同一身份，并将他们与具有其他生活方式的人区分开来。与共同体（community）相对的是，他们并不相互依赖、政治上并不一起行动，也不共享同一个历史。请见中译本《心灵的习性》（周穗明、翁韩松、翟宏彪译，中国社会科学出版社，2011）的术语索引。——译者注

义建构（meaning-making）就成为这一过程的核心。此外，种族化需要社会行动者（如个体、群体、民族国家）共享一套对这些标记的重要性以及它们如何区分不同群体的理解。①

许多学派以各自特定的方式定义了种族化。正如人类学、社会学和生物学对种族的定义争执不下一样（Morning，2011），学者们也在争论种族化的合理定义（参见 Barot and Bird，2001）。然而，行动者对生物标记灌输意义的过程在所有这些理解中都是普遍具备的（Murji and Solomos，2005）。比如，Omi 和 Winant（1994）把种族化解释为种族意义被持续（constant）再诠释（re-interpreted）和再分类（re-classified）的循环过程。

种族化对于不平等的影响可以是暧昧而开放的。事实上，在许多案例中，卷入（engage in）种族化的行动者的意图是通过呼吁社会吸纳和政治代表的方式来反抗压迫和不平等（Polletta，2009）。具体来说，服从者正是借由接受其族裔-种族（ethno-racial）身份而再生产了群体边界，从而参与到种族分类系统的稳定化当中。因此，围绕种族界限的不平等的产生并不主要（如维度1所言）是自上而下的，而是支配群体和服从群体联合、协作生产的（Desmond，2013）。在其他案例中，支配群体成员推动的种族化更具有单向性（比如通过工作场所的种族刻板印象），在没有服从群体直接输入的情况下关闭了服从者的机会。因此，利益结果是开放性的，必须具体情况具体分析。

大量社会心理学研究已经发现了使得种族的文化范畴具有社会意义的认知过程（如内隐联想测试研究，Ottaway et al.，2001）。在此基础上，Massey（2007）展示了围绕种族界限（种族化）的（通常无意识的）群体认知分类如何导致了历史上和当代的结构性歧视，例如歧视性的贷款行为和事实上（de facto）的隔离。然而，Saperstein 和 Penner（2012）却揭示了种族分类范畴是如何变动并依赖于情境和社会位置的。通过对20年追踪数据

① 当然，同样的过程也发生在性别上，从而导致了“性别化”（genderization），其与种族化的交互作用导致了同一族群-种族群体中男女的分化表象。

的估计，他们发现自我种族化（self-racialization）和他人种族化（racialization by others）与社会经济地位的变化有关：当个人社会经济地位提高时，个体更有可能自我认同并被他人认同为白人，而地位下降则增加了认同为黑人的可能性。

其他例子来源于跨国情景下对种族范畴持久性（durability）和变动性（fluidity）的研究。比如，Roth（2012：193）研究了来自波多黎各和多米尼加共和国的移民，从而表明美国越来越多的拉丁裔移民重塑了国家历史上的双层种族层级（two-tiered racial hierarchy）；如今拉丁移民的移民行为已经“在白人和黑人间建构了一个中间层级”。在重塑美国种族分类的同时，拉丁裔移民把他们从美国种族层级中吸收的新种族图式“送”（send）回了他们的母国，包括把一种划分更清晰的双峰式（bimodal）种族观点（将白人与黑人对立）扩散到历史上持有渐进（gradational）种族观的社会中。种族范畴在宿主国和母国之间的这种异花授粉（cross pollination）不仅影响了个体水平的身份化，也影响了宏观水平和制度性的身份化和种族化，并重塑了不平等。比如在美国，对种族新的共同文化理解（越来越多的三层式观点）创造了分层的新形式。

Saperstein 和 Penner（2012）、Roth（2012）向我们展示了种族化是一种通过广泛的互动而发生的集体成就，群体内和群体外成员同时通过调动可得图式参与到边界建构当中（比如，Saperstein 和 Penner 案例中种族群体与社会经济地位之间的关联）。他们同时表明作为结果的层级运作既可能对被种族化者产生损害，也可能对其有利。相较于关注不平等维度 1 和维度 2 的相关理论，这些研究指出了与之截然不同的事实：通过种族化，个体和群体不仅被加以群分，而且其获取物质与非物质资源的路径也不同了，而这常常是通过看似中立的制度的影响来实现的。在这一意义上，诸如种族化的文化过程是维度 1 和维度 2 最常探讨的那些过程所招致的不平等的**前提条件**。然而，由于种族化也会导致对处于特定范畴内的个体的贬低（devaluation），它自身也成为不平等的直接来源之一。这一论断同样适用于污名化。

### 2. 污名化

在其经典著作《污名：受损身份管理札记》中，戈夫曼（Goffman，1963：3）将污名（stigma）定义为“一种令人大大丢脸的特征”。Link 和 Phelan（2001）拓展了这一定义，把这一现象定义为贴标签（labeling）、负面刻板印象、隔离（separation）以及在权力结构下的地位丢失/歧视等几个相互关联要素的汇聚。近年来，社会科学家将关注点从污名转移到了污名化，后者的定义是对身份和差异进行象征性指定（designating symbolically）和负面资格授予（qualifying negatively）的过程（例如 Dubet et al.，2013；Fleming et al.，2012）。

对巴西、以色列、美国和其他国家受标记群体（marked groups）对污名化回应的比较研究表明，被污名群体部分通过宣传他们社会身份的备选定义、广泛调用剧目和备选分类系统来回应污名化过程（Lamont and Mizrachi，2012）。当这些回应联合在一起时，它们就能获得声势，从而缓和污名化对于他们处境的影响，并使其社会身份定义获得合法性。因此，尽管污名化的结果看似不像其他文化过程那么开放，它也仍然远非早已被决定的：人们无法先验地（apriori）指出污名化如何以及在何种程度上会影响被污名群体的生活。即使所属群体的污名化会对有些个体产生严重影响，其他个体也可能完全置身事外。Link 和 Phelan（2001：380）认为导致这种不同结果的一个重要原因在于，个体在对可能缓和污名化负面效果的资源的获取渠道上存在不同：“个体在个人、社会和经济资源上的差异……塑造了被污名群体中个人的生活环境，由此产生了被污名群体内部人们会考虑的任何结果上的实质性变异。”①

在另一种意义上污名化也是开放的：支配和服从群体双方都能被污名化。虽然我们经常认为污名只能被服从者担负，污名化实际上也能被用来反对支配群体。比如，Lamont（2000）指出了工人阶级男性如何通过与他们眼中在己之上和之下的群体划清界限来保持他们的道德价值观（sense of

① 这很可能也可以被运用到维度1和维度2研究的那些过程上。

moral worth)：这些人把上层中产阶级视为剥削者和不诚实的。类似地，近年经济衰退之后，[①] 记者、政客和普通公民构建类似的污名化叙事来反对华尔街银行家。这些案例表明污名化可以双向运作，从而对认可政治（politics of recognition）产生潜在不同的影响。与此类似，McCall（2013）通过问卷调查和媒介分析表明了为何一些“不配富有者”（undeserving rich）开始在美国被视为不正当，其发现给我们对污名化逻辑的理解增加了一个重要维度。

虽然污名化的一些研究延续了戈夫曼对微观情境分析优越性的推崇（例如 Kleinman，2009），另一些研究已在关注中观水平的制度化动态机制。例如，Saguy（2013）分析了肥胖是怎样成为美国第一大公共健康议题的[②]。通过对公众和专家话语的内容分析，她表明了肥胖如何既在个体水平也在集体水平上被日渐表达为一个负面词汇：对个体而言，肥胖如今已被广泛视为主要的健康威胁；而在社会层面，通过协调一致、政府出资的减肥运动的开展，肥胖已被建构为一种公共健康流行病。这造成了基于体重的歧视，因为肥胖已被建构为一种人们（由于选择不好的食品和生活方式）而自作自受的疾病。因此，肥胖成为一个社会污名——一个意志薄弱和不道德的标记。但是这种污名化并非由任一单个社会群体所创造，相反，它是多种社会群体行动（和互动）的产物，包括医疗专家、记者、政客、街上的普通人和被污名群体自身。同时，肥胖的污名化仍然是开放的，正如肥胖在历史上许多社会中被认为是繁荣和高地位的象征这一事实所表明的，并没有什么东西使得肥胖本身就具有被污名化的倾向。

### （二）合理化

作为社会学概念的合理化自然地与韦伯（Weber，1978）的作品紧密相连。韦伯把合理化描述为与现代化过程（即资本主义的兴起、民族国家的

① 指 2008 年的金融危机。——译者注

② 对污名化过程的研究也可参考 Schnoor（2006）和 Edgell et al.（2006）。

诞生和现代科学的发展）紧密相连的强有力的历史推动力，其核心是目的－手段（means-end）倾向取代传统和价值观成为行动的动机。韦伯把这种行动的“合理”（rational）取向视为西方资本主义的观念基础（详见《新教伦理与资本主义精神》，Weber，2002），并更一般地视为现代性的决定性特征。对韦伯来说，合理化出现在社会生活的许多不同领域（经济、科学、音乐等），并在现代科层组织中表现得尤其明显。在其理想类型中，此类行政结构建立在理法型（rational-legal）权威基础上，通过贯彻普适和非人化的原则而运作。另外，它是根据理性原则而设计的，旨在实现效率的最大化。这些行政结构一般被认知为“中立”和“公平”［建立在功绩（merit）之上］的，然而正如福柯（Foucault，1977）和 Latour（1993）等研究所指出的，它们往往是累计起来的历史性资源或不平等的制度化。因此，一旦这些惯例（routine）被确立下来，我们就很难发现那个穷凶极恶的罪魁祸首。不平等就这样通过合理化过程被再生产出来并且总体上被合法化了。

韦伯对于科层制的分析对此处的论点相当重要：诸如标准化和评价这样的过程可被认为是合理化的子过程，并因此与现代社会的科层组织联系密切。正如我们在下文中详细阐述的，组织为文化过程提供了展开的环境并可能导致不平等。例如，评价代表了任何科层组织的一种基本运作。科层组织中的领导（office-holder）们始终需要做出评价性判断（evaluative judgements），以推动（enable）或限制行动机会。同时，科层组织也可以是塑造这些文化过程之形式的核心行动者，其最佳例证莫过于大型科层组织的出现。这些大型科层组织投入全部资源将业已高度合理化的文化过程（如评价和标准化）进一步合理化，例如信用等级评定机构或诸如国际标准组织（International Standard Organization）一类的标准制定组织。在下文中，我们将对两个合理化过程的例子及其如何注入不平等做一描述。

**1. 标准化**

标准化指的是个体、群体和制度通过“制定一致认可的规则”（the generation of agreed-upon rules）构建“跨时空的统一性”（uniformities across time and space）的过程（Timmermans and Epstein，2010：71）。尽管标准化

过程暗含着部分社会成员的意图（“一致认可的规则”），其在日常生活中常常带来一些预期外后果。一旦一致认可的规则被确定下来并被写入制度符码和主体间脚本中（通常是正式的，虽然有时也可不正式），统一性的建构就成为习惯和理所应当的。在其工业化和后工业化时代的表现中，标准化过程是社会合理化和科层化的重要部分（Carruthers and Espeland，1991；Olshan，1993；Brunsson and Jacobsson，2000；Timmermans and Epstein，2010）。

与维度 1 和维度 2 诸过程不同的是，标准化在其日常展开中以一种不可见的方式运作。比如，我们常常把全球经济运行中维持货物和服务流转的无数程序性和技术性标准视为理所当然（Levinson，2006）。这些标准持续地作为形塑我们行动的背景约束而运作。此外，标准化对不平等的影响通常是无意识的或非决定性的。事实上，标准的实施常常出于积极的目的，是为了发展出衡量成功或能力的基准（例如污染和教学标准的采纳）。然而一旦被制度化以后，标准就常常在资源分配中被加以调用。在一些情况下，那些原来就拥有与标准密切相关资源的人在这一过程中可能会占优势（Buchmann et al.，2010）。在这种意义上，标准化所导致的不平等可以是非意图的、间接的和开放的，既可以加剧也可以减少不平等。标准化的后果是一个经验问题，需要具体案例具体分析。

Neckerman（2007）对标准在教育中的运用所做的记录就是标准化和社会不平等之间此类互动的一个案例。尤其是，她分析了 20 世纪 20 年代全美教育界和芝加哥本地教育政策中标准化智商测试的兴起。她展示了芝加哥最好的职业学校如何开始使用标准化测试得分来决定录取机会，其目标是强制推行更普遍主义（universalist）的录取实践。然而，这次改革实际上减少了本地低收入非裔美国人接受最好学校教育的机会。

尽管标准化是现代社会日常生活中的一个主导特征，但鲜有学者把它视为对把握宏观水平不平等如何产生和维持有重要意义的分析概念。与之相反，我们将对标准化的明确研究——像 Timmermans 和 Epstein（2010：74）提出的那样对标准化实践进行具体情境中的微观水平分析——对不平等问题的社会学探索而言至关重要。这种对标准化过程的明确关注将能阐明勾连

(channel)物质和非物质资源分配的群分(sorting)过程，从而促进我们对不平等产生和维系的(通常是隐藏的)因果路径的理解。Epstein(2008)展示了这一过程在生物医学研究的分化中的运作，为我们提供了强有力的证明。他的工作阐明了文化过程如何直接地注入了不平等的一个维度，即认可。

**2. 评价**

广义上说，评价是一个事关价值的协商、定义和稳定化的文化过程(Beckert and Musselin，2013)。根据拉蒙(Lamont，2012：206)的定义，这一过程牵涉到几个重要的子过程，其中最重要的是范畴化(“决定要考察的实体归属于哪个群体”)和合法化(“自身或他人对于特定实体价值的认可”)。①

在经验研究中，我们发现了一些作为文化过程的评价如何影响不平等的案例，其中许多来源于对劳动力市场中雇佣、聘用和晋升的社会学研究。这些研究大部分关注组织的评价实践如何偏好或歧视特定的员工群体(如Castilla and Benard，2010)或申请者(例如Rivera，2012)。然而，一些学者也从更广阔的视角研究了劳动力市场的评价过程，将评价置于整个职业场域中进行考察，而非局限于雇佣和晋升。

比如，Beljean(2013b)研究了单口喜剧(stand-up comedy)这一文化产业中的评价标准。基于对喜剧演员及其雇主的访谈和民族志田野工作，他发现即便单口喜剧演员的工作是高度统一的，即设法使人们发笑，但是对喜剧演员的评价标准在喜剧行业不同分层水平中存在很大的差异。例如，菜鸟喜剧演员和明星演员被按照不同的标准来评价：前者必须更好地适应不同观众和喜剧俱乐部所有者的品位，后者则主要根据他们培育粉丝和出售表演场次的能力进行评价。即使这种差异并不必然导致喜剧演员间更多的不平等，它也会对菜鸟喜剧演员的职业前景产生消极影响。出于累计优势机制及观众

① 出于分析的目的，Beljean(2013a)进一步区分了(a)评价实践(practices of evaluation)，(b)评价技术(technologies of evaluation)和(c)评价标准(criteria of evaluation)。

和订阅者双方在其判断中的保守倾向，成名演员保持其地位比菜鸟演员建立其声望要容易得多。其结果是，一小撮明星喜剧演员享受到不成比例的大量名声和金钱回报，而绝大部分喜剧演员则始终默默无闻和处于边缘地位。

评价的文化过程支持了工作场所、学校和其他许多社会制度的日常运作。在工作场所中，雇佣决策需要确定“谁是有价值的”或“谁是有能力的”的评价过程。同时，就职业市场而言，诸如种族化和污名化的其他文化过程同样在评价过程中发挥了作用（Kirschenman and Neckerman，1991；Pager，2003）。然而即使没有种族性范畴化，评价也是决出胜者和败者的过程，比如通过排序或可欲资源的差异性分配（Lamont，2012）。这一过程的特定实例化（particular instantiation）取决于组织和个体将价值分配给不同类型或群体的人和物体时所采纳的例行实践（routine practices）和脚本（scripts）。

我们认为关注过程本身而非关注其特定的应用领域（如雇佣）能带来更多收获。事实上，借由对其一基础性文化过程的聚焦（zoom in），我们能更好地从每一个具体案例中概括出评价注入不平等的其他情况，并且能够更好地识别出这些例子彼此间的相似与不同。这种比较很可能揭示出其他情况下没法注意到的细节，从而推动理论发展。例如，在对城市地区高中策辩论赛的研究中，Asad 和 Bell（2014）表明了有关被认知的活动目的（the perceived purpose of the activity）之冲突的文化意义（conflicted cultural meanings）——他们称之为“评价框架”（evaluative frames）——如何形塑了辩论裁判对相较于“主流”辩论队而言处于劣势语境的对手的评价。类似的，拉蒙（Lamont，2009）考察了学术评价者在决策中如何区分出不同类型的学术作品并纳入正式和非正式的评价标准。这两个研究都强调了对普遍原则或正式评价标准在不同案例中如何结合，以及对文化框架［不论是普遍主义（universalism）的还是特殊主义（particularistic）的，例如 Heimer，1992］如何引导评价和资源分配进行比较研究。

最后，虽然文化过程通过对中观脚本和框架的应用得以在行动者微观水平的互动中运作，它们也同样通过组织、企业和制度——他们本身就是行动者——的实践在中观层面被实例化。例如，Smith（2010）揭示了低收入黑人是如何做出“与同辈群体分享就业信息还是将其隐瞒”这一决定的。她发现有工作的人常常不愿意将工作信息与正在求职的同辈分享，因为他们担心这些人缺乏得体的职场举止，从而给他们带来不利影响。这样一来，机会就在没有任何支配群体有意干预的情况下被排除了。因此微观水平的行动形塑了中观水平的劳动力市场后果（并且加剧了广为共享的刻板印象）。正如Smith（2010：4）所说，“人际动态机制的核心地位强调了微观过程在不平等再生产中的角色，即本质上加剧了中观与宏观力量所初创的劣势”。此外，共享的评价信念（evaluative beliefs）不仅对个体的劳动力市场后果有影响，也抑制了邻里的集体效能感（collective efficacy）并传播了普遍的不信任（Smith，2010）。从这个角度来看，评价过程对不平等第三维度中的社会过程也有着深远影响。

## 五　结论与讨论

在以上分析中，我们已试图呈现文化过程导致社会不平等持存的多样、常常是微妙的方式。社会不平等不仅仅是支配群体离散的有意行动的结果，也不仅仅是（不论是否来源于邻里之间的）生态学效应的产物，不平等还被人们理所当然的和例行性的过程所形塑，而这些过程在个人生活以及组织、制度和国家的运作中得以显现。身份化和种族化的文化过程既能限制也能推动个人基于先赋或自致的特质被范畴化到不同群体的机会。机会的开放（opening）或封闭（closing）反过来对物质和非物质资源的获取产生了影响。

很明显地，这意味着相较于讨论认知过程和社会不平等的文献中所假定的（诸）路径，导向宏观水平不平等的因果路径更为复杂。同时，相较于对不平等的传统社会学研究（维度1到维度3），关注文化过程将会产生一幅更加复杂的图景。为了阐明我们的观点，图1展示了我们设想的文化过程与认知过程和不平等研究习惯上考虑的其他过程之间的关系。它表明文化过程起到中观层次的中介作用，弥补了微观认知与宏观后果之间的缺失环节。此外，我们还假定文化过程通过其他社会过程，如社会封闭、象征暴力或隔离，能够直接或间接导致物质、象征和基于地域的不平等。

研究不平等的现有文献并未完全忽视这类因果路径。事实上，本文暗示了这方面的经验研究进行得十分顺利。所缺的是对这些文化过程进行系统的比较，联合地考察它们如何导致了不平等。尤其在现存文献中大量雷同的公式化（formulation）已经妨碍了理论进步的情况下，这种对不同类型过程进行比较的策略有明显的优势。系统化是更精细地理解起作用的动态机制的重要一步，也是迈向理论建设的一条更具累积性的路径①。

但我们应该如何研究文化过程呢？我们已经表明关注与文化过程相关的情境化实践是富有生成性的（generative）[拉蒙（Lamont，2012）对评价，Gross（2009）对习惯，Brubaker（2001）对同化的研究即是证明]。因为即便我们赋予过程以抽象标签如“评价”，它们始终是具体“做”（doing）的产物。它们或者是人们对自己所做的事（例如，种族上找到自己的认同），或者是他人对自己所做的事（例如，被种族化）。因此，关注构成文化过程的微观水平行为是理解它们的必要条件。这些行为可以通过观察或访谈来研究（Lamont and Swidler，2014）。

然而，尽管我们强调关注实践和“追随行动者”[就像行动者网络理论（Actor Network Theory）那样]，文化过程研究不应该局限于微观层次的分析。相反，为了获得对其后果的完整理解，我们必须研究文化过程如何在中观层面被制度和文化力量所推动或限制：例如，它们如何通过规则的正式化而固化为政策，以及它们在不同场合（例如公共话语和学术研究）中怎样被表现或被争论。②

① Snow 等（2003）针对细致比较如何可能推动理论建设这一问题提供了十分有用的说明。以社会过程为核心的研究纲领（research programme）很有可能带来类似的理论精练（refinement）。

② 例如，Steensland（2006）表明了围绕最低保障年收入（guaranteed annual income）政策的争论如何涉及道德评价和对低收入人群的框架化（framing）。Steensland 的论文和 Guetzkow（2010）对国会中贫困话语的研究一起，成为我们所主张的细致过程追踪类研究的极好例证。两人都重新建构了参与政策制定的个体行动者的语言和行动，从而展示了特定类型的社会变迁是如何围绕评价过程组织起来而发生的。

为了开展此类分析，社会学家可以向政治科学家借鉴，他们使用宏观和中观水平的“系统化过程追踪”（systematic process tracing）作为研究方法（Hall，2006）。这一分析方法被用来进行（和评价）小样本案例研究中的因果推论，其关键在于对产生特定所关心后果的因果过程进行系统且训练有素（disciplined）的考察。如此一来，它就需要对特定的事件和行动序列（和组合）进行小心细致的分析。[①] 在此类研究中，作者们已经关注了像“学习”（learning），“竞争”（competition）（Pierson，2004），“制度变换”（institutional conversion）和“制度分层”（institutional layering）（Thelen，2004）之类“过程”的作用。另一些则关注路径依赖过程（Mahoney，2000）和关键时刻（Collier and Collier，1991）。社会学家能够通过思考这类概念工具如何被运用、改造或拓展到手头的案例中，以及它们是否暗含着新的工具，来促进文化过程的理论化。

本文的研究路径还有其他好处吗？对文化过程的研究能够成为不同实质性领域学者们所共享的珍贵参照点，促进不同学者之间的交流。如此一来，它也能加强不同研究路径间的整合。例如，评价是一个基础性文化过程，它不仅在劳动力市场研究中具有重要性，在高等教育、法律、公共政策和艺术等领域也同样重要。因此，聚焦于作为生成性文化过程的评价（而非聚焦于特定情境或人群）能够有效地将每个子领域中的实质性研究联系起来（Lamont，2012；Chong，2011；Beljean，2013a）。更多理论发展可以从个案间的系统比较得出，这类比较可以帮助判断新现象是否已被纳入考虑。

人们同样能够想象到具有过程和机制研究导向的学者群体之间的系统性交换——不仅有分析社会学家，还有历史社会学家（Abbott，2001；Glaeser，2005）和社会心理学家，后者近期同样呼吁社会学更多以过程为中心（参见 MacLeod，2013）。[②] 将对“生成性过程”（generative process）的

① 对“怎么做”（how-to）过程追踪的介绍请见 Collier（2011）。

② 沿着 DiMaggio 和 Markus（2010）以及 Fiske 和 Markus（2012）所发展出的文化和社会心理学前沿进行探索，以洞察社会心理学者和分析社会学者最文化的面向，这种策略也将是有所助益的（例如 Zuckerman，2012）。

研究（Schwalbe et al.，2000）和我们的框架进行系统比较很可能是富有成效的。我们也应该比较本文所提供的框架和那些借由主体间生产和再生产的文化意义明显地将宏观和微观联系起来的框架（Berger and Luckmann，1964；Collins，2005；Tavory and Eliasoph，2013）。

作为本文观点的必然延伸，我们以一些未来的探索方向结束正文。第一，我们需要考虑不同文化过程如何相互交叉（如种族化和标准化），以更好地理论化不平等是如何通过不同基本过程的组合而被生产和再生产的。虽然一些研究考虑了此类问题（例如 Espeland and Sauder，2007；Epstein，2008），但我们提倡将此类重要研究企划置于迈向对文化过程之系统研究的更宏大的理论框架之中。第二，未来的工作应该评估在不平等的生产中，一些研究路径是否比另一些更主导（prevalent）或普遍（universal）。比如说，污名化或许更可能导致不平等，而标准化更多时候是出于平等化结果的意图才被加以利用（如在学校教育中）的，只是偶尔通过与标准典型相关的奖励或惩罚才导致了资源囤积。第三，在将这些过程与不平等联系起来时，我们应当考虑制度和文化剧目通过提供对抗不平等作用的缓冲（buffer）和支架（scaffold）从而培育社会弹性（social resilience）①的作用（Hall and Lamont，2013）。Carter（2012）考察了南非和美国的高中如何激活（validate）（或没能激活）有色学生的文化身份。换句话说，她研究了培养认可的制度条件。第四，我们应该系统地将文化过程与人口、经济和结构过程进行比较。虽然这些过程涉及意义建构，但描述这种比较并不必然地要求对意义建构的强调。第五，我们应该同时从不平等和社会变迁的视角来平行地考察文化过程的后果，尤其是社会和象征边界。第六，我们应该超越本文谈及的过程，去比较如剥削、支配、歧视、工业化和现代化等过程的文化面向（这些过程都直接牵涉到不平等），以及其他较不直接的政治过程，如差异化（differentiation）和同质化（homogenization）。我们认为大部分社会生活是围绕文化过程组织起来的，对这些过程的系统比较将成为极具生成性和启发性的分析方法。

---

① 社会弹性（social resilience）指社会对多元价值的包容程度。——译者注

## 六 尾声：社会过程、机制和分析社会学

本文所讨论的文化过程和“社会机制”（social mechanisms）存在一些表面上的相似性，我们发现有必要指明我们在相关讨论中的立场。以下这些简短的评论旨在开启不同路径之间的对话。

虽然部分学者设法分析性地区分“过程”和“机制”（例如 Tilly，2008），许多学者仍然交替地（interchangeably）使用这两个术语。我们追随 Demetrious（2012）的观点，认为两个概念的意义是任意的（arbitrary），最终取决于惯例和习惯。然而我们区分了过程和机制，这是因为在我们看来它们在解释性叙述（explanatory accounts）中起了不同作用：机制通常被当作中介原因与结果的一链事件。识别或公式化一条机制意味着解释什么将一个特定的初始条件（X）和一个特定的结果（Y）联系起来。[①] 作为对照，过程可以在不假定任何确定（set）因或确定果的情况下被研究。与解释两个变量之间被观测到的关联不同，描述一个生成性过程或事件链的属性在这里具有分析上的优先性。

我们对文化过程生成性本质和累积性理论建设价值的强调使我们的路径与最近兴起的另一路径存在某些亲近性（proximity），即聚焦社会机制研究的分析社会学（Analytical Sociology，AS）。分析社会学和充满内部异质性的一群学者息息相关，他们仅仅是被一个共同的标签所松散联系起来的。然而，一些核心支持者已经设法公式化并推动了一个统一的研究纲领（例如 Hedström and Swedberg，1998；Hedström and Bearman，2009），主张经验社会学研究的主要关注点应当是研究生成性社会机制而非特定人群或情境，并且，这些机制能够成为社会学理论的基础构成要素（basic building blocks）。关注机制的目的是克服学科的碎片化（更多背景请参考 Manzo，2010）。

虽然我们和分析社会学一样关注基础构成要素，但彼此路径中的差异要

① 感谢 Curtis Chan 和 Bart Bonikowski 给我们带来这个洞见。

多于相似之处。最重要的是，分析社会学者典型地依赖一个特定版本的方法论个人主义［他们称之为“结构个人主义”（structural individualism），例如 Hedström and Bearman，2009］，这无法与我们的路径相调和（conciliated）。我们的路径聚焦于嵌入在关系性、主体间性和制度性环境中的社会行动者或群体。虽然文化过程的特定实例化在其刚刚实施的时候常常要求大量离散行动者的行动（例如前文已讨论的 Timmermans 和 Epstein 于 2010 年对新标准引入的研究），它们可以获得自己的生命而不再需要依赖任何特定的参与者（stakeholder）或行动者，尤其在其被制度化了以后（如 Meyer，1986）。此外，分析社会学的一些关键支持者关注个体社会行动者的欲望（desires）、信念（beliefs）和机会（opportunities）（例如 Hedström，2005）。作为对照，在我们的视角中，文化过程不必要求个体社会者以一种有意的或“理性”的方式行动。相反，这些过程常常是根深蒂固的组织和科层常规（routine）的产物，至少在表面上，它们离个体的欲望和信念非常遥远。最后，和机制的实用主义路径相同（Gross，2009），我们将习惯置于我们概念化的中心位置——不仅包括行为习惯，还包括认知－情感的和集体颁布的（collectively enacted）习惯。

## 参考文献


Abbott, A. 2001. *Time Matters: On Theory and Method.* Chicago: IL University of Chicago Press.

Aldrich, H. E. and Pfeffer, J. 1976. "Environments of Organizations." *Annual Review of Sociology* 2: 79 - 105.

Asad, A. L. and Bell, M. C. 2014. "Winning to Learn, Learning to Win: Evaluative Frames and Practices in Urban Debate." *Qualitative Sociology* 37: 1 - 26.

Barot, R. and Bird, J. 2001. "Racialization, the Genealogy and Critique of a Concept." *Ethnic and Racial Studies* 24: 601 - 618.

Bartels, L. 2008. *Unequal Democracies: The Political Economy of the New Gilded Age.* Princeton, NJ: Princeton University Press.

Barth, Fredrik. 1969. *Ethnic Groups and Boundaries: The Social Organization of Culture Dif-*

*ference*. Oslo: Norway Universitetsforlaget.

Beckert, J. and Musselin, C. 2013. *Constructing Quality: The Classification of Goods in Markets*. Oxford, UK: Oxford University Press.

Beljean, S. 2013a. "Evaluation as a Fundamental Social Process. A Model and Framework for Comparative Research." Unpublished Manuscript, Department of Sociology, Harvard University.

Beljean, S. 2013b. "You Gotta Make People Laugh." Unpublished Manuscript, Department of Sociology, Harvard University.

Berger, P. and Luckmann, T. 1964. *Social Construction of Reality: A Treatise in the Sociology of Knowledge*. New York, NY: Anchor Books.

Blair-Loy, M. 2001. "Cultural Constructions of Family Schemas: The Case of Women Executives." *Gender & Society* 15: 687 - 709.

Boltanski, L. and Thevenot, L. 1991. *On Justification: The Economies of Worth*. Princeton, NJ: Princeton University Press.

Bourdieu, P. 1979. *Distinctions: A Social Critique of the Judgment of Taste*. Cambridge, MA: Harvard University Press.

Bowker, G. C. and Star, S. L. 2000. *Sorting Things Out: Classification and Its Consequences*. Cambridge, MA: MIT Press.

Browning, C., Cagney, J. and Morris, K. 2013. "Early Chicago School Contributions to Criminology." In Bruinsma, J. G. and Weisburg, D. (eds) *Springer Encyclopedia of Criminology and Criminal*, New York, NY: Springer.

Brubaker, R. 2001. "The Return of Assimilation? Changing Perspectives on Immigration and Its Sequels in France, Germany, and the United States." *Ethnic and Racial Studies* 24: 531 - 548.

Brubaker, R. and Cooper, F. 2000. "Beyond 'Identity'." *Theory and Society* 29: 1 - 47.

Brunsson, N. and Jacobsson, B. (eds) 2000. *A World of Standards*. Oxford, UK: Oxford University Press.

Buchmann, C., Condron, D. J. and Roscigno, V. J. 2010. "Shadow Education, American Style: Test Preparation, the SAT and College Enrollment." *Social Forces* 89: 435 - 461.

Budig, M. J. and England, P. 2001. "The Wage Penalty for Motherhood." *American Sociological Review* 66: 204 - 225.

Carruthers, B. G. and Espeland, W. N. 1991. "Accounting for Rationality, Double-Entry Bookkeeping and the Rhetoric of Economic Rationality." *American Journal of Sociology* 97: 31 - 69.

Carter, P. 2012. *Stubborn Roots: Race, Culture, and Inequality in the US and South African Schools*. New York City, NY: Oxford University Press.

Castilla, E. J. and Benard, S. 2010. "The Paradox of Meritocracy in Organizations." *Administrative Science Quarterly* 55: 543 - 576.

Chong, P. 2011. "Reading Difference: How Race and Ethnicity Function as Tools for Critical

Appraisals." *Poetics* 39: 64 - 84.

Collier, D. 2011. "Understanding Process Tracing." *PS: Political Science and Politics* 44: 823 - 830.

Collier, D. and Collier, R. B. 1991. *Shaping the Political Arena: Critical Junctures, the Labor Movement, and Regime Dynamics in Latin America.* Princeton, NJ: Princeton University Press.

Collins, R. 1979. *The Credential Society: An Historical Sociology of Education and Stratification.* New York City, NY: Academic Press.

Collins, R. 2005. *Interaction Ritual Chains.* Princeton, NJ: Princeton University Press.

Correll, S. J. and Ridgeway, C. L. 2003. "Expectation States Theory." In Delamater, J. (ed.) *The Handbook of Social Psychology.* New York, NY: Kluwer-Plenum Press, pp. 29 - 51.

Coulangeon, P. and Duval, J. 2013. *Trente ans Après La Distinction de Pierre Bourdieu.* Paris, France: La Découverte.

Demetriou, C. 2012. "Processual Comparative Sociology: Building on the Approach of Charles Tilly." *Sociological Theory* 30: 51 - 65.

Desmond, Matt. 2013. "Relational Ethnography." Unpublished Paper, Department of Sociology, Harvard University.

DiMaggio, P. 1997. *Rsity Sociy: Building on the Approach of inction de.* Pierre Bou: 287.

DiMaggio, P. and Garip, F. 2012. "Network Effects and Social Inequality." *Annual Review of Sociology* 38: 93 - 118.

DiMaggio, P. and Markus, H. R. 2010. "Culture and Social Psychology Converging Perspectives." *Social Psychology Quarterly* 73: 347 - 352.

DiPrete, T., Eirich, G. and Pittinsky, M. 2010. "Compensation Benchmarking, Leapfrogs, and the Surge in Executive Pay." *American Journal of Sociology* 115: 1671 - 1712.

Domhoff, G. W. 1967. *Who Rules America?* New York, NY: Prentice Hall.

Douglas, M. 1966. *Purity and Danger: An Analysis of the Concepts of Pollution and Taboo.* New York, NY: Routledge.

Dubet, F., Cousin, O., Mace, E. and Rui, S. 2013. *Pourquoi moi? L'expérience des Discriminations.* Paris, France: Seuil.

Durkheim, E. and Mauss, M. 2009. *Primitive Classifications.* London: Routledge.

Edgell, P., Gerteis, J. and Hartmann, D. 2006. "Atheists as 'Other': Moral Boundaries and Cultural Membership in American Society." *American Sociological Review* 71: 211 - 234.

Ehrenreich, B. 2001. *Nickel and Dimed: On (not) Getting by in America.* New York, NY: Metropolitan Books.

Emirbayer, M. and Mische, A. 1998. "What is Agency?" *American Journal of Sociology* 103: 962 - 1023.

Epstein, S. 2008. *Inclusion: The Politics of Difference in Medical Research.* Chicago, IL: University of Chicago Press.

Espeland, W. N. and Sauder, M. 2007. "Rankings and Reactivity, How Public Measures Recreate Social Worlds." *American Journal of Sociology* 113: 1 - 40.

Espeland, W. N. and Stevens, M. 1998. "Commensuration as Social Process." *Annual Review of Sociology* 24: 312 - 343.

Fiske, S. T., Cuddy, A. J. C., Glick, P. and Xu, J. 2002. "A Model of (Often Mixed) Stereotype Content: Competence and Warmth Respectively Follow From Perceived Status and Competition." *Journal of Personality and Social Psychology* 82: 878 - 902.

Fiske, S. T. and Markus, H. R. 2012. *Facing Social Class: How Societal Rank Influences Interaction.* New York, NY: Russell Sage Foundation.

Fleming, C., Lamont, M. and Welburn, C. 2012. "African Americans Respond to Stigmatization: The Meanings and Salience of Confronting, Deflecting Conflict, Educating the Ignorant and Managing the Self." *Ethnic and Racial Studies* 35: 400 - 417.

Foucault, M. 1977. *Discipline and Punish: The Birth of the Prison.* New York, NY: Random House.

Fox, C. 2012. *Three Worlds of Relief: Race Immigration and the American Welfare State from the Progressive Era to the New Deal.* Princeton, NJ: Princeton University Press.

Frank, A. 1979. "Reality Construction in Interaction." *Annual Review of Sociology* 5: 167 - 191.

Frank, R. and Cook, P. 1996. *The Winner-Take-All Society.* New York, NY: Penguin.

Fraser, N. 1995. "From Redistribution to Recognition? Dilemmas of Justice in a Post- Socialist Age." *New Left Review* I/212: 68 - 93.

Fraser, N. 2000. "Rethinking Recognition." *New Left Review* 3: 107 - 120.

Giddens, A. 1984. *The Constitution of Society, Outline of the Theory of Structuration.* Cambridge, MA: Polity Press.

Glaeser, A. 2005. "An Ontology for the Ethnographic Analysis of Social Processes: Extending the Case Method." *Social Analysis* 49: 16 - 45.

Glaeser, A. 2011. *Political Epistemics: The Secret Police, the Opposition, and the End of East German Socialism.* Chicago, IL: University of Chicago Press.

Goffman, E. 1963. *Stigma: Notes on the Management of Spoiled Identity.* New York NY: Simon and Schuster.

Gross, N. 2009. "A Pragmatist Theory of Social Mechanisms." *American Sociological Review* 74: 358 - 379.

Guetzkow, J. 2010. "Beyond Deservingness: Congressional Discourse on Poverty, 1964 - 1996." *The Annals of The American Academy of Political and Social Science* 629: 173 - 197.

Gupta, A. 2012. *Red Tape: Bureaucracy, Structural Violence, and Poverty in India.* Durham, NC: Duke University Press.

Hacker, J. and Pierson, P. 2010. *Winner-Take-All Politics: How Washington Made the Rich Richer and Turned Its Back on the Middle Class.* New York, NY: Simon and Schuster.

Hall, P. 2006. "Systemic Process Analysis: When and How To Use It." *European Management Review* 3: 24 - 31.

Hall, P. and Lamont, M. 2013. *Social Resilience in the Neo-Liberal Era.* New York City, NY: Cambridge University Press.

Harding, D. J. 2010. *Living the Drama: Community, Conflict, and Culture among Inner-City Boys.* Chicago, IL: University of Chicago Press.

Hedström, P. 2005. *Dissecting the Social: On the Principles of Analytical Sociology.* Cambridge, UK: Cambridge University Press.

Hedström, P. and Bearman, P. 2009. *The Oxford Handbook of Analytical Sociology.* Oxford/ New York, NY: Oxford University Press.

Hedström, P. and Swedberg, R. 1998. *Social Mechanisms: An Analytical Approach to Social Theory.* New York, NY: Cambridge University Press.

Heimer, C. A. 1992. "Doing Your Job and Helping Your Friends: Universalistic Norms about Obligations to Particular Others in Networks." In Nohria, N. and Eccles, R. (eds) *Networks and Organizations, Structure, Form, and Action.* Boston, MA: Harvard Business School Press, pp. 143 - 170.

Honneth, A. 2012. *The I in We: Studies in the Theory of Recognition.* Cambridge, MA: Polity Press.

Jenkins, R. 2008. *Social Identity.* New York, NY: Routledge.

Karabel, J. 2005. *The Chosen: The Hidden History of Admission and Exclusion at Harvard, Yale, and Princeton.* Boston, MA: Houghton Mifflin.

Kirschenman, J. and Neckerman, K. M. 1991. " 'We'd Love to Hire Them, But…' The Meaning of Race for Employers." In Jencks, C. and Peterson, P. E. (eds) *The Urban Underclass.* Washington, D. C: The Brookings Institution, pp. 203 - 234.

Kleinman, A. 2009. "Caregiving: The Odyssey of Becoming More Human." *The Lancet* 373: 292 - 293.

Lahire, B. and Rosental, C. (eds) 2008. *La Cognition au Prisme des Sciences Sociales* Paris, France : Archives Contemporaines.

Lamont, M. 1992. *Money, Morals, and Manners: The Culture of the French and the American Upper Middle Class.* Chicago, IL: University of Chicago Press.

Lamont, M. 2000. *The Dignity of Working Men: Morality and the Boundaries of Race, Class, and Immigration.* Cambridge, MA: Harvard University Press.

Lamont, M. 2009. *How Professors Think: Inside the Curious World of Academic Judgment.* Cambridge, MA: Harvard University Press.

Lamont, M. 2012. "Toward a Comparative Sociology of Valuation and Evaluation." *Annual Review of Sociology* 38: 201 - 221.

Lamont, M. and Mizrachi, N. 2012. "Ordinary People Doing Extraordinary Things: Responses to Stigmatization in Comparative Perspective." *Ethnic and Racial Studies* 35: 365 - 381.

Lamont, M. and Molnár, V. 2002. "The Study of Boundaries across the Social Sciences."

*Annual Review of Sociology* 28: 167 - 195.

Lamont, M. and Small, M. L. 2008. "How Culture Matters, Enriching Our Understandings of Poverty." In Harris, D. and Lin, A. (eds) *The Colors of Poverty, Why Racial and Ethnic Disparities Persist.* New York, NY: Russell Sage Foundation, pp. 76 - 102.

Lamont, M. and Swidler, A. 2014. "Methodological Pluralism and the Possibilities and Limits of Interviewing." *Qualitative Sociology*, 37: 37.

Lareau, A. 2003. *Unequal Childhood: Class, Race, and Family Life.* Berkeley, CA: University of California Press.

Latour, B. 1993. *The Pasteurization of France.* Cambridge, MA: Harvard University Press.

Lemann, N. 2000. *The Big Test: The Secret History of the American Meritocracy.* New York, NY: Farrar, Straus and Giroux.

Levinson, M. 2006. *The Box: How the Shipping Container Made the World Smaller and the World Economy Bigger.* Princeton, NJ: Princeton University Press.

Link, B. G. and Phelan, J. C. 2001. "Conceptualizing Stigma." *Annual Review of Sociology* 27: 363 - 385.

Loveman, M. and Muniz, J. O. 2007. "How Puerto Rico Became White: Boundary Dynamics and Inter-Census Racial Reclassification." *American Sociological Review* 72: 915 - 993.

Lukes, S. 1974. *Power: A Radical View.* New York, NY: Blackwell.

MacLeod, J. 2013. "Micro-Processes of Inequality: What are They? Why do they Matter?" *Paper Presented at the American Sociological Association Conference.* New York, NY: August: 10 - 13.

Mahoney, James. 2000. "Path Dependence in Historical Sociology." *Theory and Society* 29: 507 - 548.

Manzo, G. 2010. "Analytical Sociology and Its Critics." *Archives Europ'eennes de Sociologie* 51: 129 - 170.

Marx, K. 1961. *Das Kapital: A Critique of Political Economy.* Washington, D. C: Gateway Editions.

Massey, D. 2007. *Categorically Unequal: The American Stratification System.* New York City, NY: Russell Sage Foundation.

Massey, D. and Denton, N. 1993. *American Apartheid, Segregation and the Making of the Underclass.* Cambridge, MA: Harvard University Press.

McAdam, D., Tarrow, S. and Tilly, C. 2001. *Dynamics of Contention.* New York, NY: Cambridge University Press.

McCall, L. 2013. *The Undeserving Rich: American Beliefs about Inequality, Opportunity, and Redistribution.* Cambridge, UK: Cambridge University Press.

Meyer, J. W. 1986. "Myths of Socialization and of Personality," In Heller, T. C., Sosna, M., Wellbery, D. E., Davidson, D. A., Swidler, A. and Watt, I. (eds) *Reconstructing Individualism.* Stanford, CA: Stanford University Press, pp. 208 - 221.

Mills, C. W. 2000. *The Power Elite.* New York, NY: Oxford University Press.

Morning, A. 2011. *The Nature of Race: How Scientists Think and Teach About Human Difference*. Berkeley, CA: University of California Press.

Munnell, A. H. , Tootell, G. M. B. , Browne, L. E. and McEneaney, J. 1996. "Mortgage Lending in Boston: Interpreting HMDA Data." *American Economic Review* 86: 25 - 53.

Murji, K. and Solomos, J. 2005. "Introduction: Racialization in Theory and Practice." In Murji, K. and Solomos, J. (eds) *Racialization, Studies in Theory and Practice*. New York, NY: Oxford University Press, pp. 1 - 29.

Neckerman, K. M. 2007. *Schools Betrayed: Roots of Failure in Inner-City Education*. Chicago, IL: University of Chicago Press.

Olshan, M. A. 1993. "Standards-making Organizations and the Rationalization of American Life." *The Sociological Quarterly* 34: 319 - 335.

Omi, M. and Winant, H. 1994. *Racial Formation in the United States: From the* 1960*s to the* 1990*s*. New York, NY: Routledge.

Ottaway, S. A. , Hayden, D. C. and Oakes, M. A. 2001. "Implicit Attitudes and Racism: Effects of Word Familiarity and Frequency on the Implicit Association Test." *Social Cognition* 19: 97 - 144.

Owens, T. J. Robinson, D. T. and Smith-Lovin, L. 2010. "Three Faces of Identity." *Annual Review of Sociology* 36: 477 - 499.

Pager, D. 2003. "The Mark of a Criminal Record." *American Journal of Sociology* 108: 937 - 975.

Pager, D. and Shepherd, H. 2008. "The Sociology of Discrimination: Racial Discrimination in Employment, Housing, Credit, and Consumer Markets." *Annual Review of Sociology* 34: 181.

Parkin, F. 1979. *Marxism and Class Theory: A Bourgeois Critique*. London, UK: Tavistock.

Pierson, P. 2004. *Politics in Time: History, Institutions, and Social Analysis*. Princeton and Oxford, UK: Princeton University Press.

Polletta, F. 2009. *It Was Like a Fever: Storytelling in Protest and Politics*. Chicago, IL: University of Chicago Press.

Ridgeway, C. 2011. *Framed by Gender: How Gender Inequality Persists in the Modern World*. New York, NY: Oxford University Press.

Ridgeway, C. L. and Correll, S. J. 2006. "Consensus and the Creation of Status Belief." *Social Forces* 85: 431 - 453.

Rivera, L. A. 2012. "Hiring as Cultural Matching: The Case of Elite Professional Service Firms." *American Sociological Review* 77: 999 - 1022.

Roth, W. D. 2012. *Race Migrations: Latinos and the Cultural Transformation of Race*. Stanford, CA: Stanford University Press.

Saguy, A. C. 2013. *What's Wrong with Fat*? New York, NY: Oxford University Press.

Sallaz, J. J. and Zavisca, J. 2007. "Bourdieu in American Sociology, 1980 - 2004." *Annual Review of Sociology* 33: 21 - 41.

Sampson, R. 2012. *Great American City: Chicago and the Enduring Neighborhood Effect.* Chicago, IL: University of Chicago Press.

Sampson, R. J. and Bean, L. 2006. "Cultural Mechanisms and Killing Fields: A Revised Theory of Community-level Racial Inequality," In Peterson, R., Krivo, L. and Hagan, J. (eds) *The Many Colors of Crime, Inequalities of Race, Ethnicity, and Crime in America*, New York, NY: New York University Press, pp. 8 - 36.

Sampson, R. J., Raudenbush, S. W. and Earls, F. 1997. "Neighborhoods and Violent Crime: A Multilevel Study of Collective Efficacy." *Science* 277: 918 - 924.

Sampson, R. J. and Wilson, W. J. 1995. "Toward a Theory of Race, Crime, and Urban Inequality," In Gabbidon, S. and Greene, H. T. (eds) *Race, Crime, and Justice: A Reader*, New York, NY: Routledge, pp. 177 - 190.

Saperstein, A. and Penner, A. M. 2012. "Racial Fluidity and Inequality in the United States." *American Journal of Sociology* 118: 676 - 727.

Schnoor, R. F. 2006. "Being Gay and Jewish: Negotiating Intersecting Identities." *Sociology of Religion* 67: 43 - 60.

Schwalbe, M., Holden, D., Schrock, D., Godwin, S., Thompson, S. and Wolkomir, M. 2000. "Generic Processes in the Reproduction of Inequality: An Interactionist Analysis." *Social Forces* 79: 419 - 452.

Sewell, W. H., Jr. 1992. "A Theory of Structure: Duality, Agency, and Transformation." *American Journal of Sociology* 98: 1 - 29.

Sewell, W. H., Jr. 2005. *Logic of History.* Chicago, IL: University of Chicago Press.

Sharkey, P. 2012. *Stuck in Place, Urban Neighborhoods and the End of Progress toward Racial Equality.* Chicago, IL: University of Chicago Press.

Sharkey, P. and Faber, J. W. 2014. "Where, When, Why and for Whom Do Residential Contexts Matter?: Moving Away from the Dichotomous Understanding of Neighborhood Effects." *Annual Review of Sociology* 40.

Small, M. L. 2004. *Villa Victoria: The Transformation of Social Capital in a Boston Barrio.* Chicago, IL: University of Chicago Press.

Small, M. L., Harding, D. and Lamont, M. 2010. "Reconsidering Culture and Poverty." *Annals* 629: 1 - 22.

Smith, S. S. 2010. *Lone Pursuit: Distrust and Defensive Individualism among the Black Poor.* New York, NY: Russell Sage Foundation.

Snow, D. A., Morrill, C. and Anderson, L. 2003. "Elaborating Analytic Ethnography: Linking Fieldwork and Theory." *Ethnography* 4: 271 - 290.

Steensland, B. 2006. "Cultural Categories and the American Welfare State: The Case of Guaranteed Income Policy." *American Journal of Sociology* 111: 1273 - 1326.

Tajfel, H. and Turner, J. C. 1986. "The Social Identity Theory of Intergroup Behaviour," In Worchel, S. and Austin, W. G. (eds) *Psychology of Intergroup Relations*, Chicago, IL: Nelson-Hall, pp. 7 - 24.

Tavory, I. and Eliasoph, E. 2013. "Coordinating Futures: Toward a Theory of Anticipation." *American Journal of Sociology* 118: 908 - 942.

Taylor, C. 1992. *The Ethics of Authenticity.* Cambridge, MA: Harvard University Press.

Thelen, K. 2004. *How Institutions Evolve: The Political Economy of Skills in Germany, Britain, the United States, and Japan.* New York, NY: Cambridge University Press.

Thévenot, L. 2006. *L'action au pluriel. Sociologie des régimes d'engagement.* Paris, France: La Découverte.

Tilly, C. 1998. *Durable Inequality.* Berkeley, CA: University of California Press.

Tilly, C. 2008. *Explaining Social Processes.* Boulder, CO: Paradigm Publishers.

Timmermans, S. and Epstein, S. 2010. "A World of Standards but Not a Standard World: Toward a Sociology of Standards and Standardization." *Annual Review of Sociology* 36: 69 - 89.

Wallerstein, I. 1974. *The Modern World-System I: Capitalist Agriculture and the Origins of the European World-Economy in the Sixteenth Century.* New York, NY: Academic Press.

Weber, M. 1978. *Economy and Society: An Outline of Interpretive Sociology.* New York, NY: Bedminster Press.

Weber, M. 2002. *The Protestant Ethic and the Spirit of Capitalism.* New York, NY: Penguin.

Western, B. and Rosenfeld, J. 2011. "Unions, Norms, and the Rise in US. Wage Inequality." *American Sociological Review* 76: 513 - 537.

Wilson, W. J. 1980. *The Declining Significance of Race.* Chicago, IL: University of Chicago Press.

Wilson, W. J. 1996. "When Work Disappears: New Implications for Race and Urban Poverty in the Global Economy." *Ethnic and Racial Studies* 22: 479 - 499.

Wilson, W. J. 2010. *More Than Just Race: Being Black and Poor in the Inner City.* New York, NY: Norton.

Wimmer, A. 2013. *Ethnic Boundary Making, Institutions, Power, Networks.* New York, NY: Oxford University Press.

Wodtke, G. T., Harding, D. J. and Elwert, F. 2011. "Neighborhood Effects in Temporal Perspective the Impact of Long-term Exposure to Concentrated Disadvantage on High School Graduation." *American Sociological Review* 76: 713 - 736.

Zuckerman, E. S. 2012. "Construction, Concentration, and (Dis) Continuities in Social Valuations." *Annual Review of Sociology* 38: 223 - 245.

《社会学刊》第 1 期
第 240 ~ 270 页
© SSAP，2018

# 关系账户：一种文化的方法*

Frederick F. Wherry 著
耶鲁大学社会学系
郭巍蓉 译
美国埃默里大学社会学系

**摘　要**：本文拓展了（并超出了）泽利泽提出的关系标记这一概念；关系标记指的是参与到多样化的关系运作①过程中的个体，通过对不同关系的管理，将其消费进行归类并发展出一套资源分配实践的过程。本文通过详述一种建立在泽利泽提出的框架之上的关系账户理论，促使人们从社会表演的视角去理解算账实践。关系账户在三个层次上运作。（1）上游：在这一层中，可辨识的符码和结构化的意义系统形塑了个体在行动中的一套选项和非选项的集合，以及对于行动中的人们来说这些选项、非选项是否可能。嵌入符码中的道德考量影响了个人决策树的几何形状，甚至造成某些决策分枝的断裂。（2）中游：在这一层中，有意义的、在仪式上有规定的场合改变着账户优先级。（3）下游：人们参与到关系运作中，他们彼此间的关系含

* 本文原载于 *American Journal of Cultural Sociology* 杂志（2016年第4卷第2期，第131 ~ 156页）。题为“Relational Accounting：A Cultural Approach”。
作者感谢 Viviana Zelizer、Jeffrey Alexander、Nina Bandelj、Joshua Knobe、Nicholas Occhiuto 和匿名审稿人对本文较早版本所提出的意见。本文也受益于巴黎高等师范学院、美国社会学协会、社会经济学促进协会、耶鲁文化社会学中心的听众的意见。

① 在《亲密关系的购买》（上海人民出版社 2009 年出版）中，“relational work” 被译为“关系性的工作”。“work” 在这里含有运作之意，因此出于语言通顺与简洁的考虑，将“relational work” 译为“关系运作”。——译者注

义会在运作过程中表演出来。凭借交易所用到的关系类型，以及金钱性衡量发生其中的关系性场所的意义，交易或多或少变得可以为人所理解。此外，可辨识的第三方会对这些关系表演进行仲裁。最后，本文讨论了关系账户的两个具体实例：奢侈交易①和高额债务。

**关键词：** 债务　决策树　家庭财务　关系账户　心理账户

## 一　引言

自20世纪80年代晚期薇薇安娜·泽利泽（Viviana Zelizer）最早提出关系标记（relational earmarking）方法以来，这一方法就在社会科学界受到了各种赞誉和挑战（Bandelj，2012；Belk and Wallendorf，1990；Pahl，1995；Carruthers and Espeland，1998；Ingham，2001；Keister，2002；Dodd，2005；Maurer，2006；Steiner，2009）。在一篇1989年刊登于《美国社会学杂志》的文章中，泽利泽使用了“社会账户”（social accounting）② 一词作为“心理账户”（mental accounting）在社会学中的对应概念，但是直到在其2012年发表在《政治与社会》上的文章里，我们才发现她对关系账户（relational accounting）的简单描述。至此，泽利泽向我们展示了当人们参与到关系运作（relational work）中以标记他们的家庭预算、评估其财务决策时，他们对金钱的经验是关系性的，而不是算数性的。（泽利泽的“标记”逐渐以“关系标记”为人所熟知，以此来明确是关系处于“标记”的核心位置，而不是心理操作。）

本文以关系标记为基础，具体阐述其“近亲”——关系账户。笔者将关系账户定义为个人和家庭用来组织、评估、辩护和记录财务活动的一整套文化和社会过程。行为经济学家如Richard Thaler（1999：184）将心理账户

① 此处的“奢侈交易”并非指的是一般意义上的奢侈品交易，而是指在作者举的例子中个人在度假胜地（展现了某种奢侈）花更多的钱购买啤酒的“奢侈交易”（见后文）。在一个“有氛围”的地方购买同一件商品不同于在常规的地方进行常规的购买。——译者注

② 根据不同语境，“accounting”一词将分别被译为“账户”和“算账”。——译者注

定义为“个人和家庭用来组织、评估和记录财务活动的一套认知操作”，而泽利泽（Zelizer，2012：161）反对这一观点，她认为个人的规范和实践应该这样被考察：这些规范和实践都是由个人之间的关系以及源自这些关系的首要的文化意义构成的。由于泽利泽的“关系标记”这一概念并未将关系匹配（relational matching）呈现为社会表演（social performance），而是把它呈现为一个动态的、人际的、情境式的事件，因此本文将着手发展“关系账户”这一概念，从而使这些关系得以用更加拟剧性的方式运作。

虽然在经济学理论中可能没有拟剧论，但不可能没有规范和关系。泽利泽引用了George Akerlof（2007）在美国经济学协会上的主旨演讲，来说明Akerlof对规范的关注为研究“账户”的社会学方法和经济学方法之间的进一步对话提供了可能。经济学家为了毫无障碍地跑模型，就必须假定进入家庭预算的任何一块钱等同于到达或已经在那儿的任何其他一块钱［可替代性假设（the fungibility assumption）］，然而泽利泽已经向我们展示了文化因素和社会因素是怎样阻碍或改造这种可替代性的。其他社会学家、社会和认知心理学家、行为经济学家的作品也证实了她的理论前提（Winnett and Lewis，1995；Thaler，1999；McGraw et al.，2003；Camerer et al.，2011；Soman and Cheema，2011；Jolls，2013），但这一不可替代性的前提以及支撑起这一前提的社会关系却经常被呈现为特殊的行为模式；不仅如此，对于经济学家和心理学家来说，除却粗略检测（如加入一个虚拟变量，或在实验中处理成一个单一话题）之外，文化符码和相关的道德考量似乎依旧难以在经验上被详述。

举例来说，认知心理学家用一些实验来证明人们在决定何种交易最好时会将交易的情境（context）纳入考量，这些实验让人们在两个严格给定的场景中择其一。比如：

> 场景1：设想你打算用125美元买一件夹克，用15美元买一个计算器。计算器销售员告诉你，你想买的计算器现在在另一家分店打折卖10美元，而分店位于开车20分钟远的地方。那么你会不会去另一家店？

场景 2：设想你打算用 125 美元买一个计算器，用 15 美元买一件夹克。计算器销售员告诉你，你想买的那个计算器现在在另一家分店打折卖 120 美元，而分店位于开车 20 分钟远的地方。那么你会不会去另一家店？

(Kahneman and Tversky, 1984：347)

Daniel Kahneman 和 Amos Tversky（1984：347）认为这些场景代表了人的最小账户、局部账户或综合账户（minimal, topical, or comprehensive accounting）。如果上述例子算是一个最小账户，我们只会看到开车去分店买更便宜计算器的决定代表着省了 5 美元。这意味着不管情境如何，在以上两个场景（最小账户）中个人都会对省下的 5 美元做相同的评估。然而现实中，面对以上场景，当计算器价格为 15 美元时 68% 的人愿意为了省 5 美元而去分店，而当计算器价格为 125 美元时只有 29% 的人愿意去分店［关于社会经济地位如何影响最后结果的例子，参见《稀缺》（*Scarcity*）(Mullainathan and Shafir, 2013)］。省下的钱是相同的，但是一种认知偏见（禀赋效应/捐赠效应）（endowment effect）妨碍了纯算数思考。这就使得作者得以证明人们通常用局部账户和综合账户来构建他们的决策。Richard Thaler（1999：186）指出："局部账户把可能的选择会带来的后果与一个参考水平联系起来，而决策产生于其中的情境决定了这一参考水平。综合账户则包含了所有其他因素，包括目前的财富、未来的收入、其他概率性的持有物的可能所得等。"

泽利泽在局部性和综合性的金钱账户中注入了厚重的、与历史有关的意义：通过改变决策的主题来形成一个购买决策，这不单纯是一种令理性计算者感到困惑的认知偏见。相反，她认为人们是综合性地检验其财务决策的，将私人关系考量以及源自过去并会影响未来的一系列有意义的因素（道德和文化意义）囊括在一起。那些*先于和外在于财务决策*①而存在的性质都会

① 作者标为斜体。下同。——译者注

塑造人们的决策，并在决策的那一刻突出地显现出来。确实，外在于一个即时算账情景的就是那些能够被主体间理解的符码，这些符码将帮助个人弄清她[①]要考量什么，弄清社会重要他人（socially significant others）会如何对其算账过程（或其后果）做出反应。即使个人不同意这些符码，或者无法连贯地将符码连接起来，她也表现得像是自己意识到了它们的存在，这可以从她因为违反了符码意义而辨解或她费力地设法去协商符码边界等举动中看出。在做出决策的那一刻，行动者在付款、消费、存款或投资。一个财务决策的形成需要把社会重要他人放在“心中的首位”，因为她将社会重要他人视为能够从其所作所为中获益或受损的人，而且她也承认这些人会对她的行动做出评判。

通过对历史的详细回溯，泽利泽发现了形塑人们预算行为的深层道德考量（Zelizer，1985；Zelizer，2010）。人们会发问，把钱给妻子或孩子的做法在道德上是不是正确的？用死亡打赌是否对神虔敬？而在处理完道德考量和由此体现的文化意义之后，当人们决定如何花费（或不花费）被打上不同标记的钱时，他们还会考虑钱是怎样挣的，由谁挣的，以及用于什么目的。泽利泽把这一过程称作关系标记（relational earmarking），以此突出个人创造性地试图去理解、建立、维系、修复或解除有意义的社会关系的能动性。简而言之，关系标记及其在关系账户中的具体体现，是关系运作（relational work）的不同形式。

道德考量和共享的文化符码影响、激励和约束了行动者标记金钱的企图，而这些意义就像棱镜一样，使得不同的关系类型和关系义务通过其被折射出去。个人在决定如何为家庭成员花钱的时候，她会通过参照关系角色和符码来思考自己与每个家庭成员的关系；她会考虑自己的行动给这些家庭成员带来的好处或坏处在道德上是高尚的、中性的还是败坏的。这种评估帮助她弄清哪种财务义务（在道德上和关系上）最具强制性。

① 作者在本文中一律用“she/her”来泛指不分性别的个人，译文将保留原文的语言风格，用“她”来泛指个人。——译者注

关系账户既发生在微观层次又发生在宏观层次，由时间的意义作为中介。在宏观层次，存在着例如好账 vs. 坏账、节省 vs. 浪费、为全家考虑 vs. 自私自利、道德行为 vs. 不道德行为的跨情境式符码（trans-situational codes）。笔者强调这些符码是跨情境式的，是为了提醒大家符码的核心意义属于群体层次，而非个人层次。同样，这些文化符码并不依赖于个体，这些个体与他人互动，并使得独特的意义产生于每个独一无二的协商或互动中。虽然突生的理解确实产生于微观互动期间，但这些理解都会具有一种有意义的特征，也就是行动的发生参照既存的、受到道德评判的标准（Norton，2014）。换言之，即使个人如此充满活力与创造力，他们也得运用已有的成套意义，而这些意义并非创生于即时的互动之中。通过扩展理论解释使之包含杰弗里·亚历山大（Jeffrey Alexander，2004）的社会表演论，我们可以认为戏剧道具、意象和布景会在人们做出决策的那一刻触发更深的警戒或加剧狂热。我们也可以看到文化符码和意义结构之间如何在关系账户的动态框架里被直接连接起来。

在本文的框架中，关系账户存在于三个维度。（1）上游：在这一层中，可辨识的符码和结构化的意义系统形塑了个体在行动中的一套选项和非选项的集合，以及对于行动中的人们来说这些选项、非选项是否可能。这些符码在道德上并非中性，它们的激活与持续依赖于道德的力量，这种道德特性又塑造了决策路径的几何结构。（2）中游：一些预算实践参照有意义的时间（即由仪式规定的时间段）来进行。（3）下游：预算决策通过拟剧的方式做出，与此同时人们扮演特定角色，一起完成有意义的场景。这些表演性的交流遵循表演原则，并构成了关系运作。在解释完关系账户的以上三个维度之后，笔者将用具体例子来阐述它们是如何作用的。

## 二　上游：道德与决策结构

当人们解释其财务实践时，他们经常谈论的是“为什么”。在《为什么》一书里，查尔斯·蒂利（Charles Tilly，2006）指出，人们可以将过去归整于某人或某事（“经由”谁/某事）（“by” whom/what），可以暗示一个行为是无心疏忽还是有意为之，并可以用这种解释性的理由来建立、修复、调适或终止其社会关系。关系运作依赖于对好坏、有意还是无意伤害（是否该受责备）、目标值得还是不值得的道德评判。在泽利泽的框架中，道德和文化意义的诠释性“棱镜”（interpretive “prisms”）以被视作一种“神圣化效应”（sacralization effect），制约、引导着连接社会关系的各条“管道”（Podolny，2001）。

虽然社会关系能提示我们什么样的社会连带会产生什么样的消费、送礼或保留行为，人们还是把他们的关系理解为通常是具有“明线”（bright lines）和“亮光”（bright lights）的（Hitlin and Piliavin，2004；Vaisey and Lizardo，2010）。换句话说，在给定两个个体之间的关系类型的情况下，什么做法是合适的，是有边界的，所以才会有人在某些时候觉得自己的伙伴“跨了界”。与此同时，人们也会有承载道德重量的目标（“亮光”）。一个此类目标即抚养自己的孩子或其他需要你照顾的人。这种目标是被道德所塑造的。

当个人在记录和理解其消费、债务和储蓄的决策时，他们并没有权衡各种选项，就好像所有可行的做法都是可能的一样。相反，他们有时会屏蔽一些做法，对这些做法几乎不予考虑。这不单单是一个他们与受他们决定影响的他人之间的关系是什么类型的问题，更是一个他们想要采取的道德立场的问题，以及这种道德理解对塑造其决策的相应影响的问题。

社会科学家习惯于这样建立人类经济决策的模型：他们将经济决策视为在一个对称的决策树上的不同选项，在这一决策树中每一行动路径（或可能的经过衡量的支出）都具有对应的概率。然而，认知科学近期的一些研究发现了行动的责任归咎和道德价[①]（moral valence）如何塑造决策的几何结构的机制（Nahmias et al.，2005；Knobe，2010；Knobe et al.，2012）。所谓“决策的几何结构”，指的是不同决策点所形成的形状，在其中至少有

① “道德价”指的是人们对一个事件或行动是否符合伦理的评价，这种评价可正可负，但不是简单的道德/不道德之分，而是在伦理判断尺度上更为微妙、连续。——译者注

两条行动路径应该是可能的（行动或不行动），同时个人也因为一个原因（“为什么”）而采取（或不采取）行动。决策树展示了行动者是如何计算一条行动路径的，行动者理解做 A 是为了取得 B，而 A 是“经由”某事或某人完成的（这个“某人”可能和决策者有着重要的社会关系，但是即使在陌生人之间，一般化的道德准则也依旧成立）。

Joshua Knobe（2010：556）和另一些人的研究拒绝了道德的单阶段论，即认为道德在决策树建立之后才出现。换言之，道德和文化正是人们将其财务选项进行分类、评估这些选项并对它们做出反应的首要原因。Knobe 指出，那种单向的旧观点认为，“人们对其行动树的结构的表征（representations）会影响他们的道德判断，但人们的道德判断并不会反过来影响他们对其行动树的结构本身的再现”。相反，Knobe 等发现，道德考量发生在决策树形成其分枝之前，而且有时决策树的一个分枝会倒在另一个分枝上。当一个分枝断裂或严重萎缩时，人们也就会认为其行动的意图之一（一个分枝）不能和另一个意图区别开来或者互相包含。简言之，他们难以把工具性理由视为行动的合法基础，就好像他们可以把道德和文化期待悬置起来，从而对技术上可行的行动予以考虑或实行。

让我们以道德 vs. 不道德的情况为例。试想在以下两种情况下决策树分别会是什么样子：在做出决策的那一刻（在决策树出现分枝后）只考虑决策的道德价的这样一种对称的决策树，以及在决策之前（在由决策所带来的后果可以形成在分析上彼此有别的分枝之前）被道德评估所形塑的一种不对称的决策树。在给出有关关系账户的平行例子之前，笔者先举一个 Knobe 用过的例子。

Knobe 穿过纽约公园，向 43 名受访者交替着询问他们对一个道德的场景和一个不道德的场景的看法。他注意到大多数人认为保护环境是道德的，而（故意）破坏环境是不道德的。不管带来的结果如何，试图赢利的意图和试图保护环境的意图应该是互相独立的；然而不道德的结果使得人们容易无视这两种意图的独立性，而人们对道德的结果的反应则在意料之中。Knobe 要求受访者在结果是道德的情况下评估以下场景：

一个公司的副总裁找到董事会的主席说："我们打算开展一个新项目。这个项目有助于增加利润，也有助于保护环境。"

董事会主席回答："*我根本不在乎是否能保护环境*。我只想获利越多越好。让我们开展这个新项目吧。"

他们启动了新项目。果然，*环境得到了保护*。

然后，受访者被询问他们是否同意以下说法：

董事会主席经由对环境的保护而增加了利润。

与之做对比的场景则展示了一个不道德的结果（破坏了环境），而场景的所有其他部分保持不变。在结果是道德的情况下，大多数受访者表示保护环境和增加利润是两个互相独立的意图。而且，由于这一实验具有强制选择的性质，调查者因此得以将不道德的结果给受访者的决策树带来的影响独立出来。

在一个无关道德的对称的决策树中，受访者面对不道德的结果原本应该给出相同的结论。他们应该回答，破坏环境和增加利润在分析上彼此有别，并非做 A 是为了带来 B（或相反）。但事实并非如此。道德起了重要作用。当出现不道德结果的时候，决策树就有断裂的倾向。所以在这里，实施项目的考虑与破坏环境分不开。它们是一码事，而且是相同的。

现在，让我们为关系账户创造一个类似的场景。当一个主管家庭预算的人被认为只代表她自己的利益而非家里其他人的利益（并使全家为其决策受罪）时，这就被视作一种不道德（因私欲损害家属利益）。部分评判基于如下事实：父母有义务照顾其子女。（不同类别的关系伴随着相应的义务。）父母应该用温暖的情感给予子女照顾，而不是用冷冰冰的计算。伤害家里人作为一个评估的独立分枝而断裂。在这个新场景中，受访者被询问，是否可以认为加入一个特别的储蓄账户（而这个账户可能会要求家人做出一些即时消费上的牺牲）与带来的帮助或伤害全家的结果在分析上是有区别的。

首先是道德的情况：

一个营销者找到一个家长说："我们希望你加入一个特别的储蓄项目。这个项目能帮助你应对未来的突发状况，也能帮助你的家庭。"

家长回答："*我根本不在乎是否能帮助我的家庭*。我只想在面对突发状况时能获得越多的保障越好。让我们开始这个新项目吧。"

她开始了新项目。果然，*她的全家获益了（例如，变得更稳定）*。

然后，受访者被询问他们是否同意以下说法：

家长经由帮助其家庭而达到了给未来的突发事件上保险的目的。

（改编自 Knobe，2010：559）

我们可以用这样的模型表示这一决策：用向下箭头来表示 C（给未来的突发事件上保险）经由做 A（加入一个特别的储蓄项目）得到实现；有人也会主张 C 是经由做 B（帮助其家庭）得到实现的。图 1 展示了决策树的结构，表明 A 和 B 都是向下运作到 C 上的：经由加入储蓄项目而达到保险目的（insuring by enrolling）；经由帮助家庭而达到保险目的（insuring by helping）。

这意味着以下任何一种说法都应该是不被认可的：

· 家长经由给未来的突发事件上保险而加入了一个特别的储蓄项目。

这一陈述展示的是在决策树上的向上移动，而不是向下移动。同样，横向移动[①]在逻辑上也是不被允许的，也就排除了以下陈述：

· 家长经由帮助其家庭而达到了给未来的突发事件上保险的目的。[②]

虽然在结果是道德的情况下这些规则看起来是成立的，但在结果是不道

① 即移动到决策树右侧 B→C 一支（见图 1）。——译者注

② 作者在此处试图暗示的是，当坏的结果发生时，个人会回答这一"经由"陈述（a "by" statement）是成立的，而当好的结果发生时，个人却倾向于否认这一"经由"陈述成立（所以"家长经由帮助其家庭而达到了给未来的突发事件上保险的目的"这一陈述被排除）。也就是说，基于结果的好坏，个人对给定陈述的判断是前后不一致的，否则，如果在结果是不道德的情况下"A 经由做 B 而达成"这句话成立，那么我们应该能够推论在结果是道德的情况下"A 经由做 B 而达成"这句话同样成立。——译者注

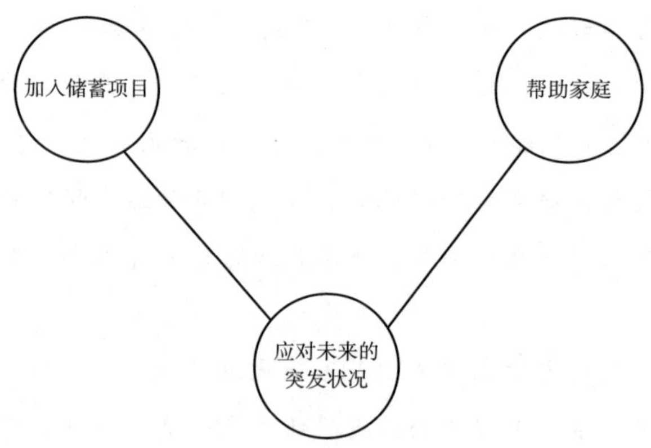


**图1 道德的结果与决策树**

资料来源：改编自 Knobe，2010：556。

德的情况下规则就难以成立了。换言之，决策树的结构和内在于其中的逻辑自洽的属性，是凭借其所应承载的道德评估而运作的。

让我们在结果是不道德的情况下思考这一场景：

> 一个营销者找到一个家长说："我们希望你加入一个特别的储蓄项目。这个项目能帮助你应对未来的突发状况，也能帮助你的家庭。"
>
> 家长回答："*我根本不在乎是否能帮助我的家庭*。我只想在面对突发状况时能获得尽可能多的保障。让我们开始这个新项目吧。"
>
> 她开始了新项目。果然，*家庭利益受到了伤害（例如，用于满足即时需求的可支配收入减少了）*。
>
> 然后，受访者被询问他们是否同意以下说法：
>
> 家长经由伤害家庭利益而给未来的突发事件上了保险。
>
> （改编自 Knobe，2010：560）

如果这个场景的作用方式和 Knobe 的实验发现类似的话，我们可以期待不对称的决策树能成立。在结果是道德的情况下受访者会倾向于反对如下陈述：家长“经由”帮助其家庭而达到了给未来的突发事件上保险的目的；而在结果是不道德的情况下，受访者会倾向于同意家长“经由”伤害家庭利益而给未来的突发事件上了保险。这一可检验的命题表明了人们对一个情境所做出的道德评估导致了他们对“经由”（意图）一词的不同的直觉感受。

在以上场景中，有人会问，加入储蓄项目和帮助/伤害家庭是否能被认为是独立的（互斥的）行动，抑或两者其实是一件事？我们可以再一次期待看到一种不对称，即人们在面对道德及不道德场景时，对这个问题的回应上的不对称。换句话说，对那些评估结果是道德的场景的人来说，他们倾向于将加入储蓄项目和帮助家庭评估为两个独立的行动。与之对比，对那些评估结果是不道德的场景的人来说，他们倾向于将加入储蓄项目和伤害家庭评估为一码事（见图2）。

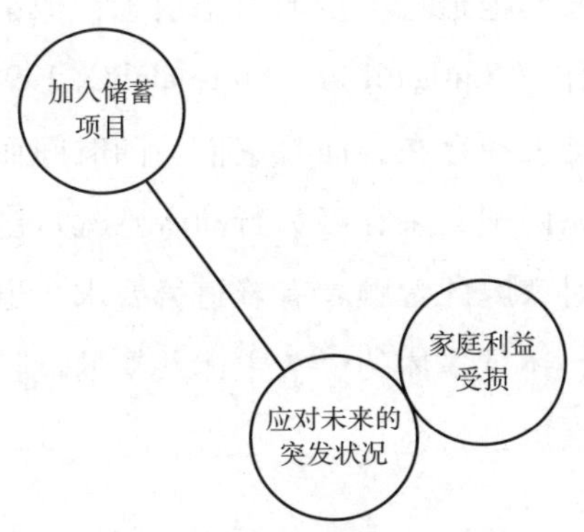


**图2　不道德的结果与决策树**

资料来源：改编自 Knobe，2010：560。

这些实验发现挑战了我们对经济直觉的理解。预期结果承载着道德价，而这一道德价如此形塑了决策树以至于一些选项与其他选项之间变得无法区别开来。个人并不是那种拥有足够信息（有限理性）从而能在一套可行的选择中做决策的人，相反，个人发现自己在如何评估一个选项是否可选的事情上受到道德制约。她会使用正确与错误（二元对立）这样的二元对比去操作选项，这些二元对比使得她切换到一种迥异的评估算法（evaluative algorithms）之中。深入的阐释性研究可以帮助分析者理解这些选项和非选项的意义，同时，溯因分析（abductive analyses）则可以帮助我们回溯性地识别出那些塑造决策树的鲜明道德对比。

通常，道德 vs. 不道德情况涉及的关系是社会重要他人。破坏环境的例子将评估与一般化他人（也可能包括亲人的未来）联系起来，而伤害家庭利益的例子则直接和整个家庭单元——依赖于这种决策的人——相联系。这些依附者不仅会成为决策的受益者，而且更易于受到决策带来的伤害。虽然个人可能会做出机会主义的行动而毫无道德愧疚，用欺诈手段投机取巧（Williamson，1981）却把财务决策转换到一个有本质差别的领域。同样，以脆弱的依附者为代价的自私自利行为，会使得个体被要求为她自己的决策做出解释。

关于何为对错以及其他道德考量的道德信念，似乎以一种从高到低排序的理解等级的方式运作（Battigalli and Siniscalchi，1999）。这些信念先于并外在于参与决策的行动者而存在，而且它们会随时间而更新或改变。这些信念也与不同类型的关系匹配起来，因为行动者感觉自己的行为会影响到社会重要他人，而这些人对家庭的看顾者有着道德要求。道德考量不仅仅是私人的、为个人所持有的，还是集体的、被主体共享的，且依赖于在家庭内部和外部的持续的社会关系。

## 三　中游：有意义的时间

在做出会影响全家的预算决策的时候，“有意义的时间”扮演了重要角色。有意义的时间指的不是频率或季节性变化（夏天的消费 vs. 冬天的消费），而是在仪式上被标记的时刻（有关与仪式事件无关的微观互动序列，参见 Wherry，2014）。在仪式上被标记的时刻包括过渡仪式［如出生洗礼、犹太成人礼、西班牙裔传统的女孩成人礼（quinceanera）、特殊的生日、高中毕业典礼、婚礼、葬礼，及其他被其共同体接受的过渡仪式］以及受到重视的宗教或具有宗教性质的活动（如圣诞节、光明节、复活节、逾越节、感恩节、新年等）。正如 Van Gennep（2011：2 -3）在对过渡仪式进行分类时指出的那样，社会压力推动了那些使人们从一个生命阶段转换到下一个生命阶段的仪式。这些生命阶段在本质上并非是生理性的（虽然它们经常对应着生理变化），而是取决于社会意义。笔者认为 Van Gennep 关于半文明群体的观点亦适用于那些生活在高度工业化的现代文明社会中的人。Van Gennep 这样写道："任何社会中的个体，其生命就是从一个年龄阶段到另一个年龄阶段、从一个职业到另一个职业的一系列过渡……在半文明群体中，这种行动都被包裹在仪式之内，因为对他们来说没有什么行动是可以完全与神圣相脱离的。在这种社会中，一个人生命中的每次变化都包含了在神圣与凡俗之间的作用和反作用——这些作用和反作用必须受到规定和监控，这样，社会作为一个整体才不会遭受不安或伤害。"宗教活动包括了与夏至/冬至和春分/秋分有关的天体变化（元旦日）。人们所做的供养家庭的消费决策往往包含了对神圣的考虑。他们感到必须要有意义地度过这些过渡时间，不管这种过渡是一年一次的仪式，还是从一个主要人生阶段过渡到另一个人生阶段的象征性新自我的诞生。人们如此做出预算，就好像他们还敬畏着他们的"半文明"（非计算理性）的精神。

默顿（Merton，1957）认为，时间的文化意义是被期待的短暂持续时间。一个活动受到集体规定的持续时间，以及从一个活动到另一个活动的顺序，不单单取决于基于效率的数学计算，更取决于集体对临时形成的情境的定义。关于时间是什么、人们面对的是什么样的情境、这种时间应该如何被庆祝、这种情境应该如何被表现，人们都有普遍的期待（Halawa，2015）。观察者和直接参与者对忤逆者表现出义愤填膺之情，并且他们自己也由于内心坚定的信仰而感到必须这么做。随着时间的流逝，这些期待得以变成工作、免税代码、礼拜堂或捐赠处的标准化操作流程中的一部分，给予情境化时刻及其要求以合法性。

在本研究模型中，时间起到一种语义学和句法学上的作用。时间的意义取决于文化意义系统，这一系统能帮助个体对特定的时刻做重要性上的排序。个体并非机械地对时间做出反应，而是将意义纳入考量，因为他们预期这一特定时刻能使他们与社会重要他人卷入和谐、冲突或是分离的状态。对行动者来说，如果他们想对一定数量的短时间时段进行整理并将其组合成一个连贯的（主体间共同承认的）时刻，他们就需要文化系统的帮助，文化系统能把人们关于何时与他们的社会重要他人团聚的期待统一起来。这些文化系统也标示了对于行动者如何定义和改进其对何时需要做什么以及这意味着什么的理解，以及对此他人会给予她多大的灵活性。

让我们以圣诞节这一被视作有意义的时刻为例。企业会发放圣诞奖金，商场会制作圣诞手册，教堂会进行圣诞募捐，慈善机构会发起家庭捐赠。这些实践标记了时间，也使得人们无法假装不知道这是什么时刻。虽然等到圣诞节之后去搜寻最佳折扣才是经济上更划算的做法，但大多数有孩子且收入拮据的家庭依然努力赶在圣诞节购物。他们愿意为物品、为实现他们的集体目标花更多的钱。不仅如此，当家长为圣诞节单独留出一笔钱的时候，他们还试图防止这笔钱被用在其他更急迫的事情上，即使这些事情在平日里更加迫切或难以拒绝。

当一家之主为这些重要时刻做计划的时候，他们在进行复杂的家庭内部谈判的同时，也让共享的意义系统加入进来。泽利泽的研究提示我们，在19世纪中期，工人阶级妇女利用储蓄俱乐部（savings clubs）来向她们的亲人传达一系列复杂的关系讯息（relational messages）。这种储蓄俱乐部使妇女得以保护其假期存款不受其他可能有更急需消费的家庭成员的染指。当她们面对其丈夫时尤其如此。泽利泽写道：

> 诚然，圣诞存款通常是为家庭必需品（如洗衣机或女儿的新衣服）而预留的……这一被独立出来的圣诞款项也使妇女们得以免于向她们赚取工资的丈夫索要礼物钱款，而索要礼物钱款的需要通常被认为是非常丢脸的。因此，美国的一些圣诞储蓄俱乐部的巨大成功不仅仅得益于个人的自我节制，而且得益于经过协商的家庭关系。
>
> （Zelizer，2012：160）

这些储蓄俱乐部又是如何利用了关系账户？并非所有的储蓄俱乐部都是按同一种方式建立的，因为它们事实上与不同的仪式相联系。圣诞储蓄俱乐部即立足于一个既存的仪式和一套相应的实践，以一个新型金融工具的形式出现。如果不是圣诞节或者其他受到足够重视的仪式，这种储蓄俱乐部就不会拥有使妻子的钱得以摆脱丈夫限制的类似的力量了。圣诞节和与之相关的意义帮助这些妇女挑战了她们丈夫的权威，同时又不对丈夫作为一家之主的关系角色造成威胁。与圣诞节相联系的，还有一连串确认性的、准备性的活动，以及对一个欢欣而神圣的场合的未来期待，而人们对这种场合的评估不同于对当下事件和即时问题的评估。

圣诞节每年都有，但每年一次的频率不会减弱其重要性。其他一些场合在一生中只发生一次，比如孩子来到这个世界上（出生）或所爱之人离世（死亡）。在前者的情况下，至少有九个月的预告让全家为之做财务准备。而在后者的情况下，转变经常毫无预警地发生。然而，没有足够的时间做准备不是*不恰当地*（appropriately）纪念逝者的借口。提供这种纪念可能会给家庭造成沉重的财务负担。但只有在经济匮乏的极端情况下，最便宜的葬礼才会被视作一个选择。这些期待是强加于家庭身上而无法摆脱的，时间计算和金钱计算似乎被搁置了，或至少它们被放在了一个不同的计算领域之中，在这一领域中机会成本是无关紧要的，而纪念逝者的便宜替代选择被认为是对其的亵渎。

过于关注短暂事件的有意义的方面会产生如下风险：这么做会暗示这些典礼和过渡仪式在其意义上是保持稳定、单一的，以及暗示它们（指短暂事件的有意义的方面）迫使一般而言的家庭和特定而言的一家之主敬畏那些形塑情境的主导符码。从列维－斯特劳斯（Levi-Strauss，1993）那里我们知道，圣诞节及以它的名义强制消费的事件出现于晚近，并受到了抗议；根据 Leigh Eric Schmidt，将消费支出与母亲节、情人节和圣诞节挂钩的做法源于那些动态的意义之争，造成这种斗争是因为个体和他们所代表的团体从不同的意义系统借用了各种元素，并且用可能的元素进行实验。这促使我们不能单单问这些时刻的意义是什么，而应该更具体地问无视这些意义的后果会是什么（Fine，1993：70）。人们会发现，行动者在特定场合忙于处理这种后果，而其他人则可能在试图维护这一场合的完整性。现在，让我们转向对作为下游的表演动力学的讨论。

## 四 下游：关系运作与表演性关系

对金钱进行算账的行为，就好像数字总和之间可以划分出边界，以及这些总和可以与特定的消费范畴匹配起来。分析者有时将算账的过程描绘为：个人做出其预算计划，这预算计划反映了她的偏好，而这些偏好又反映了她的某种个性（Wherry，2008）和情境化的计算（Lave，1988）。个人试图弄清如何将她的钱分类、如何花钱，也试图弄清这些行动是如何对有意义的社会关系的建立、维系、尊重、侮慢或解除产生影响的（Bandelj，2012；Zelizer，2012）。他们的关系运作使得他们在其算账实践中表现这些关系定义，即表演般地表达关系的意义（Wherry，2014）。当个人在“交流的过程中力求从他人那儿提取出我们应用于他们身上的相同的类型化（typtfications）”（Alexander，1988：313）的时候，个人会对价值*和*价值体系进行算计。交流的风格以及对所涉关系运作的执行，就如同一场社会表演（Alexander，2004）。购买行为本身，以及使之成为可能的隐含的预算实践，都需要被戏剧性地向外传达。返回来的回答本身即内在于对话者和社会重要他人所期待的回应之中，而这些社会重要他人会从购买（或储蓄/投资）的判断中获益或受损，并且/或者代替（stand in）行动者做出判断。这种来回往复的交流动力学为创造性的重组、意外、创新或受负面评价的中断提供了机会。

在关系运作中，个人将交易媒介（transaction media）（如钱、礼物、信用）与不同类型的社会关系匹配起来，不过，这种关系运作发生在这样的情景中：个人在这一情景中通过运用来自现存的符号和意义的“感官集”（set of sense）来理解自己的处境。这一匹配过程针对的是某种双方关系，这种关系可能是和社会重要他人的关系，或者是和与当下的处境、重构的过去或想象的未来相联系的关系束（bundles of relationships）的关系（Beckert，2013）。帕森斯和斯梅尔瑟（Parsons and Smelser，1957）在《经济与社会》中把家庭预算的功能定义为控制家庭内部冲突，以及通过由支出决策传递出的象征讯息来使一个家庭可以参照其他家庭进行定位（整合功能）。然而，他们既没有捕捉到这些策略的戏剧方法（dramaturgy），也没有捕捉到关系运作的表演性方面。

关系运作在当代家庭预算行为中扮演了怎样的角色？让我们以这样一个人为例：她成长于物质匮乏的环境之中，但最终设法获得一定程度的经济保障。在她的想象中，自己与家庭成员团结一致，而这些家庭成员在经济上已然赶不上她。这些家庭成员把她想象成一个赞助人，认为她愿意帮助那些不是由于他们自己的缘故而陷入悲惨境地的至亲。她更有可能被强制要求共同签署贷款或为亲朋好友提供短期财务援助，她也很可能设法去满足这些需求，即使无法完全满足其需求，她也会送出表示关切的象征性礼物。O'Brien提出了消极社会资本这一概念来说明类似的情况，并测量了消极社会资本对家庭将预留多少钱用于储蓄或投资的影响。这就是所谓“施加在个体行动者身上的、由于其在社会网络或其他社会结构中的成员身份而承担花费的压力”（O'Brien，2012：378）。压力的施加可以是隐而不显的，也可以是戏剧性的。被置于赞助人位置上的个体要想方设法扮演这一角色，这样她才能在将对自己的（社会的、精神的、经济的）损害最小化的同时恰当地维护她的社会关系。

### （一）关系场所（Relational Sites）

关系表演（relational performances）往往发生在特定场所，这些场所提供不同的社交和对行动的有意义的要求。Callon（1998）把这种场所称为*可计算性空间*（the space of calculability），而本文对关系运作的强调，是将关注点从可计算性转移到了正在发生的情境关系上。评估的多元性（multivalent）并不完全服从于市场工具，而是可以被动态地解读，尤其当行动者将某些经济交易（部分或完全地）转化为礼物交换的时候（Caliskan and Callon, 2009)。在通过对社会表演的强调而修正的关系运作框架中，意义系统对于“将一个可计算性空间解读为可计算的（calculable）”而言是重要的。确实，意义系统塑造了可计算性的逻辑，使得场所要素与人们如何定义算账情境关联起来。

关系场所这一概念强调交易地点富含的意义特征，强调试图理解交易的行动者的动态阐释，以及对发生于富含意义的地点之中的计算的影响，这种影响既在意料之外却又是模式化的。这类多价的计算取代了一种严格的质化/量化计算，后者会计算在不同的场景中一个物品或服务的费用可能是多少。个人必须以这样的方式与一个场所形成关联：这一场所对一个人（比如她自己）来说得是正确的地点（良好匹配）。如果场所特性和她自己的特性之间不匹配，她就更不可能将在那儿售卖的物品或服务纳入考虑范围，即使它们和那些被她视作是良好匹配的地方出售的价格更高的物品和服务相差无几。

关系场所将那些外显的理论过程注入了可计算性空间之中，而此理论过程可以在戈夫曼（Goffman，1959）的自我呈现理论和亚历山大（Alexander，2004）的社会表演论中找到。社会生活即存在于随着行动者辨识出并进一步定义其社会情境而表演其剧本（scripts）的过程中。那些很容易就“会丢脸”（discreditable）的个体，必须仔细斟酌在不同的观众面前如何表演才能保全颜面。每个个体因此会注意不去说在舞台上的其他行动者无法回应的“台词”，就好像个体会本能地采取计策来维护情境意义的完整性。这些对她是否表现得高雅以及由此是否能够保住“面子”（来自他人的积极或中性评价）的判断，取决于她使用的台词是否与其观众和其他行动者相信她是哪种人（以及她的行动涉及了哪些关系）相“匹配”。这种信念源自群体和社会层面的表征（Alexander，2004，2011），这些表征于人们相遇之前而存在，并且部分引导了整个过程。这些集体表征提供了关于她正试图扮演的人物角色、她在场景（scene）中的合适位置以及场景的物理特点——这些特点使之与共享的情境定义产生共鸣——的样板故事。当然，这些情境化定义影响了个体如何表达或改变她与其他人的关系。在行动者运用社会-技术装置（socio-technical devices）进行表演的同时（Callon et al.，2007），和同样需要解读的空间的物质集合、计算工具及其他社会装置一样（Alexander，2011；Wherry，2012），行动者对他们正在经营的关系的解读也起到重要作用（Zelizer，2012）；否则，那些意在形塑计算的未被叙述的材料（non-storied materials），如在特定场所起作用的电子表格、自动收报机、银行短信和告诫信，会一直保持低显著性。

要定义一个情境，行动者就需要用意义对货币转移的场所进行标记，不管这些空间是银行柜台、当铺的防弹塑料窗口、侍应托盘（Caskey，1994），还是按不同用途贴有名字标签的一套玻璃瓶或饼干罐（Zelizer，1994），或者是无法轻易得到钥匙的带锁箱（Dupas and Robinson，2013）。这些提供可计算性的装置和空间就像 Callon 和 Muniesa（2005：1231）所描绘的那种塑造计算的装置——“一张发票、一个网格……一块交易屏、一间交易室、一张电子表、一家清算机构……一辆购物车”。在本文的框架中，这些计算装置需要被置于一个有意义的场所。在哪里看发票（场所）以及由它标记的关系（直接的或暗示的）都形塑了计算的那一时刻。在交易室使用的交易屏装置的周围，也环绕着许多参与交易的行动者，他们知道交易室内的参与规则是与交易室外的规则相异的（Abolafia，1996）。交易室的构造——在其中，计算的分布基于地理空间和认知（Buenza and Stark，2001）——同样取决于场地布局、意象和限定于此地的行话（Levin，2001；Zaloom，2006），以及限定于此地的被行动者公开承认是“属于这间交易室”的货币。甚至在虚拟场所的案例中（Knorr-Cetina and Bruegger，2002；Knorr-Cetina，2009），也存在着关系标签、互动秩序和屏幕图标（screen icons），将交易（与否）的决策置入一个有意义的语境之中（Preda，2009；Preda，2012）。

就那些更平常的活动（如去超市购物）来说，超市的环境指示了个体应该愿意付多少钱。这样一来，在一个高端的超市（比如 Whole Foods）购物会让购物者对商品评估出来的价格不同于她在一个折扣超市（比如 Bi-Lo）评估出的价格。每个场所的设计美感和在店内使用的、用来装物品的手推车，都影响了人们的购买决策。虽然手推车起到了指示要买多少东西的计算装置的作用（Cochoy，2008），但它也是在一个空间里被推动的，而这是一个拥有自身意象、店内行话和参与规则等限定于此地之物的审美空间。如果场所本身所具有的意义没有注入这类装置及装置的使用者，计算装置是无法使一种特定类型的计算得以产生的。

### （二）第三方执行（Third-Party Enforcement）

在家庭之外的来自第三方的制裁能力，不论是正式的还是非正式的，都会对预算决策形成强有力的约束。非正式的第三方包括朋友、亲属和本地的卡里斯玛权威。正式的第三方则包括那些组织代理人，他们来自银行、信用顾问、收债人、非营利性顾问、社会工作者和人力资源部门人员。在黑市经济中，其他代理人例如放高利贷者及其强制执行人员就提供了这种第三方制裁。在形式经济学理论中，制裁似乎只是激励，用来刺激个体朝向给定目标做出有利行为，或者强制个体拒绝某些事物的诱惑。然而根据社会表演论，制裁主体主要是社会重要观众（socially significant audiences），这些观众可以是真实的或想象的。

泽利泽将第三方执行视作关系运作的核心部分，而在关系运作中，不恰当的预算决策会让家庭成员或朋友觉得预算者“疯了”，又或者，预算者由于无法用规范性说辞为自己的行为做正当化辩护，而把一些话吞进了肚子里。泽利泽注意到，对于谁（一个属于某范畴的但有时有争议的身份）赞美或玷污了某物（一个多价的事物）的这样一种基于关系的理解，使得身处直接交换之外的人们也能对这一交换进行评价。

对于任何给定的交易来说，它会关联到一个不同的第三方执行者群体，而且感知到的对交换规则的破坏可能会激活其他此前处于隐匿状态的第三方。但是，这些对于破坏规范的认知并不是自动发生的。Rossman（2014：55）这样写道：

> ［第三方］可能会将一种理解内化于人们心中，让人们把［这种交

换］理解为不是一种交换，虽然感知到它是一种交换，但（第三方）却能圆滑地禁止人们提及它，也能对它进行强烈谴责。我们可以把这些混淆视听的交换类比为污名化（stigmatized）的人，只不过两者的区别在于，污名主要应用于互动之中，并仅仅通过接触蔓延到参与者身上。正如污名化群体可以“装”,① 或被允许“装”，混淆的交换也可以如此。纵然此类互动被认为是正当的，这里的意义也最好被理解为“装”（passing），也因此，“保持原样”（standing）（即不进行伪装）就是脆弱而名声败坏的。

第三方执行者试图理解先于一场交换的暗含的计算。理解（making sense）有时意味着一个预算决策可能被视作一项非金钱性的义务。在禁忌场合中，给予恋人的金钱性礼物可能会被构想为对她的家庭（而送礼者并未见过他们）的帮助，这样一来，双方都可以假装自己并不是在进行某种形式的性交易。同样地，付给代孕母亲的钱或许是一个“额外”的礼物（而不是一笔报酬），即使这一礼物的作用在于帮助送礼者在与其他竞争者的竞争中获取代孕者的服务。送礼者可能会担心自己被指控购买婴儿或在竞争性市场中租借子宫的罪名。在其他情况中，个体或许会强烈地否认自己进行了轻率的消费，指出自己在购买一件打折商品上“节省”了多少钱（Miller，1998）。

这些辩解依赖于这样一种集体信念，即能够使交易及交易计算代理（calculating agents）看起来比实际可能的做法更为直接（或在道德上更正直）（Bourdieu，1977，2000）。这些集体意义为破坏规范者提供了规范性的“外衣”，与此同时也为第三方应该强化哪种解释提供了合法性。集体解释（collective accounts）不单单提供借口：它们让我们共享交换的意义、其道德上的微妙差别（moral nuances）以及由预算决策而带来的受尊敬的或蒙受耻辱的社会关系。

① 在《污名：受损身份管理札记》（商务印书馆 2009 出版）第 59 页，“passing”被译作“装”，本文借鉴这一译法，并将与“passing”对举的“standing”相应地译为“保持原样”。——译者注

## 五 应用

这里，我们将呈现两个关系账户的实际应用，展示对于常规购买和非常规的预算决策（如贷款）来说，关系账户是如何运作的。

### （一）常规购买

在一个基本的关系账户框架中，我们应该假定，个人愿意为一件物品或一项服务付多少钱是有一个价格上限的。个人的目标是用这一价格或低于该价格获取商品。而物品或服务是在哪里获取的，会影响价格的上限。情境化语境（situational context）将促使我们用一种特殊的方式评估一个购买决策。我们可以运用来自心理账户的局部框架或来自关系账户的综合框架，来思考情境化语境的作用。在我们考察这两种方法的不同之处的时候，我们就能发现在对概念进行概念化的过程中什么处于关键地位。我们先来考察一下心理账户。

Thaler（1999）解释说，交易效用（transaction utility）作为对获得效用（acquisition utility）的实质批评而出现，因为人们注意到个体并不从获得一个商品（获得效用）而得到一套单一、一致的效用（满足）。相反，消费一个商品的意愿取决于得到商品的物理位置，还取决于在物理场所中获取商品的过程（交易效用）。交易效用这一概念试图对获得商品的场所进行简化，同时也需要控制情境的所有其他方面，这样才能进行随机实验来询问被试他们在一个特定的“地点1”愿意为“商品X”花多少钱。这意味着，在除了地点的特征所有其他东西都保持不变的情况下，如果“地点2”也出售同一商品，我们就可以期待个人愿意为这个商品花同样多的钱。如果买家愿意花不同数量的钱，那么就可以推断这种不同是由获得商品的地点以及买家对这一地点的期待造成的，因为商品本身（比如，其质量和品牌）是一样的。以下是Thaler所使用的场景：

这是炎热的一天，你正躺在沙滩上，此时你只需要喝冰水。而在上一个小时你却在想如果能喝上一瓶你最喜欢的牌子的美味冰啤该是多么享受的一件事。你的同伴起身去打电话，并提议从附近唯一一处卖啤酒的地方（一家豪华的度假酒店/一家破落的小杂货店）给你带一瓶啤酒。他说这里的啤酒可能比较贵，所以问你愿意为它花多少钱。他说，如果啤酒的价格和你说的价格一样，或低于你说的价格，他就会把啤酒买回来。但如果价格高于你说的价格，他就不会买。你相信你的朋友，而且你不可能与（酒吧侍者/杂货店店主）讨价还价。那么，你会告诉你朋友什么价格？

（Thaler，1999：189）

Thaler 发现，相较破落杂货店的啤酒，人们愿意为在度假酒店购买的同样的啤酒付更多钱。他还注意到，在哪里买啤酒本应该没有影响，因为在标准的经济学理论中，环境不会影响获得效用——“相对于商品价格所获得的商品的价值”（1999：188）。消费者愿意为完全相同的商品支付不同的价格，而这种不同源于交换环境（交易效用）以及“感知到的此项‘买卖’的价值”（1999：189）。

（1）上游：道德与决策结构

注意，道德考量和社会关系在上述心理账户的例子里几乎完全被剔除了。我们能从中找到的唯一关系就是那个替自己去买东西的朋友。这看起来像是一个道德中性的情境，所以我们不会期待看到一个分枝破裂或分枝严重萎缩的决策树。那是那天的第一瓶啤酒，而且也没有线索暗示此人的朋友或其家庭会因为买一瓶啤酒而受到道德损害。然而，在那一刻，个体必须问自己如果他对冰啤酒的需求太高，那么他是在传达什么样的信号？这会不会暗示着他缺乏自制力、控制不了自己的欲望？

（2）中游：有意义的时间

我们看不出购买啤酒这一行为与一个过渡仪式有关，我们也看不出它被包含在受到重视的宗教或类似宗教的活动中。因此，拒绝为买一瓶啤酒花费超出所必需的钱的社会强制力消解了。

(3) 下游：表演性的关系运作

在这一时刻，个人正面对自己的朋友进行印象管理，并且正如他维系着与自己朋友的关系那样，他也可能正试图维护自己的面子。他的朋友会如何对一个道德上任性的要求进行消极制裁：一个鬼脸、一个告诫、一个建议以示意他给出的价格太高了？个人也会考虑，如果不买啤酒那么应该买什么。在那两个购买场所，地点的设计美学暗示了更低 vs. 更高的价格，其环境同样暗示了什么样的人最有可能在那里购物。上述例子中的购买看似常规，我们却能在其中找到大量有关道德和关系的内容。

## （二）高额贷款

要运用关系账户框架来分析借高额贷款的决策，就要求我们从影响这一决策的文化意义系统出发进行考察。银行业协会、广告和新闻评论，提供了一系列使债务和借债人的意义得以凸显的资料。Peebles 解释说，储蓄 vs. 借款不仅仅是数学计算，而且反映文明和道德的特质。在工业革命前，“未受教育”的工人阶级私人“储藏”其钱财，而不是将钱存入正式的银行，他们徘徊在这样一个意义系统：在其中，人们感觉把钱存在教堂而不是银行会比较舒心。苏格兰储蓄银行（Savings Bank in Scotland）就有它的建立传说，它最早是由银行家在礼拜天银行（Sunday Banks）“布道之后向人们收集存款”而来。Peebles（2010：243－244）这样描写道：

> 类似地，一个由牧师建立的银行在它准备开门营业的时候，它会发传单给那些“勤劳的人”。传单中突出强调了把钱藏在家里的危害，并如此总结道：“储蓄银行能够保全你的能力（competency）——带来尊严和心灵独立性的能力。而这使得能力的拥有者高于那些低等、不诚实、卑躬屈膝的人。他因此成为一个严格意义上的人。他变得自给自足，不依靠那些借来的东西，不让自己服从他人的安排，不乞求施舍，也不在或慷慨或傲慢的捐助人面前出于义务感而对其卑躬屈膝。”
>
> （Horne，1947，in Peebles，2008：244）

要想拥有尊严、独立和自控力，就需要加入储蓄银行。这些都是在道德上显著的特性，这些特性形塑了储蓄、储藏或借债是如何在一组选项中被评估为可行的选项的。

（1）上游：道德与决策结构

背负债务可以是道德的，也可以是不道德的。好的债务可以通过确保满足基本需要或通过保护（及投资）房屋所有权的方式，让一个中产阶级个体照料其家庭。这些传达出“好债务”的讯息与那些传达出“坏债务”的讯息形成了鲜明对比。然而，正是那些“坏债务”（高额债务）的提供者利用了这些有关个人责任和自控力的比喻来向人传达：穷人和工人阶级能够从他们自己身上借债，他们由此是负责的（有德之人）；不仅如此，这些讯息还充满了欢迎和表示理解的口吻。当然，陷入困难时期是很容易的，而在人们发薪日之前提供短期高利率贷款的放贷者不会令囊中羞涩的个人感到难堪，不管是不是这个人自己一手造成了眼前的困难。不道德的并不是债务，而是如果不借债就可能给家庭带来的伤害。

这些有显著意义的道德讯息形塑了借债的经验，并模糊了数学上的贷款代价。在主流银行，一项年利率高达400%的贷款会被断然拒绝，或被视作是不可思议的；但是由于借款者位于二元符码错误的一边，且需要进行苦行赎罪以回归正确的那一边，他们由此证明自己愿意对自身施加痛苦。他们无视了自己正在支付原借款数目的20～30倍的利息和费用给放贷者这一事实。而无法“恰当”地供养家庭这一选项，并没有被视作是其决策树中的可行的一个分枝。

（2）中游：有意义的时间

我们能找到历史的及当代的线索暗示储蓄实践与宗教活动相关，例如苏格兰的主日崇拜（Keister，2003；Peebles，2010；Delaney，2012）；我们也可以看到这样一种当代的叙述：企业家被号召在资金上支持圣徒日节庆，或帮助个人给洗礼准备有意义的礼物（Portes and Landolt，2000）。在这种时期，个人答应这些馈赠或援助的请求的可能性，要比在正常时期显著更高。

（3）下游：表演性的关系运作

在分析了二元符码及其话语是如何进入贷款的主流叙述之后，我们能看到这些讯息是怎样被注入银行业场所的建筑中的，人们就是在这些场所内借债的。这些富含意义的关系考量包括了道德考量，且在某些情况下，道德律令驱使着这些个体去获取金融产品。毕竟，拯救或延长一个孩子或年老父母的生命，抑或通过教育给予孩子以人生机遇（Polletta and Tufail，2014），都不是可以在标准决策树中被衡量的目标，而且它们也不属于以下这种算账情境：在这一情境中，第三方并不会强行介入将某些选项置于“好行为”的领域之外。[①] 在至亲身上施加道德伤害几乎是不可想象的，而第三方帮助强化了那种不可想象性。

## 六　结论

本文对泽利泽的关系运作和关系标记的拓展，非常不同于预算行为的个体化分析。在预算行为的个体化分析中，利益、目标和满足，通过修补（tinkering）、认知捷径（cognitive shortcuts）和追求最低限度的满意（satisficing）而使其与资源约束相符合。虽然泽利泽只使用了一次关系账户这一术语，本文却将其融进了关系标记的表演理论中。在这一理论中，意义系统、道德考量和时间［以及时机（timing）］意义充当了形塑结构的结构（structuring structures）。笔者的方法主要关注内在感知到的道德、直觉到的符号对立以及进行中的仪式，它们形塑了决策结构并约束着达成目标的或创造性或标准化的路径。当微观互动发生时，意义系统、文化符码、短暂的期待和关系考量就已然发动，使行动者将某些类型的支出看作（在当下）道德上的必需品。由此，这些形塑结构的结构事先拟定了预算制定者和被标记的受益者可用的角色，并且共同铺筑了那些参与到关系运作中的人脚下的道路。

① 也就是说，诸如赡养父母、养育孩子之类的道德目标，不能简单地用效用最大化的方式进行权衡，而且第三方必定会出现在其中，第三方已规定了哪些行为、哪些债务是道德或不道德的，所以人们很少会选择那些被第三方认为是不道德的做法，即使这一做法能使效用最大化。——译者注

## 参考文献

Abolafia, M. Y. 1996. *Making Markets: Opportunism and Restraint on Wall Street.* Cambridge: MA, Harvard University Press.

Akerlof, G. A. 2007. "The Missing Motivation in Macroeconomics." *The American Economic Review*: 3 – 36.

Alexander, J. C. 1988. *Action and Its Environments: Toward a New Synthesis.* Columbia University Press.

Alexander, J. C. 2004. "Cultural Pragmatics: Social Performance between Ritual and Strategy." *Sociological Theory* 22 (4): 527 – 573.

Alexander, J. C. 2011. "Market as Narrative and Character." *Journal of Cultural Economy* 4 (4): 477 – 488.

Bandelj, N. 2012. "Relational Work and Economic Sociology." *Politics & Society* 40 (2): 175 – 201.

Battigalli, P. and Siniscalchi, M. 1999. "Hierarchies of Conditional Beliefs and Interactive Epistemology in Dynamic Games." *Journal of Economic Theory* 88 (1): 188 – 230.

Beckert, J. 2013. "Imagined Futures: Fictional Expectations in the Economy." *Theory and Society* 42 (3): 219 – 240.

Belk, R. W. and M. Wallendorf. 1990. "The Sacred Meanings of Money." *Journal of Economic Psychology* 11 (1): 35 – 67.

Bourdieu, P. 1977. *Outline of a Theory of Practice.* New York: Cambridge University Press.

Bourdieu, P. 2000. "Making the Economic Habitus." *Ethnography* 1 (1): 17 – 41.

Buenza, D. and D. Stark 2001. "Tools of the Trade: The Socio-Technology of Arbitrage in a Wall Street Trading Room." *Industrial and Corporate Change* 13 (2): 369 – 400.

Caliskan, K. and M. Callon. 2009. "Economization, Part 1: Shifting Attention from the Economy Towards Processes of Economization." *Economy and Society* 38 (3): 369 – 398.

Callon, M. 1998. "The Embeddedness of Economic Markets in Economics." *The Laws of the Market.* M. Callon. Malden, MA, Blackwell: 1 – 57.

Callon, M., et al. 2007. *Market Devices.* Malden, MA: Blackwell.

Callon, M. & Muniesa, F. 2005. "Peripheral Vision: Economic Markets as Calculative Collective Devices." *Organization Studies* 26 (8): 1229 – 1250.

Camerer, C. F., et al. 2011. *Advances in Behavioral Economics.* Princeton University Press.

Carruthers, B. G. and Espeland, N. W. 1998. "Money, Meaning, and Morality." *American*

*Behavioral Scientist* 41 (10): 1384 - 1408.

Caskey, J. P. 1994. *Fringe Banking: Check-cashing Outlets, Pawnshops, and the Poor.* New York: The Russell Sage Foundation.

Cochoy, F. 2008. "Calculation, Qualculation, Calqulation: Shopping Cart Arithmetic, Equipped Cognition, and the Clustered Consumer." *Marketing Theory* 8 (1): 15 - 44.

Delaney, K. J. 2012. *Money at Work: On the Job with Priests, Poker Players and Hedge Fund Traders.* New York: NYU Press.

Dodd, N. 2005. "Reinventing Monies in Europe." *Economy and Society* 34 (4): 558 - 583.

Dupas, P. and Robinson. J. 2013. "Why Don't the Poor Save More? Evidence from Health Savings Experiments." *American Economic Review* 103 (4): 1138 - 1171.

Fine, G. A. 1993. "The Sad Demise, Mysterious Disappearance, and Glorious Triumph of Symbolic Interactionism." *Annual Review of Sociology*: 61 - 87.

Goffman, E. 1959. *The Presentation of Self in Everyday Life.* Garden City, NY: Doubleday.

Halawa, M. 2015. "In New Warsaw: Mortgage Credit and the Unfolding of Space and Time." *Cultural Studies* 29 (5/6): 707 - 732.

Hitlin, S. and Piliavin, A. J. 2004. "Current Research, Methods, and Theory of Values." *Annual Review of Sociology* 30 (1): 359 - 393.

Horne, H. O. 1947. *A History of Savings Banks.* Oxford: Oxford University Press.

Ingham, G. 2001. "Fundamentals of a Theory of Money: Untangling Fine, Lapavitsas and Zelizer." *Economy and Society* 30 (3): 304 - 323.

Jolls, C. 2013. "Behavioral Economics Analysis of Employment Law." *The Behavioral Foundations of Public Policy*: 264.

Kahneman, D., & Tversky, A. 1984. "Choices, Values, and Frames." *American Psychologist* 39 (4): 341 - 350.

Keister, L. A. 2002. "Financial Markets, Money, and Banking." *Annual Review of Sociology*: 39 - 61.

Keister, L. A. 2003. "Religion and Wealth: The Role of Religious Affiliation and Participation in Early Adult Asset Accumulation." *Social Forces* 82 (1): 175 - 207.

Knobe, J. 2010. "Action Trees and Moral Judgment." *Topics in Cognitive Science* 2 (3): 555 - 578.

Knobe, J., et al. 2012. "Experimental Philosophy." *Annual Review of Psychology* 63: 81 - 99.

Knorr-Cetina, K. 2009. "The Synthetic Situation: Interactionism for a Global World." *Symbolic Interaction* 32 (1): 61 - 87.

Knorr-Cetina, K. and Bruegger, U. 2002. "Global Microstructures: The Virtual Societies of Financial Markets." *American Journal of Sociology* 107 (4): 905 - 950.

Lave, J. 1988. *Cognition in Practice: Mind, Mathematics and Culture in Everyday Life.* New

York: Cambridge University Press.

Lévi-Strauss, C. 1993. "Father Christmas Executed." *Unwrapping Christmas*: 38 - 51.

Levin, P. 2001. "Gendering the Market: Temporality, Work, and Gender on a National Futures Exchange." *Work and Occupations* 28 (1): 112 - 130.

Maurer, B. 2006. "The Anthropology of Money." *Anual Review of Anthropology* 35 (1): 15 - 36.

McGraw, A. P., et al. 2003. "The Limits of Fungibility: Relational Schemata and the Value of Things." *Journal of Consumer Research* 30: 219 - 229.

Merton, R. K. 1957. *Social Theory and Social Structure.* Glencoe, Ill.: Free Press.

Miller, D. 1998. *A Theory of Shopping.* Oxford: Polity Press.

Mullainathan, S. and Shafir, E. 2013. *Scarcity: Why Having Too Little Means So Much.* New York: Times Books.

Nahmias, E., et al. 2005. "Surveying Freedom: Folk Intuitions about Free Will and Moral Responsibility." *Philosophical Psychology* 18 (5): 561 - 584.

Norton, M. 2014. "Mechanisms and Meaning Structures." *Sociological Theory* 32 (2): 162 - 187.

O'Brien, R. L. 2012. "Depleting Capital? Race, Wealth and Informal Financial Assistance." *Social Forces* 91 (2): 375 - 396.

Pahl, J. 1995. "His Money, Her Money: Recent Research on Financial Organisation in Marriage." *Journal of Economic Psychology* 16 (3): 361 - 376.

Parsons, T. and Smelser, J. N. 1957. *Economy and Society.* New York: The Free Press.

Peebles, G. 2008. "Inverting the Panopticon: Money and the nationalization of the future." *Public Culture* 20 (2): 233 - 265.

Peebles, G. 2010. "The Anthropology of Credit and Debt." *Annual Review of Anthropology* 39 (1): 225 - 240.

Podolny, J. N. 2001. "Networks as the Pipes and Prisms of the Market." *American Journal of Sociology* 107 (1): 33 - 60.

Polletta, F. and Tufail, Z. 2014. "The Moral Obligations of Some Debts." *Sociological Forum* 29 (1): 1 - 28.

Portes, A. and Landolt, P. 2000. "Social Capital: The Promise and Pitfalls of Its Role in Development." *Journal of Latin American Studies* 32 (2): 529 - 547.

Preda, A. 2009. "Brief Encounters: Calculation and the Interaction Order of Anonymous Electronic Markets." *Accounting, Organizations and Society* 34 (5): 675 - 693.

Preda, A. 2009. *Framing Finance: The Boundaries of Markets and Modern Capitalism.* Chicago: University of Chicago Press.

Preda, A. 2012. "Tags, Transaction Types and Communication in Online Anonymous

Markets." *Socio-Economic Review*: mws011.

Rossman, G. 2014. "Obfuscatory Relational Work and Disreputable Exchange." *Sociological Theory* 32 (1): 43-63.

Soman, D. and Cheema, A. 2011. "Earmarking and Partitioning: Increasing Saving by Low-income Households." *Journal of Marketing Research* 48 (SPL): S14-S22.

Steiner, P. 2009. "Who is Right about the Modern Economy: Polanyi, Zelizer, or Both?" *Theory & Society* 38 (1): 97-110.

Thaler, R. H. 1999. "Mental Accounting Matters." *Journal of Behavioral Decision Making* 12 (3): 183-206.

Tilly, C. 2006. *Why? What Happens When People Give Reasons and... Why.* Princeton, NJ: Princeton University Press.

Vaisey, S. and Lizardo, O. 2010. "Can Cultural Worldviews Influence Network Composition?" *Social Forces* 88 (4): 1595-1618.

Van Gennep, A. 2011. *The Rites of Passage.* Chicago: University of Chicago Press.

Wherry, F. F. 2008. "The Social Characterizations of Price: The Fool, the Faithful, the Frivolous, and the Frugal." *Sociological Theory* 26 (4): 363-379.

Wherry, F. F. 2014. "Analyzing the Culture of Markets." *Theory and Society*: 421-436.

Williamson, O. E. 1981. "The Economics of Organization: The Transaction Cost Approach." *American Journal of Sociology* 87 (3): 548-577.

Winnett, A. and Lewis, A. 1995. "Household Accounts, Mental Accounts, and Savings Behaviour: Some Old Economics Rediscovered?" *Journal of Economic Psychology* 16 (3): 431-448.

Zaloom, C. 2006. *Out of the Pits: Traders and Technology from Chicago to London.* Chicago: University of Chicago Press.

Zelizer, V. A. 1985. *Pricing the Priceless Child: The Changing Social Value of Children.* New York: Basic Books.

Zelizer, V. A. 1994. *The Social Meaning of Money.* New York: Basic Books.

Zelizer, V. A. 2010. *Economic Lives: How Culture Shapes the Economy.* Princeton: Princeton University Press.

Zelizer, V. A. 2012. "How I Became a Relational Economic Sociologist and What Does That Mean?" *Politics & Society* 40 (2): 145-174.

# 《社会学刊》征稿启事

《社会学刊》创办于1928年，复旦大学社会学系于2018年以集刊形式复刊，目前为半年刊。本刊以“追求社会真知，崇尚学术创新；注重本土经验，具有全球视野”为宗旨，致力于为海内外不同志趣的社会学者，提供一个探索社会真知的高端展示平台。

本刊刊发海内外学者的前沿性、有学理创新、方法适当的研究论文，鼓励把本土经验转变为普遍性概念和理论的研究，倡导有全球视野的比较研究。本刊还刊登国内外社会学及相关领域的最新研究述评、学术争鸣和书评。主要栏目包括专题研究、社会学理论、社会研究方法、研究论文、学术述评、学术争鸣与书评等。

本刊选稿坚持学术性与规范性。对经验研究，强调其清晰的理论脉络和学理创新；对应用性研究，则强调其学理基础和政策蕴涵。本刊谢绝一般调查报告和原则性的政策建议，不刊登时评和国内外已经公开发表的文章（译介论文除外）。

投稿请提供Word或其他格式的电子文本。学术论文篇幅以1万~2万字、书评以不超过5000字为宜。请在来稿首页写明：文章标题、作者简介（姓名、工作单位全称、职称、研究方向、联系电话、详细通信地址、电邮地址等）。文稿需完整，包括标题、作者姓名、作者单位、摘要（300字左右）、3~5个关键词、正文、参考文献等。来稿请附标题、作者姓名、作者单位、摘要和关键词的英文翻译。所投稿件如受基金资助，请在标题上加脚注说明，包括基金项目名称和编号。

来稿需符合学术规范，不得抄袭、剽窃他人成果，不得伪造、篡改数据，也不允许任何其他学术不端行为，不涉及国家机密。稿件采用他人成说，需在文中以括号注方式说明出处，比如，费孝通认为，中国农村中的基本社会群体就是家，一个扩大的家庭（费孝通，1986：21）。作者自己的注释均作为当页脚注。凡引用文献，须在篇末列入参考文献。中外文参考文献分开列出，中文文献在前，外文文献在后，并以作者姓氏英文字母顺序排列。中文文献参照《社会学研究》的格式，外文文献参照 ASA 格式（American Sociological Association Style）。

来稿正文层次最多为 4 级，标题序号依次采用一、（一）、1、（1）。一级标题居中，二级标题左对齐，三、四级标题左缩进 2 格。来稿中的图表要清晰，符合出版质量要求。

本刊实行匿名审稿制度，来稿均由编辑部安排专家审阅。稿件请直接投寄本刊编辑部电子邮箱，切勿一稿多投。编辑部将在收到稿件三个月内联系作者，告知刊用或修改意见。本刊不收取任何费用，稿件一经刊用，即奉稿酬并赠送样刊两册。来稿一经本刊发表，版权即为本刊所有，未经授权，不得转载或翻译。本刊所发表的稿件，作者若无特别要求，均加入数字化期刊网络系统。稿件的国内外版权事宜，均遵照《中华人民共和国著作权法》及有关国际法规。

编辑部联系方式：投稿邮箱：shxk@ fudan. edu. cn；

电话：+86 -21 -65648471。

《社会学刊》编辑部

2018 年 4 月 8 日

# Journal of Sociological Studies

June 2018

Table of Contents & Abstracts

No. 1


## Research Articles

Whose "Hongbao" to Take

—A Study on the Informal Transactions between Doctors and Patients with a Cultural Approach



**Abstract**: A burgeoning literature on the informal transactions occurring outside formal institutions has demonstrated the principles of interactions among Chinese people and the important role of "hongbao" (monetary gifts). There are, however, few studies on the informal transactions between doctors and patients, and on the gift-taking decision of doctors in the field of public healthcare. Drawing on interviews with 30 doctors working at public hospitals in Shanghai and Nanjing, this paper explores why and how doctors decide to take or reject the gift, and how they justify their decisions. Four types of doctor-patient transaction are identified: *Quick Fix*, *Face and Power*, *Fair Dealing*, and "*Bao*". The findings show that variation in doctors' decisions to take the monetary gift from patients lies in doctors' different definition and interpretation of: (1) their relationship with the patients; (2) the meaning of the exchange; (3) the medium of exchange, such as monetary or non-pecuniary gifts. Different cultures, including authoritative culture, market culture, and family-oriented culture, lead to the variation in interpretation.

**Keywords**: "Hongbao"; Relational Work; Relational Earmarking; Social Capital

## Institutional Culture in the Context of Quantitative Evaluation: the Production of the Meaning of "Excellence" and "Eugenics" in China



**Abstract**: Drawing on data from two separate ethnographic works, this paper focuses on the institutionalized selection in hospitals and schools. The preparation of the National College Entrance Examination (NCEE) and the pregnancy and parturition are both crucial periods for individuals. Under the eugenic policy and the education for qualities policy, the usage of quantifying instruments and their way of interpretation of numbers in different institutional settings exert influences on the implementation of policies and the production of institutional cultures. In return, the institutional environments limit the power of quantifying instruments, by shaping contextualized interpretation of numbers and their meanings that influence individuals' action.

**Keywords**: Quantification; Institutional Culture; Examination; Eugenics

## Same Top-tier diploma, Stratified Career Destinations

### —A Supplementary Explanation Based on the Dual-Process Model of Culture in Action



**Abstract**: The mainstream perspectives of sociological research about class inequality in school-work transition usually presume students as rational actors, which are largely mute about motivation and values or merely simplified that individuals seek maximum quantities of exchangeable private goods such as wealth. Trying to understand the intentions, attached meanings, and rationales of career decision-making given by actors per se, this article turns to interpretative rather than positivist approach to seek a supplementary explanation beyond the rationalactor presumption. By interviewing 38 last-year male students from two culturally distinctive top-tier universities in China, inspired by theories on cultural reproduction and culture in action, this article builds a quadripartite typology of career chooser according to axes of "culture as instruments" and "culture as motivations". The four types are named as self-director, opportunist, strayer, and follower. Four different mechanisms of career destination acquirement and the corresponding consequences on inequality are analysed respectively on the ground of this typology. Findings of this article indicate that: (1) rational choice assumption is appropriate for self-directors and opportunists but not for strayers and followers, which means students are much varied regarding acting rationally; (2) impact of values and meaning-making on career choosing deserves more attention of researchers. Especially for strayer and followers this impact can be constrained or enhanced by university cultural contexts shaped by organizational culture and peers.

**Keywords**: School-work Transition; Inequality; Elite University; Career Choice; Culture in Action

## The Cohesion of Square Dancing Groups: A Sociological Study on A "Ritual-like" Community



**Abstract**: "Rituals" are activities having typical context, accompanied by the repetition of the act, and can provoke participants' specific emotional reaction. Activities similar to rituals in the daily life can be called "ritual-like" activities. Based on the study of eleven square dancing groups in Shanghai, this paper explores the formation and cohesion mechanism of ritual-like groups. Firstly, most of the participants are facing the transition from the work stage to retirement stage during their life passage. In this process, they need space to interact with others and create new social relations. As a context with "ritual-like" features, "Square dancing" is a proper space, which promoted the generation of square dancing groups. After the generation, based on different mechanisms of comparison and identity, different types of square dancing groups completed their cohesion process. Particularly, based on the empirical study, this paper indicates that the intragroup symbolic boundaries have signiticant ettects on the cohesion and development of ritual-like groups.

**Keywords**: Square Dancing; Ritual-like Activities; Symbolic Boundary; Group Cohesion

## Review & Commentary

Toward a Cultural Sociology of the Chinese Public Sphere

*Haoyue C. Li Ronald N. Jacobs* / 171

**Abstract**: This article, based upon Habermas's normative ideals of the public sphere, discusses the three main analytical strategies that cultural sociologists use to study the public sphere and public communication. The first strategy is to examine how public communication actually operates in the public sphere. The second strategy is to recognize that issues of public concern are frequently interpreted and debated in multiple, overlapping publics. The third and final strategy is to consider the ways in which public communication is organized in and through specific media organizations and formats. The argument is that researchers who study contemporary public communication, especially in the context of today's China and other non-Western countries, need a cultural sociology of the public sphere that moves beyond Habermas and beyond political theory. This cultural sociology is, at its core, an empirical research enterprise that is devoted to comparing the narratives and performances that are put forth in concrete publics, and is committed to exploring how different media organizations and different media formats incline to specific kinds of narratives.

**Keywords**: The Public Sphere; Cultural Sociology; Media; Public Discourse

## Cultural Policy or Political Culture?

### —The EU-narrative-Construction and the German Cultural Policy



**Abstract**: The European Union as a successful political community in transnational form with growing impact draws attention beyond academic sides. It is confirmed that beyond organizational institutions a political community needs also a set of narratives which usually points to "an ultimate road" in the future. Noticeable enough is that until now, neither does EU have narrative of ultimatality, nor does it based merely on the economic globalization and handover of the politics to a higher power from national states, which the traditional theory would assume.

The second part traces the time back to the 1970s, when "Cultural Politic as Social Politic" came into being in Germany. A trend of culturalization of the society and the socialization of culture went through. Cultural construction of living community, i. e. , the cities, influences and changes the political discourses. Competence for active construction from the "bottom" is highlighted. The traditional borderlines between politics, society and culture go blurring. A new form of narrative appears.

The third part endeavors to explain it through the theory of social mechanism and process tracing. Recent researches on multiplicity of mechanism have shown that cultural and institutional processes institutionalize themselves and transform to each other.

By linking the time together, this paper affords not only an innovative perspective for EU-research and cultural science, but also a theoretical interdisciplinary contribution both to political and social science.

**Keywords**: EU; Germany; Cultural Policy

## Selective Translation



**Abstract**: This paper provides a framework for understanding the ways in which social processes produce social inequality. Specifically, we focus on a particular type of social process that has received limited attention in the literature and in which inter-subjective meaning-making is central: cultural processes. Much of the literature on inequality has focused on the actions of dominant actors and institutions in gaining access to material and non-material resources, or on how ecological effects cause unequal access to material resources. In contrast, we focus on processes that contribute to the production (and reproduction) of inequality through the routine and taken-for-granted actions of both dominant and subordinate actors. We highlight two types of cultural processes: identification and rationalization. We describe and illustrate four processes that we consider to be significant analytical exemplars of these two types of cultural processes: racialization and stigmatization (for identification) and standardization and evaluation (for rationalization). We argue that attention to such cultural processes is critical and complementary to current explanations of social inequality.

**Keywords**: Inequality; Economic Sociology; Cultural Processes



**Abstract**: This article extends (but goes beyond) Zelizer's original concept of relational earmarking, where individuals engaged in dynamic forms of relational work categorize their spending and develop practices of resource allocation by virtue of the relationships being managed. This article pushes for a performative understanding of accounting practices by elaborating a theory of relational accounting based on the outlines proposed by Zelizer. Relational accounting begins (1) upstream where identifiable codes and structured meaning systems shape the set of options, non-options and their sense of being possible for the person engaged in action. Moral considerations embedded in these codes affect the geometric shape of the individual's decision tree, nearly collapsing some decision branches. (2) In mid-stream there are meaningful, ritually prescribed occasions altering accounting priorities. (3) Downstream people are engaged in relational work where the meanings of their relationships function performatively. Deals make more or less sense by virtue of the types of relationships being managed and the meanings of the relational sites where monetary evaluations take place. Identifiable third parties sanction these relational performances. The article concludes with concrete examples of relational accounting for luxury transactions and for high cost debt.

**Keywords**: Debt; Decision Trees; Household Finance; Relational Accounting; Mental Accounting; Morality

图书在版编目(CIP)数据

社会学刊. 第1期 / 刘欣主编. -- 北京：社会科学文献出版社，2018.6

ISBN 978-7-5201-2716-5

Ⅰ. ①社… Ⅱ. ①刘… Ⅲ. ①社会科学-丛刊 Ⅳ. ①C55

中国版本图书馆CIP数据核字（2018）第092160号

社会学刊（第1期）

主　　编 / 刘　欣
副 主 编 / 李　煜　胡安宁
本期特邀执行主编 / 周　怡

出 版 人 / 谢寿光
项目统筹 / 佟英磊
责任编辑 / 佟英磊　张真真

出　　版 / 社会科学文献出版社 · 社会学出版中心（010）59367159
地址：北京市北三环中路甲29号院华龙大厦　邮编：100029
网址：www.ssap.com.cn
发　　行 / 市场营销中心（010）59367081　59367018
印　　装 / 三河市尚艺印装有限公司

规　　格 / 开　本：787mm × 1092mm　1/16
印　张：17.75　字　数：272千字
版　　次 / 2018年6月第1版　2018年6月第1次印刷
书　　号 / ISBN 978-7-5201-2716-5
定　　价 / 89.00元

本书如有印装质量问题，请与读者服务中心（010-59367028）联系

版权所有 翻印必究